스타트업 백서

1%의 성공을 위한
99%의 불편한 진실

김건우 지음

슬기북스

프롤로그
성공 비결은 없다   _012

제1화_스타트업 시작

1. 스타트업, 무엇일까   _018
2. 스타트업, 무엇이 필요할까   _037
3. 스타트업, 누가 시작할까   _057
4. 스타트업, 누구와 해야 할까   _073
5. 그들은 왜 창업을 할까   _086
6. 저자의 잡설, 열정페이   _097

제2화_스타트업 자금

1. 스타트업 자금 조달, 무엇일까 _104
2. 스타트업 성장단계별 자금의 원천 _117
3. 그들은 스타트업에 어떻게 투자할까 _139
4. 2018년 톱-티어 투자회사 동향 _151
5. 스타트업에 투자하는 셀러브리티 _169
6. 저자의 잡설, 투자자 선택의 문제 _180

제3화_스타트업 관리

1. 스타트업 채용관리	_186
2. 스타트업 보상관리	_206
3. 스타트업 복리후생	_219
4. 스타트업 재무관리	_225
5. 저자의 잡설, 스타트업 합류의 장단점	_239

제4화_스타트업 성공과 실패

1. 스타트업의 대표적인 회수 사례 _244

2. 2015년 이후 탄생한 뜨거운 스타트업 _256

3. 스타트업은 왜 실패할까 _268

4. 실패한 스타트업 사례 _279

5. 스타트업, 1%의 불편한 성공 _290

에필로그
새로움과 도전을 꿈꾸는 것은 자유다 _296

프롤로그

성공 비결은 없다

성공 비결은 없다

2011년, 나는 첫 스타트업을 창업하며 100억 원을 벌 거라고 생각했다. 하지만 2014년 3월에 폐업하게 된다. 나에게 남은 건 어디에서도 인정해 주지 않는 초라한 경력과 갚지 못한 창업 대출금뿐이었다.

왜 스타트업을 하려고 하는가? 나처럼 큰돈을 만져보고 싶어서? 한 번 사는 인생, 하고 싶은 일을 하며 즐겁게 살고 싶어서? 모른 척할 수 없는 좋은 기회를 발견해서? 스타트업을 시작해야 하는 이유는 많다. 그러나 스타트업은 우리가 무엇을 각오하더라도 그것보다 훨씬 더 어렵다. 사업을 생각하고 실행에 옮기는 스타트업 창업자의 99%는 실패한다. 우리가 TV나 인터넷 뉴스로 접하는 성공한 창업자는 1%의 확률로 기적처럼 살아남은 사람이다.

이런 사실을 알면서도 스타트업에 도전하는 이유는 무엇일까? 바로 스타트업 성공 사례를 믿기 때문이다. 우리는 성공 사례에 심취한 나머지 내가 1%의 주인공이 될 거라고 생각한다. 꿈을 깨라고 말하고 싶지는 않다. 바로 이런 긍정적인 착각이 우리가 스타트업에 도전하게 만들고, 스타트업 생태계에서 살아남을 수 있는 에너지가 된다. 내가 하고 싶은 이야기는 '스타트업을 시작하기로 했다면, 조금 더 신중하자'이다. 나는 스타트업 (예비)창업자가 조금 더 신중했으면 하는 바람을 담아 이 책을 쓴다.

나는 스타트업을 4번이나 실패한 연쇄 창업자이자 연쇄 폐업자이다. 그런 한편, 벤처캐피털과 회계법인에서 근무하며 수많은 스타트업을 평가하고 여러 자문에 응하며 경험을 쌓았다. 이 책은 내가 겪은 실패와 주변에서 본 수많은 스타트업 창업자의 실패에 대한 이야기다. 어쩌면 성공하는 방법만 찾는 창업자에게는 별 도움이 안 될 수도 있다. 만약 성공하는 방법이 있다면, 당신의 성공 가능성을 얼마나 높여 줄 수 있을까? 나는 성공이 1%의 특별한 비결에서 오는 것이 아니라, 99%가 저지르는 실수를 하지 않는 데 있다고 생각한다.

나는 이 책을 통해서, 독자의 스타트업에 대한 이해가 한 단계만 올라가길 바랄 뿐이다. 책 한 권으로 당신의 성공이 가까워질 것이라는 이야기는 못 하겠다. 그러나 최소한 스타트업이 무엇인지, 어떻게 작동하는지는 확실히 알려 주려고 노력했다. 이 책에는 내가 직접 스타트업을 운영하며 겪었던 고민과 스타트업을 지원하는 기관에 근무하며 알게 된 노하우가 담겨있다. 자신의 사업만 신경 쓸 게 아니라 외부에서 우리의 사업을 어떻게 평가하는지도 중요하기 때문이다.

이 책이 당신의 사업을 냉철히 되돌아보고 평가하는 기회가 되었으면 좋겠다. 이를 통해 당신의 사업은 투자자들에게 좀 더 매력적인 사업으로 인정받을 수 있을 것이다. 당신의 이름 앞에 '성공한 창업자'라는 명예가 걸리기를 기원한다.

김 건 우

제1화

스타트업 시작

1. 스타트업, 무엇일까

"낙관론, 비관론 다 집어치워라. 우리는 되게 만들 것이다.
신께 맹세하건대 나는 반드시 그것이 되도록 만들 것이다."
- 테슬라모터스 CEO 일론 머스크(Elon Musk) -

'스타트업'이란 무엇인가? '스타트업'이라는 단어를 들으면 무엇이 떠오르는가? 턱수염을 기르고 피어싱을 한 채 청바지를 입고 자유롭게 출근하는 사람들? 자전거를 타고 사무실을 돌아다니는 관리자? 이렇게 새로운 직장 문화를 만들어가는 모습이 떠오를 수도 있다.
 하지만 혹시 어두운 사무실에서 외롭게 일하는 모습이 떠오르지는 않는가? 불행하게도 스타트업 창업자 대부분은 불이 꺼진 사무실에 홀로 앉아있다. 새로운 시스템을 만들어가는 과정이기 때문에 일반적인 기업에서 일하는 것보다 몇 배는 고독할지도 모른다.

미국의 실리콘밸리에서 처음으로 사용된 스타트업이란 단어는 신생 창업기업을 의미한다. 혁신적인 기술과 아이디어를 보유한, 설립된 지 오래되지 않은 기업을 말한다. 대규모 자금조달이 이루어지기 이전 단계라는 점에서 벤처기업과는 구분된다. 스타트업을 정의하는 기준은 다를 수 있지만, 스타트업에서 빠뜨릴 수 없는 가장 중요한 개념은 기업가정신(Entrepreneurship)이다. 기업가정신은 현재까지 존재하지 않았던 새로운 사업의 창조 과정과 관련된 모든 것이라고 할 수 있다.

1-1. 기업가정신(Entrepreneurship)과 스타트업

"빵을 부풀게 하는 것은 주원료가 되는 밀가루나 설탕이
아니라 효모이다. 기업가정신이 바로 이 효모이다."
- 미국의 경제학자 졸탄 액스(Zoltan Acs) -

앙트레프레너십(Entrepreneurship)은 '기업가정신'이라는 말로 번역되어 쓰이고 있다. 그런데 기업가정신이라는 단어에서는 왠지 모르게 스타트업의 참신하고 뜨거운 이미지가 느껴지지 않는다. 창업자뿐 아니라 일반적인 기업가에게도 기업가정신은 강조되기 때문이다. 여기서 우리는 '일반적인 기업가와 창업자는 무엇이 다른가?'라는 의문을 가질 수 있다.

기업가정신을 설명하기 전에 자본주의와 불황이라는 단어를 간단하게 짚고 넘어가야겠다. 독일의 사상가이자 경제학자인 카를 마르크스(Karl Heinrich Marx)는 자본주의에 구조적인 한계가 있으며, 이러한 모순으로 자본주의는 붕괴한다고 했다. 그의 말처럼 자본주의가 위기에 빠졌을 때 애덤 스미스(Adam Smith)가 주장한 보이지 않는 손은 나타나지 않았고, 마침내 불황이 찾아왔다.

미국의 경제학자 조지프 슘페터(Joseph A. Schumpeter)는 불황이 왜 생기는지 의문을 가졌고, 자본주의가 위기를 극복할 수 없는지 고민했다. 여기서 슘페터가 강조한 것이 혁신(innovation)이다. 슘페터는 자본주의에서 불황은 불가피하고, 이를 극복하는 것은 혁신이라고 했다. 그리고 호황과 불황이 번갈아 나타나면서 자본수의 경제가 이어지는 것이라고 판단했다.

"혁신은 단순한 발명에 그치는 것이 아니다.
혁신을 통해 완성한 참신한 기술과 조직을 시장에 소개하는 것이다."
 - 경제학자 조지프 슘페터(Joseph A. Schumpeter) -

조지프 슘페터의 호황과 성장 이론은 양적 성장만을 말하는 것이 아니다. 혁신을 간단한 예를 들어 설명하면 마차 대신에 기차를 만드는 것이다. 혁신이 일어나면 마차에 대한 수요가 급격하게 줄어들고, 마부의 역할은 급격하게 축소된다. 새로운 방식으로 새로운 상품을 개발하는 지속적인 기술 혁신을 통해 창조적 파괴(creative destruction)가 이루어진다. 창조적 파괴란 기술 혁신으로 옛것(old ones)을 변화시키는 것이다. 석유가 고래기름을 대체하거나, 전기가 석유 대신 새로운 동력이 되는 것을 말한다. 이것을 실행하는 사람이 창업가(Entrepreneur)이며, 창조적 파괴와 관련된 모든 것을 기업가정신이라고 설명한다. 결국, 조지프 슘페터가 이야기하는 기술 혁신은 새로운 제품, 생산 방법, 기술, 시장, 원료, 조직 등을 만드는 것이다.

"경기는 정부의 경제정책이 아니라
새로운 사업을 일으키려고 하는 기업가정신에 영향을 받는다.
세상에는 변하면 안 되는 것과 변해야만 하는 것이 있는데,
시대에 뒤떨어져 생산성이 낮아진 사업은 반드시
시대에 맞는 생산성 높은 사업으로 개선되어야 한다.
이 역할을 담당하는 사람은 창조적 파괴를 하는 창업가이다."
- 경제학자 조지프 슘페터(Joseph A. Schumpeter) -

현대 경영학을 창시한 학자로 평가받는 피터 드러커(Peter Ferdinand Drucker)는 기업가정신을 설명하기 위해 맥도날드[1]를 예로 들었다. 맥도날드에서 판매하는 햄버거나 콜라 등은 다른 미국 식당들도 제공하던 것으로 새로울 것은 없었다. 대신 '고객의 가치는 무엇인가'라는 질문에 대한 답을 경영 전략과 기술에 적용했다. 그 결과 새로운 시장과 고객을 만들어 냈다.

피터 드러커는 위험을 감수하더라도 포착한 기회를 사업화하려는

---
[1] 맥도날드의 창업 스토리는 영화『파운더』에 잘 나타나 있다. 기업가정신과 혁신의 개념에 대해 배우고 느낄 수 있을 것이다.

모험과 도전, 이를 위한 모든 것을 기업가정신으로 정의하고, 성장을 위한 기업가정신과 혁신을 하나의 몸통으로 설명한다. 그리고 스타트업뿐만 아니라 모든 형태의 대·중·소기업과 공공기관, 비영리기관에도 필요하다고 강조한다.

> "혁신은 기업가정신의 특별한 도구이며,
> 부를 창출할 수 있도록 자원을 제공한다."
> - 경제학자 피터 드러커(Peter F. Drucker) -

1-2. 중소기업(SME)와 혁신기업(IDE)의 차이는?

『MIT 스타트업 바이블』의 저자인 빌 올렛 교수와 피오나 머레이 교수는 새로운 사업을 어떻게 창조하는가에 따라서 기업가정신을 두 가지 형태로 구분한다. 바로 중소기업(Small and Medium Enterprise: SME)과 혁신기업(Innovation-Driven Enterprise: IDE)이다.

중소기업(SME) 창업은 지역 시장에 초점이 맞추어져 있어 혁신과 경쟁우위가 성장의 조건은 아니다. 일자리는 지역 내에서 창출되어 외부자본 유입이 필수적이지는 않다.

혁신기업(IDE) 창업은 글로벌 시장이나 경제권역에 초점을 맞추고 혁신과 경쟁우위를 필수 조건으로 친다. 혁신기업은 다양한 지배구조로 되어 있고, 외부자본의 유입이 필요하다. 결국 혁신기업은 투자가 필요하지만, 단기간에 성과 창출이 어렵고 성장 가능성이 불확실하다. 하지만 탄력을 받으면 기하급수적인 성장을 이루게 된다. 바로 이 혁신기업이 스타트업을 의미한다.

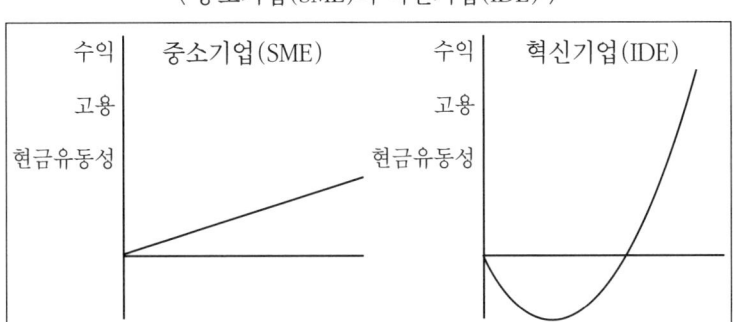

〈 중소기업(SME)과 혁신기업(IDE) 〉

* 자료 출처 : A tale of two entrepreneurs(2012)

혁신을 통해 스타트업의 중요한 개념을 설명할 수 있다. MIT의 에드워드 로버츠(Edwards Roberts) 교수는 혁신은 발명(invention)과 상업화(commercialization)의 단순 합이 아니라 곱으로 설명한다. 혁신을 위해서는 발명과 상업화가 모두 일어나야 한다는 것이다. 발명의 결과물이 아니거나 상업화 또는 제품화로 이루어지지 못하면 진정한 의미의 혁신으로 볼 수 없다는 뜻이다. 혁신이 완성되기 위해서는 상업적 용도를 발견하는 것에 그치는 것이 아니라, 상업화에 성공하는 것이 필요하다.

하지만 세상에 존재하지 않는 것을 발명하여 상업화에 곧바로 성공한 사례는 찾아보기 힘들다. 대표적인 사례를 살펴보면, 발명보다는 상업화의 기회를 잘 포착한 것이 지금의 테크 자이언츠[2](Tech Giants)를 만들었다. 애플과 마이크로소프트, 구글의 사례를 통해 혁신과 상업화의 중요성을 느낄 수 있다.

애플의 스티브 잡스와 제록스 팔로알토 연구소[3]는 아주 유명한 사례이다. 스티브 잡스는 제록스의 팔로알토 연구소를 방문하면서 제록스의 그래픽 사용자 인터페이스[4](이하 GUI) 환경을 보게 된다. 스티브 잡스는 이후에 GUI를 적용한 매킨토시(macintosh)를 출시하고, 그 과정에서 제록스의 핵심 인력을 직접 고용하기도 한다.

1996년의 인터뷰에서 스티브 잡스는, 창조는 여러 가지 것을 연결하는 것이라고 말한다. 이러한 창조와 관련된 재미있는 일화도 있다. 스티브 잡스와 마이크로소프트의 빌 게이츠 사이에서 있었던 일이다.

빌 게이츠가 매킨토시의 GUI와 유사한 오퍼레이팅 시스템을 선보이

---

[2] 2018년 기준, 세계에서 가장 큰 가치를 평가받고 있는 테크 자이언츠(Tech Giants)는 오직 미국과 중국에만 존재한다. 애플과 아마존, 구글, 마이크로소프트, 페이스북, 알리바바, 텐센트가 있다.

[3] 팔로알토 연구소(Palo Alto Research Center)는 복사기로 유명한 제록스(XEROX)의 연구소이다. 팔로알토 연구소는 현재 사용되고 있는 컴퓨터와 네트워크 전반에 중요한 원천기술들을 개발하였다(상업적으로는 철저하게 실패한 것으로 평가). 모회사인 제록스는 팔로알토 연구소의 연구원들에게 연구하고 싶은 그 어떠한 주제도 마음껏 연구할 수 있도록 지원했다고 한다.

[4] 그래픽 사용자 인터페이스(GUI)는 사용자가 그래픽을 통해서 컴퓨터와 정보를 교환하는 작업 환경을 의미한다. 명령어나 출력 자료 등을 화면에 문자로 표시하는 도스(DOS) 인터페이스와 대조적이라고 할 수 있다.

자 스티브 잡스는 자신의 것을 훔쳤다며 분노한다. 하지만 빌 게이츠가 매킨토시의 GUI도 원래는 제록스의 것이었다고 반박하자, 할 말이 없어진 스티브 잡스는 너무 똑같이 베끼지는 말라면서 한발 물러설 수밖에 없었다.

T.S. 엘리엇은 『성스러운 숲』에서 다음과 같이 이야기한다.

"시인에 대한 평가방법 중 하나는
시인이 다른 작품을 빌려오는 방식이다.
미숙한 시인은 모방하고, 성숙한 시인은 훔친다.
나쁜 시인은 자신이 훔친 것을 훼손하고,
좋은 시인은 더 좋은 것을 만들어 내거나 최소한 다른 것을 만든다."
- 시인 T.S. 엘리엇(T.S. Eliot) -

모방이 좋은 것이냐 나쁜 것이냐를 따지고 싶지는 않다. 모방에서 끝나는 것이 아니라 원작을 훼손하지 않으면서, 전혀 다른 새로운 무엇인가를 만들어 내는 것이 중요하다.

모방의 역사는 빌 그로스의 오버추어(overture)와 구글의 애드워즈 사례에서도 나타난다. 오버추어의 전신인 고투닷컴(goto.com)을 창업한 빌 그로스는 자신의 검색 광고 아이디어로 구글에 합병을 제안한다. 합병 제안을 거절한 구글은 몇 년 후 비슷한 방식으로 검색 광고를 시작한다. 구글은 몇 가지 핵심 기능(pay per click[5] 등)의 개선을 통해 오버추어의 고객을 빼앗아 버린다. 다른 요인도 있었지만, 구글과의 검색 광고 경쟁에서 패한 오버추어는 실패하게 된다. 이후 오버추어는 구글이 특허권을 침해했음을 인정하자, 거액의 주식을 받는 것을 대가로 합의를 해 준다. 만약 이 사건이 다르게 흘러갔다면, 미국의 대표적인 연쇄 창업자[6]인 빌 그로스도 어쩌면 구글과 페이스북 같은 테크 자이언츠 창업자들 사이에 함께 있지는 않았을까?

"당신의 사업에 필요한 분석 보고서가 이미 나와 있다면
아마도 당신의 새로운 사업은 너무 늦은 것일 수 있다."
-『스타트업 바이블』의 저자 빌 올렛(Bill Aulet) 교수 -

1-3. 스타트업은 언제부터 스타트업이 아닐까?

"수십억 달러의 기업가치로 평가받는 스타트업은
희귀한 신화적인 생물로 간주되어 유니콘(Unicorn)으로 불립니다.
하지만 이 유니콘에 올라타 있는 창업자는 극소수입니다."
-『파괴적 혁신』의 저자 제이 새밋(Jay Samit) -

---

5) Pay Per Click(PPC)은 고객이 광고를 클릭해 해당 페이지를 방문하였을 때, 클릭 횟수에 따라 광고주가 광고료를 지불하는 방식을 말한다.
6) 연쇄 창업자(Serial Entrepreneur)는 스타트업을 성공시킨 후에도 또 다른 스타트업에 계속해서 도전하는 창업자를 말한다. 실리콘밸리에서 연쇄 창업은 성공한 창업자들이 걷는 보편적인 과정처럼 여겨지고 있다.

성장을 거듭하면서 규모가 커지더라도 여전히 스타트업이라고 할 수 있을까. 우버(Uber)는 아직도 스타트업일까. 스타트업을 정의하는 공통된 기준이 없기 때문에 스타트업을 벗어나는 시기를 정의하기도 쉽지 않다. 하지만 대체로 다음과 같은 이벤트가 발생한 경우에 스타트업에서 벗어난다고 볼 수 있다.

첫 번째, 정량적인 기준으로 대규모의 투자유치를 성공한 경우, 50-100-500의 규칙을 적용받아 스타트업을 벗어난다. 50-100-500의 의미는 약 600억 원(50M 달러) 이상의 연간 매출과 100명 이상의 임직원, 약 6,000억 원(500M 달러)의 기업가치를 달성하는 것이다.

두 번째, 스타트업이 다른 스타트업을 인수하는 경우다. 예를 들어 핀터레스트(Pinterest)를 인수한 우버는 더 이상 스타트업이라고 할 수 없다. 이와 관련된 또 다른 이벤트는 다른 사업에 투자하거나 투자 요청을 받았을 때 발생한다. 회사 내부적인 투자에서 외부로 시선을 돌리는 시기가 오게 되면 더 이상 스타트업이라고 할 수 없다.

세 번째, 대규모 투자를 받지 않아도 되거나 개인의 자본을 투입할 필요가 없다면 위험을 감수하는 시기가 끝났다고 볼 수 있다. 위험을 감수하는 것은 기업가정신에 필수적인 요소라고 할 수 있는데, 이러한 기업가정신을 발휘할 기회가 줄어들면서 창업자는 일반적인 기업의 대표자가 된다.

1-4. 창업자(Entrepreneur)는 누구인가?

"스타트업 CEO 시절에 나는 아기처럼 잠이 들었다.
그리고 2시간마다 일어나서 아기처럼 울었다."
- 실리콘밸리의 큰손, 벤 호로비츠(Ben Horowitz) -

창업자(Entrepreneur)는 사업체를 설립, 조직하고 관리하면서 내포된 위험을 감수하는 사람을 의미한다. 창업자 또는 사업가를 의미하는 앙트레프레너(Entrepreneur)는 '착수하다' 또는 '시작하다'의 뜻을 가진 프랑스어 'Entreprendre'가 기원이다. 주로 1세대 경영자를 말하며, 변화를 탐구하여 대응하고 그것을 기회로 만드는 사람을 의미한다. 이 책에서는 앙트레프레너를 일반적인 기업가가 아니라 스타트업 창업자(이후 창업자)에게 사용할 것이다.

〈 혁신기업(IDE)의 시간에 따른 이익 수준 〉

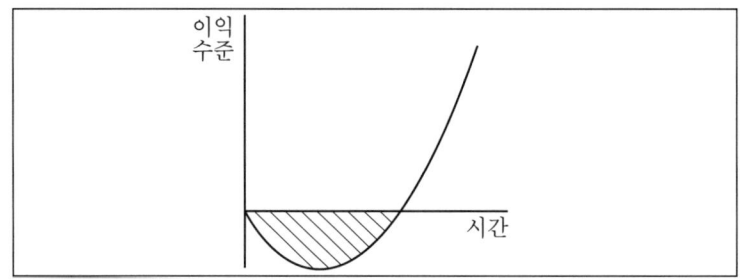

위 그래프는 혁신기업의 시간에 따른 이익 수준을 나타낸다. 이 그래프를 다시 언급하는 이유는 창업자라는 단어를 설명하기 위해서이

다. 창업자는 기존에 만들어져 있는 사업이나 시스템을 그대로 가져오는 것이 아니라 아이디어를 구체화하면서 시스템을 만들어간다. 그러므로 스타트업은 필연적으로 빗금 친 부분만큼의 비용이 발생한다. 창업자란 이러한 비용을 감당하면서 스타트업을 성장시키는 사람이다. 스타트업을 거대한 기업으로 성장시킨 스티브 잡스나 빌 게이츠, 래리 페이지나 세르게이 브린 등이 모두 창업자에 해당한다.

그렇다면 창업자라는 단어 외에도 기업가와 사업가 같은 유사한 명칭이 왜 존재할까? 창업자와 유사하지만 다른 개념인 사내기업가(Intrapreneur)는 규모가 큰 회사 내에서 사내벤처(Intra-venture)로서 보호받고 사업화에 필요한 자금과 인력을 지원받는다. 즉 불확실한 환경에서 성장하는 스타트업과는 상반된다고 할 수 있다. 에릭 리스(Eric Ries)는 그의 저서『린 스타트업』에서 이러한 사람을 사내기업가로 설명하였다. 우리가 다룰 스타트업의 창업자는 사내기업가와는 차이가 있다는 것을 명심하기 바란다.

지금까지 스타트업에 대한 정의를 논의하기 위해서 기업가정신과 혁신기업, 스타트업을 벗어나는 시기, 창업자에 대한 내용을 살펴보았다. 그렇다면 이러한 요소들이 만들어 내는 스타트업의 명확한 정의는 무엇일까? 에릭 리스는 스타트업에 대한 정의를 '불확실한 환경에서 새로운 상품이나 서비스를 만드는 사람이 세운 기관'이라고 하고 있다. 이 정의의 핵심은, 스타트업을 정의하는 데 중요할 거 같은 기업의 규모, 관련 기관 등 세부적인 내용이 오히려 빠져있다는 것이다. 그러나 스타트업의 뒤에는 정부의 정책, 비영리기관, 영리 투자자 등이 자리 잡고 있다. 결국 에릭 리스의 정의에서 스타트업은 창업자와 조직, 혁신적인 제품이나 서비스를 포함하는 개념이라고 볼 수 있다.

> "스타트업은 극도의 불확실성 속에서
> 새로운 제품과 서비스를 만드는 조직이다."
> - 에릭 리스 -

나는 '스타트업은 어쩌면 도박과 닮아 있는 것이 아닌가?'라는 의문을 가지고 있다. 여기서 말하는 도박은 바카라처럼 분석과 노력이 무의미해서 단순히 돈을 던지는 행위를 말하는 것이 아니다. 많은 시간과 자금 투자, 혼자만의 싸움에도 불구하고 모든 것을 잃을 가능성을 말하는 것이다. 물론 스타트업 창업자와 팀원의 열정과 진중함을 도박과 비교한다면 몹시 기분 나쁠 수 있다. 하지만 도박으로 돈을 잃는 사람이 많듯이 스타트업이라는 타이틀을 내세우다가 돈과 시간을 잃어버린 후 폐업이라는 결과를 얻는 사람도 많다.

하지만 스타트업에는 도전이라는 중요한 차이점이 있다. 스타트업이 만드는 혁신적인 기술이나 제품, 서비스는 전후방 산업과 기술, 인간에게 영향을 준다. 그래서 정부에서는 도박사가 아니라 스타트업을 지원하고 돕는 것이다.

스타트업이나 벤처에 돈을 투자하는 모험자본(risk capital)은 개인과 산업, 국가에 영향을 주는 중요한 역할을 하고 있다. 개인만을 위해 돈을 던지는 도박사와는 완전히 다르다. 스타트업은 개인의 도전이지만, 지역과 국가 속에서 스스로 자라나길 원하는 씨앗과 같은 존재이다. 스타트업이라는 씨앗이 큰 나무가 될 수도 있고, 작지만 맛있는 열매를 맺을 수도 있다. 투자자는 투자자금 회수만 중요할 수도 있지만, 근본적으로 스타트업의 열매가 의미하는 것은 해당 지역이나 국가의 경제를 활성화하거나 일자리를 창출하는 것이다. 그래서 정부나 투자자, 비영리기관은 스타트업이 잘 성장할 수 있도록 지원한다. 즉 스타트업에 대한 투자와 지원은 창업자 개인만을 위한 복지나 선의가 아니다. 창업자도 이 의미를 잘 이해해야 한다.

1-5. So what? 스타트업과 혁신

기업가와 창업자, 사내기업가를 꼭 다르게 표현해야 할까? 어차피 개인사업자나 법인사업체처럼 경제활동을 통해 돈을 버는 사람으로 보면 안 될까?

창업자는 기존의 것을 과감하게 파괴하고 새로운 것을 창조하기 위해서 위험을 감수하는 사람이다. 훌륭한 시스템의 지원을 받으며 기업인으로 성장하는 것과는 다르다는 의미이다. 그렇다고 기업가를 낮게 평가하고 창업자를 찬양하려는 의도는 아니다.

생수병을 예로 들어보자. 생수병은 혁신적인 아이디어를 짜내거나 새로운 시도를 할 필요가 없다. 40년 동안 파산하지 않고 살아남은 생수병을 만드는 기업이, 수년째 기술개발에 엄청난 시간과 자금을 투자하고 있는 기업보다 못한가? 그렇지 않다. 40년 된 생수병 제조 기업은 수많은 경쟁과 대기업의 가치사슬(Value-chain) 속에서 성공한 것이다. 오히려 혁신적인 스타트업보다 기업으로서 지속가능성이나 일자리 창출 역량은 훨씬 높다고 볼 수 있다.

　기업은 수익을 창출하는 것이 우선이므로, 혁신을 추구하는 것만 그럴듯하게 포장할 필요는 없다. 아등바등 살더라도 무한경쟁의 시장에서 살아남는 모습이 더 아름답다는 말이다.

　연구개발(R&D)에 대한 투자가 혁신을 대변하는 것은 아니지만, 기술개발에 투자를 많이 하는 것이 혁신적이라고 가정하자. 연구개발 자금이 전체 매출의 5%도 안 되는 애플이, 연구개발 자금이 전체 매출의 20%가 넘는 네이버보다 혁신적이지 않다고 할 수 있을까?

　이 책에서는 혁신적인 성장을 이루는 스타트업의 필요성과 그 도전의 가치에 집중하고 있다. 그러나 중소기업이나 개인사업체가 반짝반짝한 아이디어를 제시하지 않는다고 해서 혁신기업에 비해 가치가 낮다고 말하려는 것은 아니다.

　어떤 사업을 시작하든 쉽지 않은 과정과 결정이 뒤따른다. 일반적인 회사원이나 학생의 관점에서 볼 때, 성공한 기업인으로 성장하기가 하늘의 별 따기처럼 느껴지듯, 창업자가 탄생하는 것 역시 어려운 일이다. 왜 창업자가 탄생하는 것은 어려울까? 창업자가 되고자 하는 대부분이 재벌 2세나 3세가 아니기 때문이다. 창업을 하기 위해서는 안정적인 직장과 고정적인 수입, 또는 학업과 학위를 포기해야 하는 위험부담을 안아야 할 수도 있다.

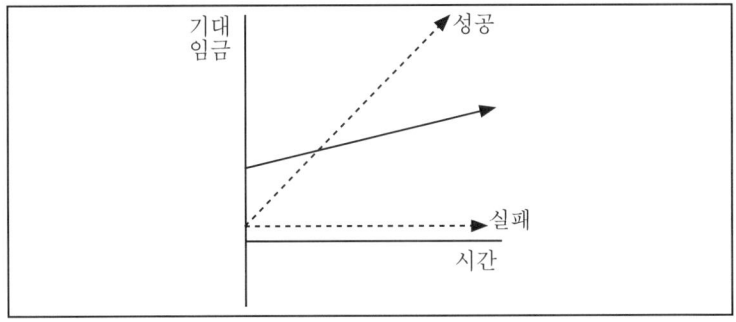

〈 직장인(실선)과 창업자(점선)의 미래의 기대임금 비교 〉

표를 살펴보자. 실선은 회사에서 받을 급여를 나타낸다. 적어도 조금씩 오를 것이다. 점선은 스타트업을 운영하면서 우리가 받게 될 임금이다. 우리의 임금은 급격하게 상승할 수도 있고, 아주 낮게 유지될 수도 있다. 생활 유지를 위한 안정적인 요소는 찾아보기 힘들며 위험 부담만 놓여 있는 듯 보인다. 두려움을 느낄 수밖에 없는 구조다. 이 두려움이 직장에서 받는 안정적인 급여를 더욱 포기할 수 없게 만들고 창업자가 되는 것을 가로막는다.

평범한 사람이라면 임금 상승 폭이 낮더라도 안정적인 삶을 바라는 마음이 클 수밖에 없다. 이러한 인간의 모습을 실험적으로 증명한 이론이 현상 유지 편향[7]이다. 사람은 새로운 것에 관심을 가지면서도, 새

---

[7] 현상 유지 편향(Status quo bias)은 개인이 지금보다 더 큰 이득을 좇는다는 경제학적인 관점과는 다르게, 개인의 의사결정 중에 대부분이 현재의 상태를 유지하려는 편향을 보인다는 것이다. 현상유지편향에 의하면 개인은 바꾸고자 하는 행동이 현재보다 특별하게 이득이 되지 않으면 현재의 상태를 유지하려고 한다.

로운 것을 만들어야 하는 부담감이나 혁신은 좋아하지 않는다. 기업은 혁신이 불러오는 성과와 돈에 의해서 움직일 뿐이다. 사실 혁신을 시도하는 구성원조차 새로운 것에 대한 두려움을 가지고 있다. 결국 스타트업의 창업자가 자신이 미래에 얻게 될 이익과 비용을 비교해 보고, 이익이 더 크다고 판단하는 경우에만 스타트업에 도전한다.

하지만 스타트업 시작에는 생각보다 많은 비용이 들기 때문에 선뜻 결정을 내리기는 쉽지 않다. 차라리 이런 비용은 생각하지 않고, 시드머니(seed money)만 스타트업의 비용으로 계산한다면 마음이 조금은 가벼울 수도 있다. 그러나 사업 아이디어를 고민하는 비용, 사업을 준비하는 비용, 사업체를 운영하면서 학습하는 비용, 불확실성에 대한 비용 같은 직간접적인 비용 외에도 기존의 회사에서 받던 급여를 포기해야 하는 기회비용까지 창업자에게 부담으로 작용하는 요인은 많다.

이런 이유로 인해 사람들은 일정한 월급을 꾸준히 주는 직장이나 조직에서 벗어나지 못한다. 스타트업의 실패를 생각하면, 차라리 직장을 다니는 게 손해를 줄이는 길이라고 생각하는 것이다. 게다가 스타트업 운영을 시작하기 전에 가지는 기대치와 실전에서 느끼는 만족도의 차이는 상상하기 어려울 정도로 크다. 짧게는 5년, 길게는 10년이 지나도 기대 이상의 수익을 창출하는 스타트업이 적다 보니 중도에 포기하는 창업자가 속출하는 것이다.

세상은, 모순을 발견하고 새롭게 변화시키려는 사람들에 의해 발전한다. 이러한 변화를 주도하는 것이 창업자이다. 조지프 슘페터는 사업가와 창업자를 구분하고 있다. 단순한 제조업자나 상인이 아니라,

혁신을 주도하여 변화를 끌어내는 존재를 창업자로 정의한다. 이들이 탄생시킨 기술과 제품, 서비스는 기존의 것들을 퇴화시키거나 대체한다. 이 과정에서 발생하는 어려움에 굴하지 않고, 변화를 끊임없이 모색하는 창업자 덕분에 우리는 무선호출기나 핸드폰 같은 문명의 이기와 함께하는 삶으로 진화했다. 그리고 이제는 컴퓨터로만 가능했던 일을 스마트폰이 처리하는 삶을 살고 있다.

창업자가 되거나 창업자로 인정받기 위한 기준은 세상에 존재하지 않는다. 단지 성공한 사업과 그 사업을 성공으로 이끈 창업자가 존재할 뿐이다. 창업자와 스타트업이 발생하는 과정, 스타트업의 다양한 생태계, 여기에 얽혀 있는 이해관계자의 영향, 실패 또는 성공 빈도 등 스타트업과 관련된 모든 것을 기업가정신으로 설명할 수 있다. 기업가정신을 대하는 태도가 창업자의 집중력 차이를 만든다. 이 책에서 기업가정신을 강조하는 이유는 여기에 있다.

창업자가 갖춘 창의력, 결단력, 책임감, 호기심, 추진력 등을 통해 창업자의 유형과 성격을 연구한 보고서는 많다. 그런데 중요한 것은 성공한 창업자의 유형과 성격은 획일적이지 않다는 것이다. 만약 유형검사로 미래에 성공할 예비 창업자를 추려낼 수 있다면 전문 투자자가 왜 필요하겠는가? 그리고 창업자의 일반적인 특성을 고루 갖추었다고 하더라도 모두가 창업자를 꿈꾸는 것도 아니다. 물론 태어날 때부터 창업자로 태어나지도 않는다. 우리는 창업자의 재능이 아니라, 창업자가 만들어지는 과정에 주목해야 한다.

나는 창업자가 만들어지는 과정, 스타트업의 발생과 성장의 환경이 중요하다는 이야기를 하고 싶다. 미국의 많은 창업자가 스티브 잡스처럼 차고에서 성공을 꿈꾸는 것이 아니라 왜 실리콘 밸리로 향하겠는가? 당신이 스타트업의 창업자라면 어떤 환경과 커뮤니티에서 일하고 싶은가?

"창업가는 오랜 시간 외롭다.
창업가가 되기 위해서는 큰 비용이 든다.
무엇인가 의미가 있는 일을 하려면
그 일의 일부로 어떤 대가를 치러야 한다.
그러나 오랜 시간이 지나면 당신은 그것을 즐길 수 있을 것이다."
- 트위터의 창업자 잭 도시(Jack Dorsey) -

2. 스타트업, 무엇이 필요할까

"자기 호주머니만 바라보는 작은 상인과
세계의 거대한 시장에 시선을 두는 커다란 상인,
똑같은 상인이지만 안목과 결과가 다르다."
- 홍콩의 청쿵 그룹 회장 리카싱(Li Ka Shing) -

　스타트업을 한다는 것은 기업에 필요한 모든 것을 처음부터 스스로 만드는 것으로 생각하면 된다. 모든 일을 창업자가 해야 하는 것은 아니지만, 기본적으로 사업 구조를 설계해야 한다. 사업 구조는 해당 사업에 깊이 연관이 되어 있다면 쉽게 파악할 수 있겠지만, 그렇지 않다면 해당 분야에 직접 뛰어들어 배우는 과정을 거쳐야 한다. 단순히 검색 포털에서 정리한 내용으로 사업을 하겠다는 것은 망하는 지름길이다. 해당 사업을 더 잘 이해하기 위해서 시장을 조사해야 하고, 시장 조사를 위해서는 전문가의 조언도 필요하다. 조사한 자료와 실전 경험을 기반으로 사업 구조를 설계해야 한다. 이 모든 것은 창업자가 열정만 가지고 혼자서 고민한다고 해서 해결될 문제는 아니다. 공동창업자와 협력하거나 팀원을 고용해 일을 분담하는 것이 필요하다.

사업은 돈을 버는 것이 목적이다. 만약 사업은 하고 싶지만 돈을 벌기 위한 것이 아니라고 생각하고 있다면 이는 사업의 목적을 망각한 것이다. 그리고 돈을 벌기 위한 핵심은 비즈니스 모델이라는 것을 명심해야 한다.

2-1. 비즈니스 모델과 수익 모델

시장에서 이기는 제품은 고객과 미래를 연결하는 제품이지,
거대한 도약이 필요한 제품이 아닙니다.
- 박스(Box)의 공동창업자 에런 리비(Aaron Levie) -

비즈니스 모델을 간단하게 말하면, 이윤을 창출하기 위한 회사의 계획이다. 이 계획에는 판매할 제품과 서비스, 회사가 파악하고 있는 목표 시장, 예상 비용까지 모두 포함된다. 창업자는 사업을 위한 모든 것을 비즈니스 모델에 담을 수 있어야 한다. 가장 쉽게 활용할 수 있는 비즈니스 모델 캔버스의 9가지 요소인 가치, 고객, 채널, 관계, 수익원, 핵심활동, 핵심자원, 파트너, 비용을 채워보면 창업자의 부족한 부분이 무엇인지 확인할 수 있다.

비즈니스 모델과 구조는 1998년 폴 티머스(Paul Timmers)가 발표한 방식이 대표적으로 사용되고 있다. 비즈니스 모델은 제품과 서비스, 정보의 흐름 3가지 구조이며, 여기에는 비즈니스를 하는 사람과 그 역할, 잠재적 이익, 수익의 원천에 대한 설명까지 포함한다.

비즈니스 모델은 1950년대에 맥도날드와 도요타에 의해 창안되고 발전한 것으로 알려져 있다. 1960년대에는 월마트와 하이퍼마켓이, 1970년대에는 페덱스가 이를 적극적으로 활용했다. 이후 1990년대 들어서면서 월드웹와이드 환경을 기반으로 한 아마존, 이베이, 넷플릭스 등이 더욱 혁신적인 기법을 도입하면서 계속 진화하고 있다. 그리고 폴 티머스의 비즈니스 모델 방식보다 더욱 정교하고 강력한 비즈니스 모델에 대한 정의와 분류도 계속해서 발표되고 있다. 새로운 기술이 출현하면 그 기술을 사용하는 방법에 따라서 비즈니스 모델의 유형이 달라지기 때문에 이러한 정의와 분류는 끝없이 발전하게 될 것이다. 그러나 비즈니스 모델을 정의할 때 사업체의 역할과 이익을 창출하는 구조가 핵심이라는 점은 바뀌지 않을 것이다.

우리는 새로운 사업을 시작하는 스타트업의 창업자이다. 우리가 직면한 가장 시급한 문제는 무엇일까? 비즈니스 모델을 통해 수익 모델을 정립하는 것이다. 내가 만든 사업체가 어떻게 돈을 벌 수 있는지를 보여주는 것이 수익 모델이다.

비즈니스 모델과 수익 모델은 어떤 차이가 있을까? 비즈니스 모델은 기업이 가치를 창출하는 일련의 방법에 관한 것이고, 수익 모델은 기업이 고객에게 제공한 가치로부터 어떻게 수익이 창출되는지 설명하는 것이다. 따라서 수익 모델은 비즈니스 모델의 중요한 구성요소라고 할 수 있다.

유형구분	모델 설명
제조	원료를 통한 완제품 제조
도매	제조업체에서 제품을 구입하여 재판매
유통	도매업자나 유통업자에게 구입한 제품 판매
가맹	모기업의 브랜드와 모델 사용
전자상거래	온라인에 제품 판매
오프라인-오프라인형 (Bricks-and-martar)	전통적인 오프라인 상점을 통한 제품 판매
오프라인-온라인형 (Bricks-and-clicks)	온라인과 오프라인 모두 활용하여 제품 판매
저가형 (Nicel-and-dime)	저렴한 가격에 기본 기능만 들어간 제품/서비스 판매
프리미엄(Freemium)	기본 기능은 무료로 제공하고 고급 기능만 판매
구독(Subscription)	계약 고객 기반의 가입 수익
모집관리(Aggregator)	다양한 서비스 제공업체 수수료 수익
온라인마켓플레이스	다양한 판매자 통합 및 수수료 수익
광고	스폰서에서 지불하는 광고와 수수료
데이터 라이센싱	데이터 판매 및 라이센싱
제휴 마케팅	파트너 제품 홍보 및 커미션 기반
드롭시핑 (Dropshipping)	파트너 제품에 대한 판매 대행 (파트너는 제품 배송만 실행)
크라우드소싱 (Crowd Sourcing)	대중 참여로 데이터/솔루션 확보 모델
SaaS	소프트웨어를 웹에서 서비스
IaaS	IT 인프라 대여 서비스
PaaS	개발 플랫폼 제공 서비스

* 자료출처: Entrepreneurs' Guide FEEDOUGH(2019)

위 표는 시장에 존재하는 다양한 형태의 수익 모델이다. 우리가 만든 수익 모델을 활용해서 어떻게 돈을 벌 수 있을까. 온라인 서비스? 오프라인 직접 판매? 수수료 부과? 프랜차이즈 로열티?

　돈을 버는 방법은 다양하다. 수많은 수익 모델 중에서 가장 적합하고 잘할 수 있는 것을 찾아내야 한다.

　최근 가장 주목받는 대표적인 수익 모델로는 광고 기반의 수익 모델, 온라인 마켓 플레이스의 거래 수수료 모델, 구독 기반의 수익 모델, 프리미엄 모델 등이 있다. 이에 대해 살펴 보자.

　광고 기반의 수익 모델은 스타트업을 하겠다는 창업자라면 한 번 정도는 생각해 보았을 것이다. 가장 단순하게 구현할 수 있어서 이미 많은 기업이 광고를 통해서 수익을 창출하고 있다. 웹 기반의 서비스를 구축하는 회사에서 구글 애드센스와 같은 도구를 활용하는 것은 가장 흔하게 볼 수 있는 장면이다. 회사는 애드센스를 통해서 페이지가 조회될 때마다 수익을 낼 수 있다. 이 광고 모델은 쉽게 접근할 수 있는 장점이 있지만 사업을 이끌고 나가기에는 창출할 수 있는 수익 규모가 너무 작고, 규모를 키우기 위해서는 수백만 혹은 수천만 고객을 끌어들여야 한다. 그리고 광고의 문제가 무엇이겠는가. 고객이 피로감을 느끼면 하루아침에 재방문율이 떨어질지도 모른다.

　온라인 마켓 플레이스는 서비스 자체가 시장이 되고, 구매자와 판매자를 연결해주는 수익 모델이다. 구매자와 판매자가 동시에 고객이 되는 양면 시장, 즉 플랫폼 개념과 깊은 관련이 있다. 온라인 마켓 플레이스는 구매자에게 판매자를 소개하고, 판매자에게는 구매자를 소개한다. 구매자에게 다양한 옵션의 판매자를 보여주면서, 판매자에게는 구매자를 직접 찾지 않아도 되는 공간을 제공하는 것이다. 이미 다수의 대형 기업이 온라인 마켓 플레이스를 통해 발생하는 거래 수수료 수익을 주된 수입원으로 만들기 위해 발버둥 치고 있다고 해도 과언이 아니다. 아마존과 에어비엔비가 성공 사례로 입증되고 있다. 이들은 눈에 보이는 제품이나 서비스를 만들지 않았지만, 시장에 진입하는 대부분의 공급자보다 훨씬 많은 수익을 창출했다. 이런 시장과 거래 수수료는 매우 매력적이다. 하지만 매력적일수록 위험한 것 아니겠는가. 시장은 이미 세계에서 손꼽을 만한 기업들이 선점했다. 레드오션인 것이다. 게다가 엄청난 수의 고객과 자금이 몰려있고, 심지어 몰려든 자금이 어마어마하다는 소문까지 난 상태이다. 온라인 마켓 플레이스는 살아남는다면 엄청난 규모의 기업으로 성장할 기회가 있는 수익 모델이지만, 그렇게 소문이 났기 때문에 더욱 살아남기 어려워졌다.

구독 기반의 수익 모델은 고객에게 월 또는 연 단위로 일정 금액을 받으면서 제품이나 서비스를 제공하는 것을 말한다. 웹과 모바일이 생활에서 차지하는 비중이 높아지면서 소비자는 더욱 단순한 방식을 채택하고 있다. 이러한 소비형태의 변화가 구독 또는 가입 기반의 서비스 성장으로 이어지고 있다.

구독 모델은 반복적인 수익을 창출할 수 있게 만들어준다. 만약 충성도가 올라가 구독을 취소하지 않는 소비자가 늘어난다면 더 큰 수익을 창출할 가능성도 있다. 그러나 장점만 있는 것은 아니다. 구독 중인 고객을 계속 유지하거나, 좋은 평판을 형성하기 위해서는 제품과 서비스 퀄리티에 대한 관리가 필요하다. 관리가 제대로 되지 않는다면 새로운 고객을 유치하는 데 어려움을 겪게 될 것이다. 고객 유출도 걱정해야 한다. 구독 취소율보다 높은 구독 비율을 유지하는 것이 중요하다. 종이신문처럼 어느 날 갑자기 구독방식에 피곤함을 느낄지도 모르는 일이다.

마지막으로 살펴볼 수익 모델은 프리미엄(Premium)이 아닌 프리미엄(Freemium) 모델이다. 기본 서비스는 무료로 제공되지만, 사용자는 추가 기능이나 확장 기능을 사용하려면 유료 결제를 이용해야 한다. 이 모델의 대표적인 회사가 링크드인이다. 이 회사가 제공하는 비즈니스 소셜 네트워크 역시 기본적인 기능은 무료이지만 부가 기능은 유료다. 이처럼 프리미엄 모델은 사용자가 필요로 하는 기능을 시스템적으로 설계해 수익을 창출하는 구조다. 특히 소셜 네트워크 같은 분야에서 많은 사용자를 확보한다면 큰 수익을 창출할 수 있다. 그러나 사용자를 확보하는 것은 어느 분야에서나 쉽지 않다. 어느 수익 모델이든 상당한 시간과 자금을 투자해야 하고, 무료 사용자의 지갑을 열 수 있는 사업 설계와 서비스 업데이트를 매일 고민해야 한다.

수익 모델을 하나만 선택해야 하는 것은 아니다. 많은 기업이 두세 가지 수익 모델을 조합해서 운영하기도 한다. 비즈니스 모델은 시장의 요구사항에 따라, 창업자와 협력사의 이해관계에 따라, 그리고 고객을 위하여 어떤 가치를 창출할 것인가에 따라 달라진다. 만들어 둔 비즈니스 모델을 오래 유지해서 노후 걱정을 하지 않을 수 있다면 좋겠지만, 그런 일이 일어날 가능성은 높지 않다. 점점 더 빠르게 변하는 환경 속에서 어떻게 최적의 수익 모델을 찾고, 어떤 비즈니스 모델을 채택할 것인지 끊임없이 고민해야 한다.

  스타트업의 수익 모델은 우리가 제공하려는 본질적인 가치를 목표 시장에 연결해 준다. 알맞은 수익 모델을 선택하여 시장에 안착하고, 그 이후에 혁신적인 아이디어를 결합하여 스타트업의 성장을 이끌고 성공을 만드는 것이다. 많은 사람들이 생각하는 것처럼 기발한 아이디어 혁신성이 스타트업의 성공을 보장하지 않는다. 혁신성이 높을수록 시장에서 받아들여지기 어렵기 때문이다. 아쉽지만 혁신적인 아이디어와 기술로 성공할 가능성이 큰 것은 대기업과 같은 기존의 거대한 플레이어이다. 스타트업은 특성상, 아이디어나 기술이 아무리 혁신적이더라도 이를 바로 적용할 제품이나 서비스는 물론이고 거래처 또한 없지 않은가? 바로 이것이 사업 계획의 중요성, 비즈니스 모델의 중요성이 강조되는 이유이다.

2-2. 가치사슬과 경쟁 현황 파악

"1911년에 있던 50대 기업 중 살아남은 것은 GE 하나다.
경쟁자들의 공격이 얼마나 무서운지 알 수 있다.
어떤 기업이라도 원하는 대로 살아남을 수 있는

가능성은 크지 않음을 보여준다."
- 워런 버핏의 파트너 찰리 멍거(Chalie Munger) -

애덤 스미스는 노동의 분업이 시장의 규모에 따라서 결정된다는 것을 관찰하였고, 이는 시장 규모가 작을수록 전문성이 분화되지 않는다는 것을 의미하기도 한다. 창업자가 사업을 하려는 시장의 규모가 작을수록 최종 제품과 서비스를 완성하는 데 필요한 많은 부분을 스스로 수행하게 되는 것이다. 시장이 확대되면 다양한 분야의 사업체가 참여하면서 고용 창출이 이루어진다. 기술과 생산의 발달이 시장의 분업화와 전문성을 요구하게 만들고, 그 속에서 경쟁력을 가지는 기업만 살아남을 수 있다.

사업할 분야의 가치사슬에 대한 이해는, 우리가 가져야 할 경쟁력의 필요성과 범위를 파악하는 데 핵심적인 역할을 한다. 사업 경쟁력과 범위를 정의하는 것이, 스타트업이라는 사업체의 고유한 역량이자 생존을 위한 길인 것이다. 글로벌 거대 기업 중 이 가치사슬을 가장 잘 활용하고 있는 곳은 아마존이다. 아마존은 기존에 보유한 사업 인프라를 기반으로 가치사슬을 확장하고 있다. 전 세계 기업가치 1위 기업인 아마존은 기존 사업의 핵심자산을 레버리지[8](leverage)로 활용하여 사업영역을 무섭게 키워나가고 있다.

---

8) 레버리지는 차입금을 이용해 수익률을 높이는 전략이다. 자기자금과 차입자금을 합해 발생한 수익률이 차입자금에 대해서 지불하는 이자보다 높으면 더 큰 이익을 얻을 수 있는 것이다.

1990년대 말에 온라인 소매시장의 경쟁이 심해지면서 온라인 쇼핑몰과 물류 인프라가 확장되기 시작했고, 물류센터에 대규모 투자가 이루어지면서 외부 판매자에게도 물류 서비스를 제공하는 것이 가능해졌다. 아마존의 판매자뿐만 아니라 이베이의 판매자에게도 물류 서비스를 제공하면서 아마존의 독자적인 솔루션 사업인 전자상거래솔루션 분야로 가치사슬을 확장한 것이다. 아마존은 거대해진 온라인 쇼핑몰과 전산화된 물류센터를 뒷받침할 IT 자원에 투자를 계속했고, 2002년 시작된 아마존웹서비스(Amazon Web Service, AWS)는 전 세계 최대 클라우드 서비스로 발전하게 된다. 세계 최대의 전자상거래 업체 아마존의 2018년 1~4분기 순이익은 약 4조 1,300억 원이다. 이 중 아마존웹서비스의 순이익이 차지하는 비율은 60퍼센트 이상으로 약 2조 6,000억 원에 달한다.
　아마존 이야기를 꺼낸 이유는 가치사슬을 활용한 최적의 사례로 활용하기 위한 것도 있지만, 그보다는 아마존이 가져온 치열한 경쟁을 언급하기 위해서이다. 아마존은 세계 최고의 물류 서비스를 제공하면서 배송의 가치를 선점하기 위해 애쓰고 있다. 이는 국내외 전자상거래 업계의 판까지 흔들었다. 쿠팡과 마켓컬리 등이 벌이고 있는 새벽배송과 주말 배송의 경쟁 구도는 아마존이 시작한 것이다.

　국내 대형 유통사의 사정은 잠깐 뒤로하고, 스타트업과 가치사슬, 경쟁 현황을 어떻게 이해해야 할지 살펴보자.
　스타트업의 경쟁 상대는 단순히 우리와 똑같은 제품을 똑같은 방식으로 판매하는 업체만 있는 것은 아니다. 아마존의 가치사슬 확장에서 확인하지 않았던가. 우리와 비슷한 것을 비슷한 방식으로 판매하는 모든 업체가 잠재적인 경쟁 업체라고 할 수 있다. 때로는 우리와 협력 관계였던 다른 분야의 업체가 갑자기 치고 들어올 수 있다.

그럼 우리 편은 어디 있을까? 당연히 없다. 우리는 우리의 사업에 전적으로 집중하고, 우리의 잠재적인 경쟁자가 침범할 수 없게 높은 진입장벽을 만들어야 한다. 그 진입장벽은 회사 내 핵심 인력이나 영업망이 될 수도 있고, 새로운 기술이나 비즈니스 모델이 될 수도 있다. 그들이 우리의 낮은 담장을 만리장성으로 만들어 줄 것이다.

우리의 꿈은 새로운 아이디어와 비즈니스 모델로 무장한 혁신적인 사업가가 되는 것이다. 그러나 현실은 서로를 모방하고 파괴하고 있다. 애플의 스티브 잡스는 창의성은 연결이라고 말했다. 가치사슬의 확장은 기존 사업과 새로운 사업의 연결이고, 치열한 경쟁 구도의 시장에서 가질 수 있는 가장 큰 힘이다. 단일 기술로 성공할 수 있는 확률은 얼마나 될까? 제로에 가깝다고 장담한다. 연구소 창업이 아니라면 말이다. 연구소도 기업/기관의 부설 연구소가 아닌 경우에는 그 기술을 적용할 곳을 찾아야 한다.

스스로 어떤 형태의 경쟁을 하고 있는지 이해하고, 그 속에서 기회를 찾아야 한다. 기회를 포착하기 위해서는 시장의 가치사슬을 들여다볼 필요가 있다. 쿠팡과 마켓컬리 같은 업체들이 출혈 경쟁을 하고 있는 새벽 배송 시장에 들어갈 것인가? 아니면 새로운 시장에서 새로운 기회를 포착하기 위해서 나만의 가치사슬과 경쟁력을 갖출 것인가? 스타트업과 기업을 운영한다는 것은 가끔은 서러우리만치 냉정한 시장에 나 혼자 서 있는 것과 같다. 내 자리를 치워버릴 수 있는 직접적 경쟁자, 잠재적 경쟁자 사이에서 살아남아야 하기 때문이다.

2-3. 제품/서비스 개발

"사람들이 원하는 제품을 만드는 것은,
당신의 회사를 일하고 싶은 회사로 만드는 것도 포함됩니다."
- 검로드 창업자 사힐 라빈지아(Sahil Lavingia) -

모든 스타트업은 판매할 제품이나 서비스가 있다. 스타트업은 서류상 법인으로 태어나기 이전부터 제품이나 서비스를 기획하고 만들기 시작한다. 고객에게 제공할 제품이 아주 간단한 형태인 경우에도 바로 판매를 시작하기는 어렵다. 창업자는 소위 대박을 내기 위해 창조적 파괴를 꿈꾸기 때문에 제품을 개발하는 기간이 짧게는 몇 개월부터 길게는 몇 년까지 걸린다.

제품의 판매를 고려한 후에 개발을 시작하는 것이 일반적이지만, 투자유치 계획을 미리 세워놓은 스타트업은 소위 프로토타입, 즉 최소기능제품(Minimum Viable Product, MVP) 수준까지만 보여주기도 한다. 또는 프로젝트 수준의 제품이나 서비스를 일단 먼저 출시할 때도 있다. 차기 버전에 새로운 기능을 추가하여 제품이나 서비스를 확장하는 방식을 취하는 것이다. 한정적인 자원을 보유한 스타트업의 경우는 어쩔 수 없는 방식이기도 하다. 어떤 창업자든 완벽한 제품을 시장에 내놓고 싶겠지만 시장은 오래 기다려주지 않는다.

스타트업의 사업이 발전한다는 것은 제품이 발전한다는 것을 의미하고, 처음부터 완숙한 사업을 할 수 있는 스타트업은 존재하지 않는다. 결국 스타트업의 제품은 아이디어 단계에서부터 개념(기술)검증, 프로토타입, 알파, 베타, 최소기능제품, 출시라는 단계를 거치게 된다. 최초의 투자를 유치할 수 있는 시기는 최소기능제 또는 출시 이전 단계 정도라고 생각하면 되겠다. 가끔은 아이디어 단계에서 투자를 유치하거나 유망한 창업자로 인정받아 투자자금을 받아내는 예외 사례도 존재하지만, 말 그대로 예외일 뿐이다.

일반적인 스타트업은 위와 같은 단계를 거치는데, 이 시기에는 제품이나 서비스를 기획, 개발, 디자인하는 인력이 중요하다. 창업자 혼자 모든 역할을 할 수 있다면 좋겠지만 세상에는 그렇게 완벽한 사람이 존재하지 않는다. 적합한 공동창업자가 합류하거나 직원을 채용하지 않으면 제품이나 서비스를 완성하기는 쉽지 않다. 그래서 스타트업에서는 자금만큼이나 인력이 중요하다. 인력 자체가 제품이자 서비스인 경우도 많다. 컨설팅 서비스를 예로 들 수 있다. 창업자나 파트너의 영업도 중요하지만, 보유 인력의 지식과 서비스 제공이 컨설팅 회사의 모든 것이라고 할 수 있다. 사람을 구하기 힘든 스타트업의 경우에는 기획, 개발, 디자인을 수행하는 인력이 제품이나 서비스 그 자체라고 해도 과장이 아니다.

스타트업의 구성원은 생산 인력이 전부는 아니다. 영업, 마케팅, 관리 등 여러 분야의 인력이 계속 충원될 것이다. 그러나 스타트업 초기에는 창업자와 공동창업자, 제품의 생산 인력 정도가 전부일 수도 있다. 물론 스타트업이 성장하는 과정에서 생산 인력의 중요성이 낮아지는 시기가 찾아온다. 어떤 제품의 개발이 끝난 후에는, 영업 인력의 중요성이 높아지고 생산 인력의 중요성은 상대적으로 낮아진다.

그런데 기존의 제품은 언젠가 쇠퇴한다. 기업이 새로운 먹거리를 찾는 것은 바로 이 제품 생명주기에 기인한 것이고, 스타트업 창업자는 이 고민에서 영원히 벗어날 수 없다. 이처럼 새로운 제품과 사업이 필요해지면 다시 생산자의 역할이 중요해진다. 시기에 따라 각 인력의 필요도가 달라지기 때문에 이를 잘 관리할 필요가 있다.

스타트업이 제품을 개발하려면 시간이 오래 걸릴 수도 있다. 그러나 우리가 오랜 시간을 소비할수록 시장에 내야 할 제품 혁신성에 대한 기대는 높아진다.『린 스타트업』의 저자 에릭 리스가 최소기능제품을 왜 그렇게 강조하였는지 고민해 볼 필요가 있다. 최소한의 노력과 최소한의 개발 시간으로 핵심기능의 가치를 시장에서 확인해야 한다. 우리는 오랜 기간 뼈를 깎는 연습과 연구로 인간문화재가 되려는 것이 아니다. 우리는 끊임없이 검증하면서 불필요한 시도를 줄여야 하고, 꼭 필요한 것에만 집중할 시간을 확보해야 한다.

2-4. 고객, 고객, 고객

"고객이 실제로 원하는 것이 궁금한가요?
자신이 답하지 말고 고객에게 물어보세요."
- 블로그헐 공동창업자 리사 스톤(Lisa Stone) -

사업은 돈을 버는 것이다. 돈은 고객이 낸다. 따라서 고객이 없으면 사업이 아니다. 어떻게 하면 더 많은 고객이 우리의 제품을 소비할 것인가를 고민하고 실행하는 것이 사업이다.

세계에서 잘나간다는 스타트업들은 고객 발굴이라는 과정을 통해 자신의 비즈니스 모델과 고객에게 전달할 가치를 체계적으로 조정한다. 이 과정은 특히 초기 스타트업의 생존과 성공 확률에 엄청난 영향을 준다. 기업의 성장과 함께 새로운 고객 발굴에 성공하면 사업의 지속과 발전에 긍정적인 영향을 주기 때문이다.

고객 발굴에서, 제품을 발굴하는 것과 시장을 발굴하는 것은 구분해야 한다. 제품을 발굴하는 것은 기존 시장을 공략하려는 시도로 볼 수 있다. 테슬라가 기존 자동차 시장에 내놓은 전기 자동차가 이러한 예이다. 반면에 시장의 발굴은 새로운 시장을 창출하기 위한 시도. 새로운 제품을 만드는 것만큼 어려운 것이 새로운 시장을 개척하는 것이다. 새로운 시장과 고객 발굴에 익숙한 창업자는 이러한 제품 개발과 시장 탐색을 보다 효율적으로 하는 방법을 알고 있다. 경험이 많지 않은 창업자가 고객 발굴을 어려워하는 이유는 고객을 통한 확인과 검증의 과정을 생략하고, 완벽한 제품에만 집중하기 때문이다. 10년 동안 만들어 낸 '완벽한 작품'이 전기 자동차가 아니라 디젤 자동차라면 고객들의 반응은 뻔하지 않겠는가.

프리미엄(Freemium) 모델을 예로 들어보자. 많은 기업들의 사례를 통해 성공적인 모델임이 입증되었지만, 지나치게 공격적인 판매 기법 때문에 고객의 평가가 좋지 않은 경우도 나타나고 있다. 제품이나 서비스가 외면받지 않기 위해서는 고객이 프리미엄 모델의 무료 서비스의 가치에 공감하도록 해야 한다. 여러분이 출시한 제품이나 서비스가 프리미엄 모델로서 완벽할 만큼 완성도가 높고, 무료와 유료 모델 또한 잘 구축이 되었다고 가정해 보자. 하지만 고객은 자신에게 필요한 것이 아니라면 그것이 무료라고 해도 관심을 갖지 않는다. 그래서 제품의 완성도를 추구하기보다는 시장 조사와 초기 서비스에서 실험을 통해 알게 된 소비자 니즈 데이터에 초점을 맞춰야 한다. 제품의 가치가 충실히 전달이 되었다면, 그 고객이 소수일지라도 이후에 범위를 확장하는 것은 수월하기 때문이다.

그렇다면 존재하지 않는 고객을 어떻게 확보할 수 있을까. 첫 번째는 가장 기초적인 방법으로 주변 사람들에게 이야기하는 것이다. 누구나 가족, 친구, 동료가 있지 않은가. 알고 있는 모든 사람에게 제품이나 서비스에 대해서 말해야 한다. 그리고 그들이 스스로 주변에 다시 이야기할 수 있도록 유도해야 한다. 주변 사람들은 우리의 생각보다 스타트업에 도전하는 지인에 대해서 말하는 것을 즐긴다. 지인 마케팅은 우리의 기대보다 훨씬 강력한 힘을 가지고 있다. 당신의 지인을 활용한다면 모르는 사람을 붙잡고 이야기하는 것보다 열 배 이상 효과가 좋을 것이다. 제발, 나의 지인은 직접적인 고객이 아니라고 말하는 무책임한 행동을 하지 말자.

두 번째 방법은 잠재적인 고객 목록을 작성하는 것이다. 이때 고객의 의미는 제품이나 서비스를 직접 구매하는 좁은 의미의 고객이 아니라, 우리와 아주 밀접하게 협력할 가능성이 있거나, 우리의 상품을 대신 팔아줄 수 있는 회사나 개인을 모두 포함한다. 물론 이 중에서 제품이나 서비스를 직접 구매하는 고객에게 가장 많은 힘을 써야 하는 것은 당연하다.

'제품이 나오면 접촉해야지' 같은 소극적인 마음가짐은 곤란하다. 목표로 하는 고객에 대해서 정리하고, 어떻게 다가갈 것인지를 항상 고민하고 있어야 한다. 그리고 만나야 한다. 제품의 기획만 있더라도 고객에게 이야기할 거리가 있지 않은가. 터무니없이 부풀려 과장을 하면 안 되지만 새로운 일을 시작하는 것에 대해서는 뭐든지 말할 수 있는 자유가 있다. 아직 완벽한 논리가 준비되지 않아서 망설이게 된다고? 완벽한 논리는 필요 없다. 제품을 만드는 과정과 고객을 만나는 과정에서 논리가 완성된다. 회사에 앉아서 팀원들과 회의를 한다고 해서 논리가 완성되는 것이 아니다.

고객 목록을 만드는 작업 자체가 시간 낭비로 느껴질 수도 있지만, 스타트업은 불특정 다수에게 금방 알려질 만큼 대중적이지 않다. 아무도 우리를 모르는 상태에서 시작할 것이다. 어쩌면 현실은 당신이 싫어하는 전화 영업이나 방문 판매까지 해야 할지도 모른다. 어떤 고객에게 어떻게 접근해야 할지 미리 예측하는 것까지가 고객 목록이다. 목록의 우선순위에 따라서 접촉해 나가야 한다. 목록을 완성한 후에는 동그라미와 엑스를 통해 잠재 고객과 보류 고객을 나누는 작업을 하는 것도 의미 있다. 우리가 처음 그리는 동그라미가, 우리의 비즈니스를 위한 첫 번째 고객이 되어 줄 것이다.

2-5. So what? 창업자의 강단과 고집 사이

우리가 살펴본 기본적인 비즈니스 모델, 시장구조 파악, 제품과 서비스 개발, 고객에 대한 사전 준비가 되지 않았다고 해서 스타트업을 할 수 없는 것은 아니다. 많은 창업자가 제대로 된 준비 없이 스타트업에 도전하는 것이 현실이다. 그래서 우리는 앞으로 받게 될 부끄러움과 혹독한 평가에 익숙해져야한다. 창업자는 내부에서 임직원을 설득하는 과정도 겪어야 하지만, 외부에서 고객이나 투자자를 설득하는 과정도 수도 없이 겪게 되기 때문이다. 창업자가 끊임없이 받게 될 사업구조에 대한 평가와 비판은 어쩌면 숙명인지도 모른다. 항상 긍정적인 평가만 받는다면 얼마나 기분이 좋을까. 그러나 그런 일은 거의 일어나지 않는다. 고객은 자신의 불편함만 이야기할 것이고, 투자자는 자신이 처할 수 있는 위험만 이야기할 것이다. 창업자는 부정적인 평가로 입은 상처를 매일 스스로 치료해야 한다. 그리고 부정적인 평가 사이에 숨어있는, 창업자에게 필요한 현실적인 조언을 찾아야 한다.

 이러한 비판은 시작일 뿐이다. 창업자가 자신을 의심하지 않고 고집을 부린다면 임직원은 겉으로만 지지하는 척할 것이다. 하지만 뒤에서는 다른 회사를 알아보고 있을지도 모른다. 외부로 나가면 상황은 더 안 좋다. 외부에서는 더욱 냉정하게 평가할 것이고, 당신이 옳은 길을 갈 수 있도록 설득하지도 않고, 그런 시간을 내주지도 않는다.

 그래서 창업자에게는 강단과 근성이 필요하다. 그런 자질이 없으면 자신이 계획한 사업을 오랜 기간 운영하기 어렵다. 그런데 강단과 고집을 구분하지 못하는 사람이 있다. 스타트업 내부에 창업자가 선택한 사업 방향에 대해서 비판적인 의견을 제시하는 사람이 없다면 스타트업은 창업자의 고집대로 끌려가게 된다. 이런 경우에 창업자는 외부의 비판적인 시각을 무시하고, 자신의 강단이 그저 고집에 불과하다는 것을 자각하지 못한다.

 스타트업은 새로운 시작이기 때문에 빠른 피봇팅(Pivoting)[9]이 중요하다. 이때 창업자가 고집을 부린다면 임직원 모두를 좀비로 만들어 버릴 수 있다. 그 결과가 바로 매출 없이 정부 지원금으로만 생존하는

---

9) 사업 방향을 전환하는 것을 의미한다. 피봇팅은 시장 상황이 예상과 다르거나 기업의 성과가 예상보다 저조한 경우 주로 행하게 된다. 기존 사업 방향을 포기하고 새로운 도전을 하는 만큼 위험 부담을 안게 되지만, 그에 비례해 큰 성과를 얻을 가능성도 높아진다.

좀비기업이다. 정부 지원금은 시장 자체가 활성화되지 않았거나, 형편이 어려운 기업을 지원하는 자금이다. 이러한 자금이 결코 유망한 기업임을 인증하는 것은 아니다. 평가 기준을 넘었다는 최소한의 의미는 있지만, 시장에서의 평가는 별개의 문제다. 기업은 시장에서 긍정적인 평가를 받을 수 있어야 한다. 정부의 지원을 받았다고 하더라도 기업 가치를 증명한 것은 아니다. 알을 깨고 나와야 한다.

3. 스타트업, 누가 시작할까

"만약에 당신의 꿈이 당신을 두렵게 하지 않는다면
꿈이 너무 작은 겁니다."
- 버진그룹 회장 리처드 브랜슨(Richard Branson) -

 누가 스타트업을 시작할까? 앞서 나는 스타트업에 도전하는 주체가 창업자(Entrepreneur)라고 이야기하였다. 창업자는 1인 창업자일 수도 있고 공동창업자일 수도 있다. 1인 창업자도 경쟁력을 가질 수 있지만 최근에는 복잡해진 환경으로 인해서 스타트업에 유연성이 요구되기 때문에 팀 창업이 강조되고 있다. '동업하면 망한다'는 말은 지금의 스타트업 생태계에서는 적합하지 않다.
 창업자라면 "어떻게 창업을 시작해야 하지?", "다른 창업자는 어떤 동기로 창업하게 되었을까?", "혼자 하지 않는다면, 누구와 해야 하는가?", "나의 부족함을 채워줄 훌륭한 팀원을 만날 수 있다면 얼마나 좋을까?" 같은 고민을 하고 있을 것이다. 지금부터 큰 성공을 거둔 창업자의 사례를 살펴볼 것이다. 그들은 아마존의 제프 베이조스, 이더리움을 개발한 천재 소년 비탈릭 부테린, 스냅챗의 에번 스피겔, 에어비엔비의 브라이언 체스키, 다이슨의 제임스 다이슨이다.

3-1. 아마존의 제프 베이조스(Jeffrey Preston Bezos)

창업과 도전, 혁신에 이르기까지 최근에 자주 언급되는 사람은 테슬라의 일론 머스크와 더불어 아마존의 제프 베이조스다. '아마존닷컴 창업 시점의 사무실'을 검색을 해보자. 왠지 모르게 우울해 보이는 한 사람이 사무실에 혼자 앉아있다. 그가 바로 제프 베이조스이다. 아마존의 창업자인 제프 베이조스도 자신의 차고에서 스타트업을 시작했다고 한다. 도대체 미국의 차고에는 어떤 마법이 있는 걸까?

제프 베이조스는 프린스턴 대학에서 물리학 전공으로 시작해 컴퓨터공학으로 졸업한 뼛속까지 공대생이었다. 처음에는 Fitel이라는 금융통신 스타트업에서 일하며 국제무역을 위한 네트워크를 구축한다. 이후에 개발 총괄이자 소비자 서비스 책임자로 승진하지만 자리를 옮겨, 뱅크 트러스트(Bankers Trust)의 프로덕트 매니저로 금융업계에 발을 들인다. 하지만 3년이 지나지 않아, 디이쇼앤컴퍼니(D.E.Shaw & Co)라는 헤지펀드로 이직한다. 그리고 4년 만에 30세의 나이로 상무 자리에 오른다. 그 당시에 인터넷의 성장을 눈으로 확인한 제프 베이조스는 사업을 구상하기 시작한다. 그가 회사를 그만두고 창업을 하겠다는 말을 했을 때, 그의 상사는 이렇게 말했다.

"이거 정말 훌륭한 아이디어네요. 그런데 당신처럼 멋진 직장을 다니지 않는 사람이 하면 더 좋을 거 같아요."

월스트리트의 투자회사에서 잘나가던 그가 자신의 자리에 만족하지 않고 사표를 낸 것은 즉흥적이고 경솔해 보였다. 그리고 제프 베이조스 사업의 첫 투자자는 전문 투자자가 아닌 3F(Family, Friend, Fools) 중 하나인 부모님이었다. 그는 대형 물류 창고를 활용해서, 온라인으로 책을 판매하는 쇼핑몰을 창업했다.

> "내 나이가 80세가 되어서 살아온 인생을 돌아볼 때
> 어떤 결정을 가장 후회하게 될지 생각해 봤다.
> 삶을 돌아보면서 월스트리트에서 받던 연봉을
> 포기한 일을 후회할 가능성은 없을 거 같다.
> 어쩌면 그 일이 기억나지 않을지도 모른다.
> 하지만 인터넷이라는 세계, 내 마음속 열정이 향하는
> 그 세계로 가지 않은 것은 크게 후회할 거 같았다.
> 설령 뛰어들었다가 실패해도 후회하지 않을 거라고 생각했다."
> - 아마존 창업자 제프 베이조스(Jeffrey Preston Bezos) -

지금의 아마존은 책만 판매할까? 옷이나 장난감, 전자제품 같은 실물 콘텐츠뿐만 아니라 전자책, 게임, 음악 같은 디지털 콘텐츠까지 그 영역을 확대했다. 세상의 모든 콘텐츠를 판다고 해도 과언이 아닌 곳

이 바로 아마존이다. 아마존은 생활에 필요한 물품만 판매하지 않고 책과 영화, 드라마, 음악, 게임 등의 문화 콘텐츠와 콘텐츠를 재생할 수 있는 기기를 중점적으로 판매하고 있다. 전자책 구독 서비스와 킨들을 통해서는 미국인의 책 읽는 방식마저 바꾸는 데 성공했다는 평가를 받고 있다. 1995년에 '세상에서 가장 큰 서점'을 캐치프레이즈로 사업을 본격화하였고, 식품유통회사인 홀푸드마저 인수하면서 또 다른 업계 지각변동을 예고하고 있다.

제프 베이조스는 그의 나이 서른 살에 아마존닷컴을 설립했다. 월가의 투자회사에서 부사장에 오르기도 했지만, 그런 안정적인 직장과 보장된 미래를 버리고 창업에 도전한다. 그는 기회를 보았고, 선택의 기로에서 창업의 길을 택했다. 창립 당시에는 아마존이 성공할 거라 믿는 사람은 많지 않았다. 하지만 이들이 성공하기까지 오랜 시간이 걸리지 않았다. 1999년에 타임지 올해의 인물로 선정된 제프 베이조스는 다들 자신이 실패할 것으로 여겼다고 말했다. 20년을 넘게 그를 지탱해 온 것은 성공에 안주하거나 정체되지 않는 추진력이었다. 이제 아마존의 손길이 미치지 않는 분야는 사실상 남아 있지 않다고 해도 과언이 아니다. 제프 베이조스는 포스트 잡스를 찾는 현시대에 가장 주목받고 있는 창업자이다.

3-2. 이더리움의 비탈릭 부테린(Vitalik Buterin)

  암호화폐에 대한 세계의 관심이 아주 크다. 부정적인 여론도 있지만 계속해서 화제가 되고 있다. 암호화폐는 1위 비트코인만 있는 것은 아니다. 이더리움 또한 블록체인 기술을 기반으로 한 암호화폐의 일종이다. 이 이더리움을 공동창업한 이가 바로 비탈릭 부테린이다. 그는 10대 시절부터 비트코인 관련 기사를 집필하는 일을 하며, 글 한 편에 5비트코인을 받았다. 당시 12달러 정도 하는 20비트코인으로 티셔츠를 샀다는 일화가 있다. 현재 20비트코인은 대략 4억 원 정도이다. 그리고 그가 이끄는 이더리움의 시가 총액은 2019년 11월 기준으로 약 23조 원에 달한다.

  2011년, 비탈릭 부테린은 비트코인 잡지의 공동 창간자가 되어 대표 기고자로 활동한다. 그리고 2014년, 그의 나이 만 20세에 블록체인 기술과 스마트 계약이 적용된 암호화폐인 이더리움을 개발한다. 스마트 계약은 미리 지정한 조건이 일치할 때 자동으로 계약이 실행되는 프로그램이다. 이더리움은 거래에 참여하는 모든 사용자에게 거래 내역을 보내면서, 모든 거래에 이를 대조하여 데이터 위조를 막는 방식을 사용한다. 시장이 필요로 하는 인터페이스를 구성하고, 한 플랫폼 안에서 모든 계약과 애플리케이션이 구성될 수 있도록 설계한 블록체인 기술이 이더리움이다.

  이더리움은 발상의 전환에서 탄생했다. 비탈릭 부테린은 비트코인의 핵심 기술인 블록체인을 화폐가 아닌 다른 수단으로 활용할 수 있지 않을까 생각했다. 이 아이디어로 캐나다 워털루 대학에서 틸 장학금[10]을 받으면서 개발에 주력하게 된다. 부테린이 받았던 틸 장학금은 페이팔(Paypal)의 공동창업자인 피터 틸이 만든 것으로 대학교를 중퇴하고 창업하는 조건으로 약 1억 원을 지원한다. 훗날 부테린은 실제로 장학금을 받은 건 중퇴 후였다고 밝히기도 했다.

2013년에 비탈릭 부테린은 이더리움의 백서(White Paper)를 공개한다. 그리고 2014년에 미하이 앨러시(Mihai Alisie), 앤서니 딜로리오(Anthony Dilorio), 찰스 홉킨슨(Charles Hopkinson)가 이더리움의 공동창업자이며, 동시에 개발자 개빈 우드(Gavin Wood), 조지프 루빈(Joseph Lubin)과 함께 일하고 있다고 발표한다. 이 중 미하이 앨러시는 2011년 비트코인 매거진도 함께 설립하여 편집장으로도 활동하였다. 이더리움의 시작에는 핵심 구성원들이 함께 하고 있었던 것이다.

최근에는 암호화폐에 대한 투기 수요가 집중되면서 평가가 극명하게 갈리고 있다. 세금 문제와 피해 사례가 급격하게 증가하고 있기 때문이다. 그럼에도 암호화폐 경제에 무서운 속도로 자금이 몰리면서 커다란 거품을 일고 있고 이 거품 속으로 수많은 개발자들이 경쟁하듯 뛰어들고 있다. 암호화폐의 위기와 기회를 잘 알고 있는 비탈릭 부테

---

10) 틸 장학금은 창업을 준비하는 장학생에게 멘토를 붙여주고 필요한 사람들을 연결해준다. 사업을 포기하고 다시 대학으로 돌아가는 경우도 있지만, 선발된 104명이 창업한 회사들의 기업가치를 합치면 총 1조 2,000억 원에 이른다고 발표했다.(2017년 기준)

린은 앞으로 이더리움을 어떻게 이끌고 나갈 것인가? 그의 나이는 아직도 만 25세밖에 되지 않았다.

3-3. 스냅챗의 에번 스피걸(Evan Spiegel)

에번 스피걸은 제품 디자인을 전공했고, 제품 디자인 수업의 프로젝트로 피카부(Picaboo)를 시작한다. 피카부가 바로 스냅챗의 전신이다. 프로그램을 개발하는 엔지니어가 아니었던 에번 스피걸은 스냅챗의 개발을 위해서 보비 머피(Bobby Murphy)를 끌어들인다. 2011년에 바비 머피와 스냅챗을 만들었을 때 그의 나이는 만 21세였다.

에번 스피걸은 마크 저커버그와 비견된다. 유명 대학을 중퇴하면서 창업한 회사가 거대 기업이 되었기 때문이다. 그리고 2013년에는 페이스북의 인수 제안을 거절한 일화도 있다. 기업공개가 진행된 2017년, 외신에 따르면 구글이 약 35조 원을 제시했다고 알려졌다. 물론 아직은 기업공개를 통해서 페이스북처럼 대박을 터뜨릴지, 트위터처럼 시들해질지는 알 수 없다.

나는 수많은 사람의 추앙을 받는 젊고 대단하고 긍정적인 창업자 사이에, 에번 스피걸의 이름을 함께 놓기가 왠지 모르게 꺼림칙하기도 하다. 거대한 기술 기업들의 인수 제안에도 별다른 관심을 보이지 않는 에번 스피겔의 스냅챗은, 일반적으로 우리가 알고 있는 개방적인 IT 스타트업과 거리가 멀기 때문이다. 스냅챗의 내부 시스템은 매우 경직된 것으로 알려졌다. 서비스 계획이 경영진에 의해서 갑자기 바뀌거나, 팀이 하루아침에 없어지기도 한다. 에번 스피겔의 사무실은 다른 직원들과는 철저히 분리되었고, 그의 사치스러운 사생활도 다른 스타트업 창업자와는 다른 모습이다.

"종종 주변의 인정을 받으려고 또는 어느 집단의 일원이 되고 싶어서 순응할 때가 있다. 그러나 자신의 영혼이 속삭이는 말에 귀를 기울여라. 남과 다른 방향으로 자신을 이끌 때 인간다운 삶을 살 수 있다."
- 스냅챗 창업자 에번 스피겔 USC 졸업 축사에서 -

에번 스피겔과 스냅챗의 문화는 그렇다고 치자. 그들만의 생존 방식일지도 모른다. 어쨌든 에번 스피겔의 스냅챗이라는 아이디어는 어디에서 왔을까? 우리는 SNS를 통해서 남에게 무엇인가를 자랑하거나 표면적인 감정을 나누면서도, 어둡고 우울할 때도 있다. 스피겔은 대안적인 스토리텔링이 가능한 플랫폼을 만들고 싶었다. 스냅챗은 사진과 동영상 공유에 특화된 메신저이지만 일정 시간 후에 자동으로 삭제되는 있는 기능이 있어서, 사생활 노출을 꺼리는 이들에게 선풍적인 인기를 끌었다. 공유한 사진이 10초가 지나면 사라지기 때문에 더 솔직한 사진을 공유하게 된 것이다. 에번 스피겔의 사생활이 어떻든 그는 아직 그 누구에게도 스냅챗을 넘기지 않았다. 공동창업자인 바비 머피 최고기술책임자(CTO)와 함께 20%의 지분을 보유하고 있으며, 2017

년 3월 3일에는 미란다 커와 함께 뉴욕거래소에 등장해 스냅챗의 상장벨을 울렸다.

3-4. 에어비앤비의 브라이언 체스키(Brian Chesky)

"처음에 창업하려고 했던 회사는
에어비앤비가 아니었습니다."
- 에어비앤비 창업자 브라이언 체스키(Brian Chesky) -

세계 최대의 숙박 공유 기업인 에어비앤비(Airbnb)는 애플처럼 새로운 스마트폰을 개발한 것도 아니었고, 페이스북처럼 거대한 소셜 네트워크를 만들지도 않았다. 기술의 혁신을 일으키지 않았지만, 그 어떤 기업보다 큰 이익을 창출했다. 에어비앤비는 소유의 개념을 벗어나, 서로 대여하는 공유경제라는 새로운 트렌드를 만들어 낸 것으로 가치를 인정받고 있다. 2015년 매출액은, 실제로 방 한 칸 소유하지 않으면서 힐튼 호텔을 뛰어넘었다.

에어비앤비의 창업자 브라이언 체스키는 로드아일랜드 디자인 스쿨에서 디자인을 공부하던 학생이었다. 그는 원래 에어비앤비를 창업할 계획이 아니었다. 처음에는 친구의 아파트에 머물면서 디자인 관련 회사를 창업하려고 했다. 그런데 월세 인상으로 주택 문제를 겪게 된 브라이언 체스키는 자신처럼 불쌍한 디자이너의 월세 문제를 해결해 주고자 저렴하게 방을 빌려주는 아이디어를 떠올리게 된다. 브라이언 체스키와 조 게비아는 숙박 공유 서비스 플랫폼을 구체화하고, 2008년 2월에 현재의 최고기술책임자 네이선 블레차르지크를 불러들인다. 그리고 2008년 8월에 에어비앤비의 전신인 에어베드앤드브렉퍼스트닷컴(airbedandbreakfast.com) 서비스를 정식으로 오픈한다. 침대 매트리스 3개를 거실에 펼쳐 놓고, 숙소를 빌려주고 아침 식사를 제공했던 것이 에어비앤비의 시작이다. 그러나 에어비엔비가 처음부터 잘된 것은 아니다. 명확한 비전도 없었고, 사용자가 100명이 되기까지 무려 1년이 넘게 걸렸다. 하지만 2009년 1월에 미국의 대표적인 액셀러레이터 와이콤비네이터(Y-combinator)로부터 투자 및 조언을 받게 되고, 2009년 3월에 에어비엔비로 사명을 변경한다.

> "당신을 그저 좋아하는 사람 100만 명이 아닌
> 당신을 사랑하는 100명을 얻도록 해라."
> - 체스키가 Y-c 폴 그래엄으로부터 받았던 가장 기억에 남는 조언 -

에어비엔비는 2010년에 약 80억 원 규모의 시리즈 A(Series A) 투자를 받게 되고, 2011년에 누적 예약 건수 100만에서 2012년에 500만, 2012년 6월에 1,000만으로 기하급수적인 성장을 계속한다. 현재 에어비앤비의 누적이용객 수는 1억 6천만 명을 넘어섰고, 전 세계 6만 5천여 개의 도시에 300만 개 이상의 숙소가 에어비앤비에 등록되어 있다. 샌프란시스코에 본사를 둔 에어비앤비는 투자자로부터 36조 원의 가치를 인정받고 있다.

에어비엔비의 성공에는 많은 요인이 있다. 대표적으로 그들의 서비스는 확장하려는 지역에 직원을 파견하기 쉬웠고, 현지인을 만나 문화를 이해하고 서비스를 이해시키기에 적합했다. 에어비엔비는 해외 시장에 게릴라 전략으로 진입하고 있다. 우리는 에어비엔비를 통해 알래스카의 이글루나 베트남의 지하 벙커에서 특별한 하룻밤을 보낼 수 있을 것이다.

포브스(Forbes)가 발표한 1조 원 이상의 자산가에 합류한 브라이언 체스키지만, 그는 여전히 집이 없다. 에어비엔비를 통해 돌아다니며 생활하고 있다고 한다. 에어비엔비의 성장은 꺼질 거 같지 않지만, 에어비엔비와 함께 크기 시작한 우버가 각국에서 받는 반발이나 세금 논란을 보면 에어비엔비의 미래도 아직은 알 수 없게 만드는 것이 시장이다.

3-5. 다이슨의 제임스 다이슨(James Dyson)

결혼을 준비하거나 청소기를 고려하는 사람 중에 다이슨 진공청소기를 모르는 사람이 있을까? 날개 없는 선풍기나 먼지봉투 없는 진공청소기로 알려진 다이슨은 영국의 가전제품 제조 기업이다. 외관을 예쁘게 하는 기존의 디자인에서 벗어나, 디자인 중심의 설계이자 경영

철학으로 레드오션인 생활가전 분야에서 매년 큰 성공을 거두고 있다. 다이슨은 창업자 제임스 다이슨의 이름을 그대로 가져온 것이다.

"좋은 디자인은 어떻게 생겼는지가 아니라
어떻게 작동하는지 고려할 때 나온다."
- 다이슨 창업자 제임스 다이슨 -

제임스 다이슨은 미국 하버드 비즈니스 리뷰에서도 애플과 함께 성공한 디자인 중심 기업으로 선정되었다. 하지만 제임스 다이슨은 디자인 중심 기업이라는 말과 혁신이라는 단어를 반기지 않고, 자신을 발명가로 소개해 주길 원한다. 그리고 발명 이선에 혁신이라는 단어는 아무것도 아니라고 말한다. 발명이 있어야 혁신도 따르는 법이기 때문이다.

"발명은 창의적인 엔지니어링과 행운이 합쳐진 결과로
문제를 해결하려는 자세와 질문에서 나온다.
혁신만으로는 아무것도 할 수 없다."
- 다이슨 창업자 제임스 다이슨 -

제임스 다이슨이, 문제를 해결하려는 자세와 끊임없는 질문을 강조하고 있지만, 정작 자신의 제품을 사업 궤도에 올리는 것은 순턴치 않았다. 다이슨이 처음 사이클론 원리를 적용한 청소기를 선보였을 때 유럽 시장의 반응은 냉담했다. 기업은 제품 생산보다 다이슨이 가진 특허만 노렸다. 결국 다이슨은 일본 시장으로 눈을 돌리게 된다. 한정된 시장에 갇히지 않고 다른 시장을 찾아 나선 결과는 성공이었고, 이를 바탕으로 1993년 지금의 회사를 설립하기에 이른다.

제임스 다이슨은 스스로 경험했던 많은 실패를 경험이라고 표현한다. 그리고 대부분의 연구개발(R&D)이 목표에 이르지 못하지만, 날개 없는 선풍기처럼 처음에는 실패했더라도 다른 곳에서 성공하는 사례도 발생할 수 있다고 말한다. 그리고 전문 경영인과 투자자가 단기 실적에 매달리면서, 제조보다 영업이나 판매가 더 중요해졌다고 지적한다. 기업이 혁신적인 기술을 개발하기보다 기존에 있는 상품을 더 많이 파는 것에만 집중하고 있다는 것이다.

투자를 늘리고 새로운 제품을 개발하는 것에는 위험이 따르기 마련이다. 연구개발은 실패를 수반하기도 한다. 그러나 제임스 다이슨은 연구개발 과정은 결과에 상관없이 충분한 가치가 있다고 말한다. 다이슨은 매주 50억 원에서 70억 원에 달하는 금액을 연구개발에 투자하는 것으로 알려졌다. 이 회사가 엔지니어 육성과 연구개발에 어마어마한 자금을 투자하는 배경에는 수많은 실패를 결과로 증명한 제임스 다이슨의 성공이 있다. 아직도 실패를 거듭하고 있는 제임스 다이슨의 다음 작품은 무엇이 될지 기대된다.

3-6. So what? 창업자 성향과 선택의 문제

지금까지 전설이 된 유명한 창업자들을 살펴보았다. 우리가 그들이 될 가능성을 가늠해보자. 머릿속에 떠오르는가? 나는 0%가 떠올랐다. 1%조차 안 된다고 해서 기죽을 필요는 없다. 성공한 창업자 중에도 자신의 성공을 과소평가했던 이들이 분명히 있을 것이다. 시가 총액이 1조인 기업의 창업자도 처음부터 1조를 기대하지는 못했을지도 모른다. 어쩌면 누군가는 "이 정도의 성공은 기대하지 못했는데?"라며 자신의 엄청난 성공에 얼떨떨하지는 않았을까? 누가 이러한 성공에 이르게 될지는 아무도 알 수 없다.

앞서 소개한 5명의 창업자는 더 빨리 생각하고, 더 빨리 움직였을 뿐이다. 우리가 떠올리는 1%의 성공을 위해서 99%의 위험을 떠안은 사람들이다. 그들은 모두가 물음표를 던지던 시기에 창업에 도전했고, 이 도전을 위해서 좋은 직장이나 학교를 그만두기도 했다. 당연한 이야기지만 좋은 직장과 학교를 그만둔다고 성공을 거둔다는 보장은 없다. 위험을 떠안았다면 1% 이하에 불과한 성공 확률을 높이기 위해서 앞으로 어떻게 하는가가 중요하다. 창업자는 사업 기회를 보았고, 퇴사와 자퇴는 도전을 위한 결단이었다. 그들의 선택에는 철저한 비용계산이 있었을 것이다. 직장, 학교, 가족만으로는 설명하기 어려운 수많은 관계와 순간의 선택이 있었지만, 그들은 스타트업을 선택했다.

실패에 대한 걱정과 그 상실감은 상대적이기 때문에 누구는 퇴사 후 창업에 도전하고, 다른 이는 창업이 하고 싶어도 결국 퇴사하지 못한다. 누군가가 당신에게 향후 3년의 월급과 지난 5년간 모은 1억 원을 투자하면 1%의 확률로 100억 원을 주겠다고 제안한다고 가정하자. 그러나 99% 확률로 모든 돈을 날릴 수도 있다. 당신이라면 게임에 참여하겠는가? 나는 통장에 여윳돈이 10억 원 이상 있다면 게임에 참여할지도 모르겠다. 그러나 모든 것을 잃을 것이라는 두려움 때문에 게임에 참여하기는 쉽지 않다. 그러나 전 세계의 수많은 창업자가 이러한 게임에 기꺼이 참여한다. 안정을 추구하는 직장인이 보기에는 마치 도박을 하는 것처럼 보일 수도 있다. 1%의 엄청난 부와 명예를 가지기 위해서 우리는 스타트업에 도전할 수 있을까?

미국의 심리학자 토리 히긴스(Tory Higgins)의 조절초점 이론으로, 개인이 스타트업에 도전하는 성향을 알아보자. 토리 히긴스의 조절초점 이론에 의하면 사람들은 성취지향형(Promotion Focus)과 안정지향형(Prevention Focus)으로 구분된다. 이 이론은 사람들이 행복에 접근하는 동기와, 고통을 회피하는 동기의 본질을 밝혀내고자 하는 것이다. 사람들은 행복해지고 싶어 하면서 고통은 피하려고 한다.

① 성취지향형	② 안전지향형
+1이 아니면 0과 -1도 상관 없다.	-1이 안나오는 것이 더 중요하다.

예를 들어 창업자는 스타트업을 시작하기 전에는 학생이든 직장인이든 어떤 조직에 머물러 있었을 것이다. 그 조직에서 교육이나 임금을 받는 상태를 제로라고 가정하자. 성취지향형은 제로에서 플러스의 상태로 가는 것에서 행복을 느낀다. 반면에 안정지향형은 마이너스의 상태로 가지 않는 것에서 행복을 느낀다. 두 유형 모두 행복을 느끼지만, 행동은 다르게 나타난다. 그렇다면 어떤 유형이 스타트업에 도전

할까? 말하지 않아도 느낌이 오지 않는가?

　창업자가 되는 선택을 하는 것은 각자의 환경과 성향에 따라서 차이를 보일 수밖에 없다. 그러한 성향의 차이가 사람들이 가지는 목표와 그 목표를 향해 가는 접근 방식 및 수단을 결정하고, 그로 인해 창출되는 가치마저 달라지게 한다. 토리 히긴스는 어떤 사람이 성취지향형이든 안정지향형이든 어느 한쪽의 성향을 보이더라도, 주변의 환경이 그 사람의 성향을 일시적으로 바뀌게 할 수 있다고 한다. 예를 들어 주변 환경에서 성취에 대한 메시지를 계속해서 강조하면, 안정지향형인 사람도 성취지향형인 것처럼 행동한다는 것이다. 어떤 성향이 더 좋다는 것은 아니다. 오히려 스타트업에는 성취지향형과 안정지향형의 사람들이 조화를 이루어야 한다. 특히 자금 관리에 있어서는 안정지향형 사람이 꼭 필요하다.

　스타트업을 시작하기 위해서는 돈과 시간만 있으면 되는 것이 아니라, 창업자의 동기가 필요하다. 하지만 자신의 성향을 성취지향형이라고 판단하여 직장이나 학교를 그만두는 섣부른 행동은 하지 않는 것이 좋다. 그렇게 스타트업에 도전했는데, 만약 1% 이하의 성공 확률을 위해서 용기를 내야 하는 순간에 망설이는 자신을 발견하게 된다면 답은 뻔하지 않은가? 성향만 믿고 스타트업을 시작할 수는 없는 노릇이다.

"당신이 본 성공적인 사업은
누군가의 용감한 결정으로 만들어진 것이다."
- 경제학자 피터 드러커(Peter Drucker) -

4. 스타트업, 누구와 해야 할까

"스타트업은 아웃소싱에 의존하는 것이 아니라,
스스로 만들 수 있어야 한다."

- 와이콤비네이터(Y-combinator) -

규모가 작더라도 스타트업도 어엿한 기업이기 때문에 창업자 혼자 시작하기는 쉽지 않다. 누구와 함께 시작하는가는 스타트업에서 매우 중요한 문제다. 물론 창업자에게 필요한 공동창업자나 팀원이 저절로 나타나지는 않는다.

2017년 기준으로 전 세계의 시가 총액 상위 10개 기업 중에 70%는 공동창업으로 시작하였다. 애플의 스티브 잡스나 마이크로소프트 빌 게이츠, 구글의 레리 페이지, 페이스북의 마크 저커버그도 공동창업으로 스타트업을 시작하여 거대한 기업으로 성장시켰다. 나머지 30%는 1인 창업으로 성공한 경우다. 그렇다면 1인 창업도 충분히 성공할 가능성이 있다는 의미일까? 이 신호에 힘을 얻어 과감히 도전장을 내밀어야 할까?

내 생각은 조금 다르다. 30%에 해당하는 창업자는 적합한 공동창업자를 만나지 못했거나 영입에 실패했을 가능성이 있다. 여기서 여러분이 알아 두어야 할 게 있다. 스타트업이나 벤처기업에 투자하는 엔젤투자자, 액셀러레이터, 벤처캐피털은 1인 기업보다는 팀으로 구성된 스타트업에 투자하는 것을 선호한다.

그렇다면 누구와 창업해야 성공할 수 있을까? 아주 유명한 사례를 통해 답을 얻을 수 있다. 애플의 스티브 잡스와 스티브 워즈니악, 마이크로소프트의 빌 게이츠와 폴 앨런, 구글의 레리 페이지와 세르게이 브린이 어떻게 스타트업을 시작했는지 살펴보도록 하자.

4-1. 애플의 스티브 잡스와 스티브 워즈니악

"워즈니악은 역사상 최고의 천재 개발자이다."
- 애플의 공동창업자 스티브 잡스 -

세상에 애플과 아이폰을 모르는 사람이 있을까? 애플은 스티브 잡스의 차고에서 시작되었고, 스티브 잡스와 스티브 워즈니악이 애플의 지분을 반씩 나눠 갖는다는 10페이지짜리 계약서에 서명하면서 탄생한다. 스티브 잡스는 21세 때 대학을 중퇴하고 게임회사에서 일하고 있였다. 스티브 워즈니악은 26세로 HP의 엔지니어였다. 1976년에 스티브 잡스는 스티브 워즈니악의 집에서 컴퓨터를 목격하게 된다. 컴퓨터의 매력에 흠뻑 빠진 스티브 잡스는 스티브 워즈니악에게 회사를 차리자고 제안한다. 사실 스티브 워즈니악은 HP를 그만둘 생각이 없었다. 게다가 HP에게 자신이 만들고 있던 컴퓨터를 제작하자는 제안을 해둔 상태였다. 그러나 HP는 스티브 워즈니악의 제안을 계속해서 거절한다. 결국 스티브 워즈니악은 스티브 잡스와 함께 회사를 차리기로 했다. 애플의 탄생은 이렇게 시작된다.

애플의 기업 규모는 매우 환상적이다. 그러나 여러 관계자의 인터뷰를 듣다 보면 애플과 관련된 부정적인 대목을 엿볼 수 있다. 일부 인터뷰에 의하면 스티브 잡스와 스티브 워즈니악은 대인관계가 원만하지 않았다고 한다. 이런 둘이서 대체 어떻게 애플이라는 기업을 만들어냈을까?

스티브 잡스는 누구에게도 위축되지 않는 뻔뻔함과 노련한 사업가의 기질을 보였다. 반면 스티브 워즈니악은 내성적인 성향을 지닌 엔지니어로서, 애플Ⅰ부터 애플Ⅱ까지 거의 모든 과정을 혼자 만들다시피 할 정도로 개발에만 전념한다. 전혀 다른 성향을 지닌 둘의 모습은 애플의 제품이 개발되는 과정에서 그대로 드러난다.

스티브 워즈니악이 만든 컴퓨터를 상품화하여 판매로 이끈 것은 스티브 잡스였다. 둘은 애플Ⅰ에서 가능성을 확인하고, 애플Ⅱ에서 엄청난 성공을 거둔다. 이후 잡스는 애플 리사 프로젝트와 애플Ⅲ의 실패 등으로 지위가 흔들리다가 전문경영인으로 영입한 존 스컬리와의 불협화음으로 1985년 자신이 만든 회사를 떠나게 된다.

스티브 워즈니악 역시 1981년에 비행기 추락 사고를 당한 후 휴직을 거듭하다 1983년에야 회사로 복귀하지만, 사고 이전과는 너무나도 달라진 조직 문화에 실망하면서 비공식적으로 애플을 떠나고 만다.

두 사람이 애플을 떠난 이후에 사이가 틀어졌다는 이야기도 있지만, 처음부터 둘의 관계가 원만하지 않았다는 증언도 있다. 특히 창업 초기에 잡스가 제품 납품 대가로 5,000달러를 받고서도 700달러를 받았다며 그중 350달러만 워즈니악에게 줬다는 일화는 무성한 뒷이야기를 남겼다. 워즈니악 역시 친구의 거짓이 괴로웠다고 말하기도 했다.

같이 일하기 괴로운 인물로 소문이 났던 스티브스는 개발 진행 중이던 제품을 백지화하거나, 직원들을 극단으로 몰아붙이는 등 괴팍한 성격으로 유명했다. 여기에 여러 가지 사적인 문제도 잡스를 따라다녔다. 이런 잡스를 워즈니악은 공개적으로 비난하기도 했다.

하지만 워즈니악이 만든 컴퓨터를 잡스가 시장으로 이끌면서 애플의 신화가 시작된 것은 사실이다. 그들은 컴퓨터라는 공통의 관심사로 가까워졌고, 사업을 하면서 엄청난 성공과 실패를 함께 경험한다. 비록 둘의 사적인 사이는 멀어졌을지 모르지만, 이들의 관계가 애플의 마지막을 의미하지는 않는다. 1976년에 시작된 애플은 여전히 전 세계에서 가장 큰 기업 중 하나이다.

"내가 일개 악기 연주자라면, 잡스는 위대한 지휘자이다."
- 애플의 공동창업자 스티브 워즈니악 -

4-2. 마이크로소프트의 빌 게이츠와 폴 앨런

"내 파트너는 나를 제거하려고 하고 있다.
이건 돈을 버는 데만 관심이 있는 기회주의일 뿐이다."
- 마이크로소프트의 공동창업자 폴 앨런 -

마이크로소프트라고 하면 대부분이 빌 게이츠만 떠올릴 것이다. 나도 마찬가지다. 폴 앨런이 빌 게이츠와 동등한 위치로 떠오르지 않는다. 그러나 마이크로소프트는 빌 게이츠와 폴 앨런이 지분을 반씩 투자해 시작한 회사이다. 세계 최초의 소형 컴퓨터가 탄생했다는 사실을 전달하기 위해 하버드 대학교의 빌 게이츠를 만나러 간 것도 폴 앨런이었다. 마이크로소프트는 세계 최초의 알테어 8800이라는 소형 컴퓨터를 개발한 엠아이티에스(MITS)라는 회사 인근 여관에서 시작했다.

폴 앨런은 시애틀의 명문 사립학교인 레이크사이드 스쿨에서 뛰어난 프로그래밍 실력으로 두각을 나타냈고, 빌 게이츠보다 한 단계 위로 평가받았다. 그들은 컴퓨터라는 공통된 화제로 급속도로 친해졌다. 빌 게이츠와 폴 앨런은 컴퓨터 실습실에서 컴퓨터를 과도하게 사용하는 바람에 이용에 제한을 받게 되었는데, 둘은 직접 컴퓨터 회사로 찾아가 버그를 찾아주는 대가로 컴퓨터를 무료로 사용하기도 하였다.

1975년에 소형 컴퓨터인 알테어 8800이 등장하자 빌 게이츠와 폴 앨런은 앞으로 본격적인 컴퓨터 시대가 올 것을 직감한다. 그리고 엠아이티에스에 전화를 걸어 알테어 8800용 베이식을 개발해 주겠다고 제안한다. 그러나 엠아이티에스는 이미 수많은 프로그래머로부터 같은 제안을 받고 있었다. 그래서 엠아이티에스는 가장 먼저 베이식을 개발한 프로그래머에게 계약의 우선권을 주겠다고 공표한다.

　이 소식을 접한 빌 게이츠와 폴 앨런은 실습실에서 8주 동안 알테어 8800의 베이식을 개발하고, 그들이 개발한 베이식을 가지고 뉴멕시코에 있는 엠아이티에스 본사로 날아간다. 그리고 마침내 엠아이티에스와 공급계약을 맺게 된다. 법대를 다니고 있던 빌 게이츠는 부모님이 원하던 법조인의 꿈을 포기하고 하버드를 자퇴한다. 그리고 워싱턴 주립대학을 자퇴한 폴 앨런과 함께 마이크로소프트를 창업한다.

　당시에는 마이크로소프트라는 회사명이 아이스크림 가게로 알려질 정도로 소프트웨어라는 단어가 익숙하지 않았다. 그러나 빌 게이츠는 하드웨어와 소프트웨어를 구분하고, 소프트웨어만 따로 판매하는 새로운 방식의 수익 모델을 추구했다. 빌 게이츠와 폴 앨런은 창업한 해에 1억 원 이상의 매출을 기록하고, 그다음 해에는 2억 원 이상을 기록한다. 레이크사이드 스쿨에서 컴퓨터를 연구하던 동기들을 합류시키면서 마이크로소프트는 제대로 된 회사의 모습을 갖추게 된다.

　마이크로소프트는 엠아이티에스의 컴퓨터가 한 대씩 팔릴 때마다 로열티를 받았는데, 엠아이티에스는 생각보다 작은 회사라서 생산이 더뎠기 때문에 마이크로소프트에는 한계로 작용했다. 빌 게이츠는 법적 분쟁을 통해서 마케팅 이행의 노력을 기울이지 않았다는 이유로 엠아이티에스와의 계약을 파기하고, 시카고로 회사를 옮겨 아이비엠(IBM)으로부터 운영제제 프로그램 개발을 의뢰받는다. 개인용 컴퓨터의 일인자였던 아이비엠이지만 그로 인해서 정작 돈을 벌게 된 것은 중앙처리장치(CPU)를 개발한 인텔과 도스(DOS)를 만들어 낸 마이크로소프트였다.

　마이크로소프트가 급격한 성장을 하는 동안 폴 앨런은 무엇을 했을까? 사실 프로그래밍 작업에서는 빌 게이츠보다 폴 앨런이 더 많이 공헌한 것으로 알려졌다. 반면에 빌 게이츠는 사업적인 역할을 더 많이 했다고 한다. 사업은 그렇게 순조롭게 진행이 되었지만, 폴 앨런에게 호지킨 림프종이라는 암이 찾아왔다. 암 수술을 받게 된 폴 앨런은 수술 후 마이크로소프트로 돌아와서 충격적인 사실을 알게 된다. 빌 게이츠가 자신을 마이크로소프트에서 쫓아내려고 한다는 사실이다. 예전부터 폴 앨런의 지분을 야금야금 빼앗아가던 빌 게이츠는 남아 있는 폴 앨런의 지분을 제대로 인정해 주지 않으려고 한 것이다. 돈과 명예가 인생에서 이렇게 중요한 것일까? 폴 앨런도 미련이 없어 보였다. 이미 마음이 떠나버린 폴 앨런은 지분만 챙긴 채 회사를 나와 버렸다. 이후 마이크로소프트는 윈도우 95와 함께 고공행진을 시작한다. 이것이 백만장자였던 폴 앨런이 억만장자가 된 사연이다. 이런 배신이라면, 우리 모두 수백 번은 당할 준비가 되어 있지 않겠는가.

　1983년에 마이크로소프트를 떠난 폴 앨런의 재산은 2014년에 약 19조 원에 달했다고 한다. 스포츠 팀의 구단주이자, 자선사업가로도 유명하다. 자신이 좋아하던 극장이 철거된다는 소식을 듣고는 아예 그 극장을 사서 지켜낼 만큼 재력과 감성을 함께 지닌 사람이기도 하다.

　처음엔, 힘든 시기를 함께했던 빌 게이츠의 배신을 받아들이기 힘들었을 것이다. 빌 게이츠도 나중엔 사과 편지를 썼다고 한다. 이 편지가 과연 위로가 되었던 것일까? 아니면 급등한 마이크로소프트의 주가의 힘이었을까? 지금은 두 사람이 아주 잘 지낸다고 한다.

"우리가 나눈 역사는
우리 사이에 끼어든 그 어떤 것보다도 더 강력하다."
- 마이크로소프트의 공동창업자 폴 앨런 -

4-3. 구글의 래리 페이지와 세르게이 브린

"돈으로 행복을 살 수 없다는 말을 자주 들었다.
그래도 나는 돈을 엄청나게 벌면
행복을 조금이라도 살 수 있을 것으로 생각했다.
그러나 내 생각이 잘못되었다는 것을 알게 됐다."
- 구글의 공동창업자 세르게이 브린 -

"만약 돈이 전부라면 오래전에 이미 회사를 팔았을 것이다.
그랬다면 지금 바닷가 휴양지의 삶에 지나지 않을 것이다."
- 구글의 공동창업자 래리 페이지 -

스탠퍼드 대학 박사과정 2년 차이던 세르게이 브린은 신입생을 데리고 샌프란시스코를 안내하는 일을 하게 된다. 그 신입생 무리에 구글의 공동창업자 래리 페이지가 있었다. 1973년생 동갑내기인 두 사람은 처음에는 서로 마음에 들지 않았지만, 논쟁을 벌이면서 가까워진다. 이들 역시 컴퓨터라는 공통의 관심사로 하나가 된다. 이때부터 둘은 래리 세르게이라고 불릴 정도로 붙어 다니면서 컴퓨터에 대해 논의를 계속한다.

웹(Web)에 관심이 많던 래리 페이지는 웹 페이지 사이의 연결 구조와 링크를 분석하기로 한다. 세르게이 브린도 관심을 보이며 동참하게 된다. 래리 페이지는 웹상에서 링크가 많은 페이지는 그만큼 가치가 있다는 것을 깨닫는다. 훌륭한 논문일수록 다른 논문에서 인용될 가능성이 크고 인용 빈도수 또한 계속 증가하는 것처럼, 링크가 많은 페이지 역시 논문을 인용하는 방식과 일맥상통하는 개념으로 파악한 것이다. 세상을 바꿀 아이디어의 시작이었다.

논문 인용 개념에서 출발한 아이디어는 각 웹 페이지 간에 순위를 정하는 작업으로 이어졌고, 여기에 각 웹 사이트의 명성에 가중치를 매기는 아이디어를 추가했다. 순위 시스템을 구축하는 것은 생각보다 쉽지 않았지만, 세르게이 브린의 뛰어난 수학 실력으로 차근차근 시스템을 구축해 나갔다. 두 사람이 만든 검색시스템은 사용자가 찾고자 하는 검색 대상과 관련성이 높고 중요한 페이지들을 보여 주면서 기존 검색 시스템을 압도해 나갔다.

래리 페이지와 세르게이 브린은 이 검색엔진을 처음에는 백럽이라 부르다가 이후 구글로 이름을 바꾼다. 구글은 수학 용어 구골(Googol, 10의 100제곱)에서 나온 것으로 백사장의 모래알 수처럼 엄청나게 큰 수를 의미한다. 인터넷의 광대한 정보를 담겠다는 의미에서 사용한 것이다. 그런데 실수로 스펠링을 잘못 기재하면서 회사 이름이 구글

(Google)로 바뀌는 해프닝이 벌어지기도 했다.

  이후에 학교와 지도교수의 도움으로 약 1,000만 원을 지원받아 구글 서비스를 제공하려고 했지만, 서버 컴퓨터가 턱없이 부족했다. 결국에 없는 돈에 부품을 모아 컴퓨터를 만들었고, 저가의 개인용 컴퓨터를 병렬로 연결해서 서버 시스템을 구축하는 방법을 개발하게 된다. 최소의 비용으로 컴퓨터를 만들고, 유기적인 시스템으로 연결하는 방법이 구글의 성공 요인 중 하나다.

  박사과정을 그만두고 싶지 않았던 래리 페이지와 세르게이 브린은 구글 서비스를 백만 달러에 팔 생각을 하게 된다. 당시에 검색엔진 점유율 50% 이상이었던 알타비스타를 시작으로 야후 등 각종 포털 업체를 찾아가서 구글을 시연한다. 하지만 그들은 백만 달러는커녕 빈손으로 돌아오게 된다. 스티브 워즈니악이 HP에서 거절당한 후 스티브 잡스와 함께 사업을 시작한 것처럼 래리 페이지와 세르게이 브린도 계속된 거절에 학위과정을 그만두고 직접 창업하게 된다.

  미국의 스탠퍼드 대학의 대학원생 2명이 만든 구글은 현재 검색 시장의 70%를 장악하고 있다. 2000년에 최고경영자 에릭 슈미트(Eric Emerson Schmidt)가 합류하면서 래리 페이지와 세르게이 브린은 기술과 상품 개발에 더욱 집중할 수 있게 된다. CEO로 취임한 에릭 슈미트는 두 창업자의 상상을 현실에 적용할 수 있도록 하는 역할을 맡았다. 에릭 슈미트의 비공식적인 임무 중의 하나는 래리 페이지와 세르게이 브린의 말도 안 되는 발상을 감시하는 것도 있다고 한다.

2011년 1월 20일, 에릭 슈미트는 최고경영자(CEO)를 사임하고, 래리 페이지에게 다시 최고경영자 자리를 넘겨준다. 에릭 슈미트는 최고경영자를 사임하면서 자신의 소셜네트워크서비스(SNS)를 통해서 "어른들의 감독은, 더는 구글에 필요 없다."는 말을 남긴다. 구글이라는 기업은 이제 20주년을 맞이하고 있고, 래리 페이지는 최고경영자 자리에서 수많은 변화를 이끌고 있다.

애플과 마이크로소프트의 공동창업자들처럼 문제는 없었을까? 물론 있었을 것이다. 앞으로 어떤 일이 발생할지도 모른다. 이런 사실은 래리 페이지나 세르게이 브린도 잘 알고 있을 것이다. 하지만 그들은 자신들과 인류를 행복하게 만들기 위해, 그리고 새로운 기술에 조금씩 다가가기 위해 자신들이 해야 할 일에 매진할 뿐이다. 그 일을 위한 어마어마한 돈과 시간이 그들 편에 서 있다.

"브린은 거래를 성사시키는 능력이 있고,
페이지는 기술적인 능력이 가장 뛰어나다.
슈미트는 경영의 세부적인 문제를 처리하는 능력이 있다."
-『구글, 성공 신화의 비밀』의 저자 데이비드 바이스 -

4-4. So what? 스타트업과 팀원

사실 창업자가 스타트업처럼 급격한 성장을 이루는 조직을 혼자서 운영하는 것은 불가능에 가깝다. 신뢰할 수 있으면서 능력까지 갖춘 공동창업자를 만나면 얼마나 좋을까? 앞서 이야기한 창업자들은 자신이 할 수 없는 일을 해결해 줄 공동창업자를 만나서 스타트업을 거대한 기업으로 성장시켰다. 스타트업 생태계를 잘 아는 다수의 이해관계자는 강력한 팀을 구축하라는 조언을 한다. 이 조언의 초점은 서로의 부족함 점을 보완할 팀을 구성하라는 것에 있다.

그러나 그게 말처럼 쉬운가? 레알 마드리드나 FC바르셀로나는 다른 팀에 비해 팀 구성원이 훌륭하지만 그렇다고 이들이 매번 우승을 하는 것은 아니다. 하물며 작은 규모로 시작하는 스타트업이 어떻게 강력한 팀을 구성할 수 있겠는가? 하지만 확실한 것은 작은 규모의 스타트업도 필요한 역량을 보완할 공동창업자가 필요하다는 것이다. 그리고 공동창업자 사이의 신뢰가 중요하다. 지분에 대한 욕심을 부린다든지, 업무와 성과를 의심하기 시작하면 팀은 곧 깨지고 만다. 앞서 살펴본 전설적인 기업의 공동창업자 중 일부도 서로 갈라섰고, 그 이유 중 하나가 지분 관계로 인해서 신뢰가 깨진 것이다.

스타트업을 성공적으로 성장시킬 공동창업자를 만난다는 것도 어렵지만, 성장시킨 이후에 함께하는 것도 어렵다. 많은 의사결정에서 대립이 발생할 것이고, 이러한 대립을 서로가 받아들이지 못하면 문제가 된다. 팀으로 창업했지만 결국은 혼자 책임을 지고 스타트업을 이끌어가는 사례가 적지 않다.

단독으로 창업하는 것과 공동창업은 각각 장단점을 지니고 있다. 그러나 스타트업 생태계는 팀이라는 가치에 주목하고 있다는 것을 기억해야 한다. 스타트업을 운영하기 위해서는 팀을 구성하는 것이 바람직하다.

"스타트업은 오로지 아이디어에 대한 것만이 아니다.
아이디어를 실험하고, 그다음 실행까지 하는 것이다.
이런 스킬이 없다면 처음부터 고장 난 제품과 다름이 없다."
- 실리콘 밸리의 대부 스티브 블랭크(Steve Blank) -

5. 그들은 왜 창업을 할까

"비판받는 것을 두려워한다면
그냥 아무것도 하지 않으면 된다."
- 아마존의 창업자 제프 베이조스(Jeffrey Preston Bezos) -

 창업자 대부분이 자신의 스타트업은 구글이나 페이스북과 같은 테크 자이언츠가 되기를 바란다. 스타트업이 구글이나 페이스북과 같은 추세로 성장한다면 어떤 느낌일까?

 스타트업 생태계에는 "당신의 사업은 당신의 사업을 확장하는 것입니다."라는 유명한 말이 있다. 스타트업의 첫 번째 목표는 스타트업을 확장하는 것이다.

5-1. 확장형 스타트업(Scalable Startups)

"규모의 확장(Scaling up)은 모든 창업자의 꿈이자 악몽이다.
급성장은 무서운 것이다.
때로는 훌륭한 기업을 이것이 죽여 버린다."
- 『Scaling Up』의 저자 번 해니쉬(Verne Harnish) -

초라하게 보일 정도로 작은 규모로 시작하여 급격한 성장을 끌어낼 때 확장형 스타트업이라고 한다. 일반적으로 강력한 사업 모델과 세상을 바꾸려는 비전을 가지고 있다. 대부분의 확장형 스타트업은 이러한 비전을 현실화하기 위해서 투자자를 찾는다. 세상을 바꾸기 위해서는 많은 자금이 필요하기 때문이다. 자신의 통장에 있는 돈을 모두 쓰기에는 위험 부담이 너무 크기 때문이기도 하다. 결국 확장형 스타트업은 외부의 자금을 조달하면서 빠른 성장을 이루고자 한다.

여기서 등장하는 투자 주체는 초기 단계의 기업에 투자하고 지원하는 엔젤투자자나 액셀러레이터, 크라우드 펀딩 같은 기관이다. 확장형 스타트업은 이러한 투자자를 찾기 위해 실리콘 밸리나 뉴욕의 창업자 커뮤니티, 기술 커뮤니티에 모이게 된다. 마음에 드는 이성을 만나기 위해서 일단 많은 이성이 있는 곳으로 가는 것과 유사하다. 이성을 투자자로 비유한다면 역시나 자신의 매력을 보여줄 준비가 되어 있어야 한다. 물론 미래의 성장 가능성도 그 준비에 포함된다.

어떤 기업은 마침내 거대한 기업으로 성장하지만, 그 과정에서 셀

수 없을 정도로 많은 기업이 실패한다. 확장이 잘 된다면 상상조차 할 수 없는 많은 자본을 끌어들인 성공한 사업가가 될 수 있지만, 가능성은 1%도 안 된다는 의미이다.

이렇게 생각해보자. 결국 잘하는 사람들끼리 경쟁하는 것이 아니겠는가? 흔히 말하는 창업할 준비가 된 창업자를 상위 10%로 가정하자. 준비된 창업자가 보기에 나머지 90%는 어차피 망한다. 그러므로 처음의 성공 확률 1%는 10%로 상승한다.(상위 10% 중에서만 성공한다는 가정을 한다면 말이다.) 이 정도면 가능성이 없지는 않아 보인다. 그러나 스타트업은 변수가 많다. 도대체 어쩌란 말인가? 바로 이것이 스타트업 생태계의 예측할 수 없는 생리이다. 여기서 하고 싶은 말은 어차피 준비되어 있지 않다면, 창업자는 자신의 스타트업의 규모가 커지는 급성장에 대처하지 못한다는 것이다. 규모의 확장과 성장의 과정에서 수도 없이 발생하는 문제와 인식, 그 스트레스를 견딜 수 있는 창업자만 살아남는다.

그렇다면 반드시 확장(scale-up)해야만 스타트업을 성공시킬 수 있을까? 모든 혁신적인 스타트업이 확장형 스타트업은 아니다. 아무리 거대한 기업이라고 해도 전 세계 사람을 고용할 수는 없다. 스타트업 역시 마찬가지다. 스타트업은 외형의 확장보다는 혁신에 집중하는 것이 더 알맞은 형태다.

스케일업이 국가의 산업 규모, 사업을 하는 창업자 모두에게 긍정적인 요인을 제공하는 것은 분명하지만 때로는 독이 된다는 사실도 간과해서는 안 된다. 최고의 인재를 끌어들이기 위해서는 높은 비용을 지불해야 한다. 사업 규모를 확장하기 위해서는 고위험을 떠안아야 한다. 적당한 수준의 위험과 수익을 목표로 하는 것도 스타트업을 건전하게 유지하기 위한 한 방법이다. 확장형 스타트업은 꿈같은 성공을 가져오기도 하지만 그만큼 큰 위험을 떠안아야 한다는 것을 잊어서는 안 된다. 높은 곳에서 떨어질수록 아픔은 더 큰 법이다.

5-2. 매각형 스타트업(Buyable Startups)

> "벤처캐피털들은 투자한 기업의
> 기업공개(IPO)만큼 인수(acquisition)를 좋아한다.
> 인수를 시도하는 기업이 종종 현재의 스타트업 가치보다
> 몇 배는 높은 금액을 지불하는 경우도 있기 때문이다."
> - 연쇄 창업자이자 교수인 스티브 블랭크(Steve Blank) -

스타트업을 시작하는 사람이라면 누구나 열정을 바쳐 회사를 성장시키고 자신과 함께 영원히 지속되기를 바랄 것이다. 하지만 팔기 위해서 스타트업을 하는 창업자도 있다. 매각형 스타트업은 사업에 전혀 관여하지 않고 있던 제삼자에게 회사를 팔 목적으로 설립된 스타트업을 말한다. 원래는 투자자 사이에서 자주 사용되던 단어다. 그러나 최근에는 스타트업 초기부터 출구전략이 강조되면서 인수합병(M&A) 같은 전략적 목표를 가진 스타트업이 늘어나고 있다. 힘들게 키워서

멋지게 팔고 한몫 챙기는 것이다.

어떤 스타트업의 인수합병 소식이 전해질 때면 창업자 사이에 "내 스타트업은 키워서 얼마에 팔 수 있을까?"라는 이야기가 오가기도 한다. 하지만 사업을 제대로 시작하기도 전에 자신의 피와 땀이 스며들어 있는 회사를 팔 생각부터 하는 것은 우리 같은 일반인에게는 낯선 풍경이다.

반면 투자자들은 이런 전략을 합리적으로 판단하기도 한다. 투자자로서는 세상을 바꿔보겠다는 이상주의자보다 투자자금을 몇 배로 부풀려 주는 현실적인 전략가가 더 예뻐 보일 것이다. 사업이 잘되고 있을 때라면 몰라도 사업이 잘되지 않는다면 더 큰 갈등이 생길 수 있다. 다른 기업에서 인수 제의를 했는데, 창업자가 고집을 부려 끝까지 사업을 놓지 않으려고 한다면 투자자로서는 화가 날 수밖에 없을 것이다. 기업 인수는 이상과 이익이 대치하며 얽혀 있는 복잡한 전장이다.

자신이 세운 스타트업을 판다는 것은 창업자에게는 생소한 일이다. 상대방은 큰 규모의 펀드나 중견·대기업인 경우가 많으므로 신생 스타트업이 전문적으로 대처하기도 쉽지 않다. 어쨌든 기업을 팔기 위해서는 조건을 충족해야 한다. 인수 대상이 되려면 그럴 만한 가치가 있어야 한다는 뜻이다.

인수자가 스타트업을 사려는 이유는 무엇일까? 직접 시장을 개척하거나 기술개발에 필요한 비용과 시간을 아끼고 싶기 때문이다. 이것을 반대로 이야기하면 스타트업 창업자는 그게 맞는 자격 조건을 갖추고 있어야 한다는 뜻과 같다.

인수 비용은 어떻게 정해질까? 창업자는 자신이 정할 수 있다고 믿지만, 기업의 가치는 인수자가 매력적으로 느낄 만한 시장의 유무와, 그를 뒷받침하는 기술의 건전성에 의해 결정된다. 시장과 기술, 스타트업을 팔고자 하는 창업자가 갖춰야 할 두 가지 요소다.

확장형 스타트업(Scalable Startup)과 매각형 스타트업(Buyable Startup), 두 가지 유형 모두 쉬운 길이 아니다. 어떤 의도로 시작했든 스타트업은 유망한 기술을 개발하거나 큰 규모로 성장하면 더 큰 기업으로부터 매력적인 제안을 받을 가능성은 커진다. 하지만 첫 사업에 도전한 창업자가 매각형 스타트업을 목표로 하는 것은 다소 무모해 보인다. 팔 목적으로 만드는 비즈니스의 씨앗이 과연 잘 발현될 수 있을지는 미지수이기 때문이다. 또 개인적인 의견으로는 매각형 스타트업이라는 단어 자체가 투자자 업계의 영향을 받은 것으로 느껴진다. 만약 매각형 스타트업에 대해서 더 알고 싶다면 인수합병을 공부하자.

5-3. 소셜 스타트업(Social Startups)

소셜 스타트업은 수익보다는 공익 실현을 더 큰 목적으로 하는 스타트업이다. 그래서 소셜 스타트업을 사회적 기업으로 표현하기도 한다. 한국의 대표적인 사례로 시각 장애인을 위한 스마트 보조기기를 개발하는 닷(Dot)이 있다. 사업 확장과 매출 증대, 미래의 투자자를 찾는 것도 중요하지만, 시각 장애인을 위해 점자 스마트 워치를 제공하겠다는 것이 가장 큰 동기가 되는 스타트업이다. 마치 자본주의를 벗어나서 인간적인 사업을 하는 것처럼 느껴진다. 그러나 소셜 스타트업이라고 해서 생존이 중요하지 않은 것은 아니다. 소셜 스타트업의 창업자가 혼자 일하는 것이 아니라면 직원들의 월급은 어떻게 줄 것인가? 그리고 더 나은 사회적 기술을 개발할 돈은 어떻게 마련할 것인가?

나도 한때는 소셜 스타트업을 하고 싶다고 말했던 적이 있다. 왠지 소셜 스타트업이라고 하면, 상대방에게 나의 비전을 설득하기 쉬울 것으로 생각했다. 그러나 시간이 지날수록 소셜 스타트업은 다른 유형의 스타트업만큼 비전을 공유하기 어렵다는 생각이 든다. 올바른 소셜 미션을 수립하는 과정에서, 창업자 자신을 위한 미션과 혼동하는 때도 있기 때문이다.

어떤 사람들은 소셜 스타트업을 사회봉사 단체로 착각하기도 한다. 그러나 분명한 것은 소셜 스타트업 역시 영리를 추구하는 단체로, 수익성이 굉장히 중요하다. 하지만 다른 스타트업에 비해 수익을 내기 쉽지 않은 구조이기도 하다. 그래서 정부가 나서 소셜 스타트업이 추구하는 가치를 지원하기도 한다. 전후방 산업과 기술, 사회적 약자에게 도움을 주기 때문이다. 소셜 스타트업도 세상에 기여하기 위한 기회를 만들기 위해 노력하는 것은 분명하다.

"사회적 스타트업의 창업자가 가진
진정한 삶의 목적은 세상을 바꾸는 것이다."
- 아쇼카 재단 최초 설립자 빌 드레이튼(Bill Drayton) -

5-4. 라이프스타일 스타트업(Lifestyle Startups)

라이프스타일 스타트업의 궁극적인 목표는 일반적인 스타트업과는 다르다. 창업자가 즐기는 여가나 생활 자체가 경제활동으로 이어지기 때문이다. 쉽게 말해서 창업자 자신의 라이프스타일을 향상하기 위한 스타트업이다. 내 생활 자체가 경제활동이 된다면 얼마나 좋을까? 하지만 좋아하는 것도 일이 되면 힘들고 귀찮아진다는 말이 있지 않은가? 그래서 라이프스타일 스타트업이 실제로 존재하는지에 대한 의문이 생긴다.

어쨌든 스타트업은 기본적으로 큰 비용이 발생한다. 창업자가 즐기기만 할 수 있는 상황은 아닐 것이다. 이뿐인가? 창업자는 자신의 라이프스타일을 향상하는 것이 목적이기 때문에, 스타트업의 성장이나 확장성에 제한이 생길 수 있다. 이때 문제가 되는 것은 바로 직원이다. 직원은 자신이 일하는 기업이 성장하기를 바란다. 이런 기대라도 없다면 누가 스타트업에서 일하기를 원하겠는가? 자신이 일하는 스타트업이 창업자가 즐기는 수준까지만 성장한다면, 직원은 어떤 고민을 하게 될까? 당연히 더 유명한 기업이나 대기업으로 이직하고 싶어질 것이다.

우리가 이 책에서 다루고 있는 스타트업은 라이프스타일 스타트업과는 거리가 멀다. 라이프스타일 스타트업은 많은 투자가 필요하지도 않고, 손익분기점을 넘기기까지 시간이 오래 걸리지도 않는다. 이러한 점은 오히려 시작과 동시에 매출이 발생하기도 하는 일반적인 중소기업과 유사하다고도 할 수 있다. 실제로 일부의 연구에서는 라이프스타일 스타트업을 일반적인 혁신기업의 형태보다는 중소기업의 한 유형으로 소개하기도 한다.

개인적인 의견으로는 라이프스타일 스타트업이 1인 기업이 아니라면 더욱 위험해 보이기도 한다. 창업자가 '내 회사인데 어때?'라는 착각에 빠질지도 모르기 때문이다. 법인기업과 대표자는 엄연히 다른 개체이다. 이를 동일시하는 오류를 범하지 말자.

하지만 여러 가지 걱정에도 불구하고, 라이프스타일 스타트업이 혁신적인 스타트업과 거리가 멀다고 말할 수는 없다. 스타트업이라면 1년에 얼만큼 성장해야 한다거나 직원이 얼마나 늘어야 한다는 기준이 없지 않은가? 어쨌든 라이프스타일 스타트업도 스타트업 생태계에 존재하고 있고, 작지만 새로운 시장을 만들어가는 것만은 틀림없다.

"라이프스타일 창업자가 된다는 것은
당신의 라이프 스타일과 관련된 사업을 하는 것입니다.
가장 먼저 자신의 이상적인 라이프 스타일이
무엇인지 아는 것이 필요합니다."
- 작가이자 창업자 루이스 호위스(Lewis Howes) -

5-5. So what? 스타트업의 목적

스타트업을 왜 하는가에 대한 분류로 네 가지 유형을 제시하였다. 하지만 네 가지 유형 내에서도 다른 수많은 유형으로 세분화할 수 있다. 예를 들면 소셜 스타트업도 목적에 따라 다르게 구분될 수 있다. 소셜 스타트업을 단순히 한 가지의 유형으로 소개한 이유는 사회적 기여와 성취를 주요 목적으로 한다는 점에 초점을 맞췄기 때문이다. 하지만 이들도 수익 활동 등 여러 요인에 따라 별개의 범주를 형성할 수 있다. 소셜 스타트업이든 확장형 스타트업이든 라이프스타일 스타트업이든 결국은 스타트업이라는 사업체를 운영하는 주요 목적은 수익을 창출하는 것이다. 앞서 제시한 유형들이 스타트업이자 기업으로 묶이는 근본적인 이유는 바로 수익 창출이다. 스타트업을 하는 이유에 "돈을 많이 벌고 싶어서"라는 대답을 부끄러워할 필요는 없다.

스타트업다운 예를 들어보겠다. 다음 주가 월급날이다. 월급 줄 돈이 모자라는 경우와 성과급까지 빵빵하게 줄 만큼 매출과 수익이 남는 경우를 보자. 이 차이를 만드는 것이 무엇이겠는가? 돈이 주는 힘, 즉 동기 부여를 무시할 수 없다. 간혹 돈을 많이 벌고 싶어서 사업을 한다고 말하는 것이 어려울 때도 있다. 그러나 영리기업이 존재하는 이유가 무엇인가? 수익과 확장을 꿈꾸는 건 절대 부끄러운 것이 아니다.

스타트업에 전 재산을 걸 것인가? 물론 그럴 수도 있다. 하지만 스타트업을 이끌어 가면서 투자자를 수도 없이 만날 것이다. 그들은 기업과 창업자, 시장과 기술이라는 가치를 평가하여 투자한다. 돈으로 돈을 버는 사람들이다. 그 돈은 부끄러운 돈인가? 결코 아니다.

85대 부자의 돈이, 세계의 35억 인구가 가진 돈과 비슷한 상태의 불균형과, 부당한 착취가 부끄러운 것이다. 노동으로 돈을 버는 속도보다 돈이 돈을 버는 속도가 지나치게 빨라지면, 자본가가 노동자를 지배하는 방향으로 흘러갈 수도 있다. 물론 돈이 돈을 버는 것이 나쁜 것만은 아니다. 바로 이 돈이 스타트업을 하기 좋은 환경을 만들기도 하고, 스타트업의 성장에 가속도를 붙여주기도 한다.

너무 돈에 대해서만 강조한 것 같지만, 돈에 집착하는 사람만 있는 것은 아니다. 돈과 상관없이 무엇인가를 연구하는 사람, 누군가에게 봉사하는 사람 등 돈이 아니더라도 동기부여가 되는 사람도 많다. 하지만 굳이 그러한 동기부여를 스타트업에서 발휘할 이유는 없다. 도움이 안 될 가능성이 크기 때문이다. 소셜 스타트업도 영리적 목표를 달성하지 못하면, 자신들이 꿈꾸는 미션을 달성할 수 없다. 투자자는 투자금에 대한 회수가 필요하고, 정부나 지자체의 지원금은 영원하지 않다. 선배 창업자는 돈보다는 비전을 좇으라는 말을 자주 들려준다. 돈을 좇을 필요는 없다는 말이다. 왜냐하면 비전을 좇는 것이 곧 돈이라는 뜻이기 때문이다. 솔직해지자. 결국은 돈이다.

"스타트업을 운영하는 것은 마치 얼굴을 계속 맞는 것과 같다.
그러나 큰 기업에서 일하는 것은 물고문을 당하는 것과 같다."
- 와이콤비네이터 창업자 폴 그레이엄(Paul Graham) -

6. 저자의 잡설, 열정페이

시급 8,350원,

월 환산액 1,745,150원

(주 소정근로 40시간, 유급 주휴 8시간 포함)

- 최저임금위원회 2019년 최저임금 -

스타트업 창업자에 대해서 이야기하던 중에 열정페이를 저자의 잡설로 끌고 온 이유는 무엇일까? 열정페이라는 단어가 심각한 사회적 문제를 발생시키고 있기 때문이다. 열정페이, 즉 취업 희망자의 열정을 볼모로 부당한 취급을 한다는 이 폭력적인 개념은 스타트업뿐만 아니라 사회 전반에 만연해 있다. 창업자나 관리자에게는 뜨끔할 이야기일 수도 있다. 그래도 어쩔 수 없다. 날이 갈수록 근로자에 대한 권리가 중요해지는 환경에서, 창업자도 세상에 적응해야 하지 않겠는가? 나는 우리나라 스타트업 창업자들이 열정페이에 대해서 잘 이해하고, 직원에게 올바른 처우를 제공하기를 바라면서 이 글을 쓴다.

열정페이는 어떻게 생겨났을까? 고용주의 '당신은 우리 회사에서 일하면서 동시에 배우는 것도 있다'라는 생각에서 시작되었다. 이 말에 내포된 의미는 '그러므로 나는 당신에게 충분한 급여를 주지 않아도 된다'이다. 내가 생각하는, 세상에서 가장 비겁한 말이다.

누군가에게 일을 시켰다면 그 대가를 지급하는 것이 당연하다. 고용주는 피고용인이 일을 잘할 수 있도록 만들기 위해서 교육을 하고, 미래에 또 다른 일을 시키기 위해서 현재의 일을 시킨다. 교육비용은 기업에서 기꺼이 부담해야 한다. 자신의 회사가 아니라 다른 회사에 가서 일하라고 교육을 하는 것이 아니지 않은가? 그러나 종종 이런 말을 하는 고용주도 있는 것 같다. "우리 회사의 업무를 배우면 나중에 다른 곳에 가서 일할 때도 유용할 것이다(대신 내가 급여를 많이 안 줘도 되겠지?)." 이런 고용주에게 나는 이렇게 말하고 싶다.

"아무리 사소한 일을 하더라도 먼저 배워야 합니다. 지금 당신이 시키는 일이 누구를 위한 일인지 생각해 보시죠? 당신이 고용한 사람에게 시키는 일은 직접 하기에는 시간이 아깝거나 귀찮거나 힘들거나, 아니면 직접 할 능력이 없어서 아닙니까? 업무에 필요한 충분한 교육과 노동에 대한 합당한 대가를 지급할 수 없다면 직접 일을 하세요. 모든 것이 자신만을 위한 것이면서, 그 의도를 숨기려는 비겁한 변명은 하지 마시죠."

기업의 시스템이 잘 구축된 대기업이나 중견기업의 경우에는 이런 오해나 문제가 거의 발생하지 않는다. 새로운 인력을 위한 교육 시스템이 잘 갖추어져 있기 때문이다. 문제는 스타트업처럼 시스템이 잘 마련되어 있지 않은 소규모 조직이다.

창업자나 관리자는 자신의 사업 구석구석에 대해서 모두 아는 것처럼 말하지만 실제로는 그렇지 않다. 피고용인뿐만 아니라 고용주도 일을 하면서 배우고 얻는 게 있는 것이다. 고용주가 피고용인에게 일을 시키면서 깨닫는 경우도 많다. 만약 피고용인 덕분에 새롭게 알게 된 업무가 있다면, 피고용인에게 더 많은 급여를 지급하는가? 직무발명이나 특정해 놓은 재산권이 아니라면 그럴 일은 없다.

"당신은 우리 회사에서 일하면서 월급 외에도 얻는 게 있지 않은가?"라는 말이 맞긴 하지만, 누구 하나 관심을 가지고 챙겨주지는 않는다. 명함이 곧 자부심이 될 만한 구글, 페이스북, 하버드 대학교와 같은 조직이라고 해도 마찬가지다. 이런 조직들은 아무나 채용하지 않는 대신, 고급 인력을 영입하기 위해서 막대한 비용을 부담한다. 나는 직원에게 해줄 수 있는 것도 별로 없는 곳에서 명확한 비전조차 제시하지 못한 채, 열정페이를 강요하고 있는 비인간적인 관리자에게 화가 나는 것이다. 이런 조직에서는 일을 해봐야 제대로 된 경력이나 명함도 얻지 못한다.

세상에 공짜는 없다. 스타트업의 고용주는 자신이 돈을 내는 만큼의 인력을 쓸 수 있다. 인건비를 덜 쓰고도 좋은 성과를 바라는 것은 일정 부분 공짜를 원한다는 논리다. 돈을 아끼려면 자신의 발로 뛰어야 하지 않겠는가? 열정페이는 고용주 자신에게만 쓸 수 있는 말이다. 그 누구도 공짜로 일해주고 싶어 하지 않는다. 합당한 급여를 지급하지 않으려는 사람은 자신을 위해서 일하는 사람들의 미래가 어떻게 되든지 별로 신경 쓰지 않는다. 그들은 자신을 증명하는 일에만 관심이 있을 뿐이다. 열정페이를 강조하는 고용주가 최소 임금을 보장하는 경우는 본 적이 없다.

그런데 막상 스타트업을 운영하게 되면 열정페이를 자신에게 유리하게 해석하기도 한다. 나도 마찬가지였다. 사회경험이 없는 대학생이 나의 스타트업 업무를 돕게 되면, 그들 역시 얻는 게 있다고 생각했다. 물론 실제로 배우는 것도 있다. 하지만 이런 생각의 원천은 나의 스타트업을 위한 고민에서 비롯된 것이지, 결코 대학생의 경험과 이력을 위한 것은 아니었다. 그저 열정페이를 제안한 나의 행동을 합리화하기 위한 이기적인 변명일 뿐이다. 당시에는 이런 내 생각과 행동이 열정페이라는 것을 전혀 인식하지 못했다. 나의 사업이 잘 진행되는 것이 우선이었기 때문이다.

임금을 주는 만큼 피고용인이 일을 잘할지 고민되는가? 어차피 그런 걱정은 스타트업을 내려놓을 때까지 계속될 것이다. 열정페이로 피고용인을 실험한다고 해서 풀릴 수 있는 문제가 아니라는 말이다. 오히려 그 실험이 피고용인이 해당 스타트업에서 발길을 돌리는 이유가 될 수도 있다. 열정페이라는 저자의 잡설에 대해서 많은 사업체 대표가 공감하지 못할 수도 있지만, 고용노동부에 신고당한 후에 후회하지 않도록 잘 생각해야 한다. 공든 탑이 무너지는 건 순식간이다.

　나는 피고용인에게 사회적으로 인정받을 수 있는 합당한 임금을 지급해야 한다는 것을 계속해서 주장하고 있다. 다시 이야기하지만 일을 하면서 배우는 것은 피고용인뿐만이 아니라, 고용주도 마찬가지이다.

제2화

스타트업 자금

1. 스타트업 자금 조달, 무엇일까

"투자를 받지 않는 하드웨어 스타트업은 위험한 벤처이다.
수많은 투자와 그 수많은 순간의 추진력으로
하드웨어 스타트업은 위험을 줄여나간다."
- 오큘러스 창업자 브랜든 아이리브(Brendan Iribe) -

스타트업을 운영하는 창업자는 언제나 수많은 고민 속에 파묻혀 있다. 우리가 직장인이었다면 경영진의 결정에 따라서 움직이면 되지만, 창업자는 직접 결정해야 한다. 결정에 대한 책임도 창업자 자신의 몫이다. 운영자금 마련도 마찬가지다. 자신의 통장에 운영자금이 충분하지 않으면, 결국 남에게 손을 벌릴 수밖에 없다.
남의 돈이라고 해서 이상한 돈을 말하는 것은 아니다. 스타트업에게 돈을 빌려주는 주체는 정부, 은행, 민간 투자자로 구분할 수 있다. 정부에서 지원금을 받거나, 은행에 이자를 내고 빌리거나, 민간 투자자에게 투자를 받는 것이다. 다른 방법이라면 가족과 친구밖에 없다. 하지만 그 어떤 평가도 받지 않고, 가족과 친구에게 손을 벌리는 행동은 삼가는 것이 좋다. 사업을 시작하기 위한 시드머니(seed-money) 확보가 옛날만큼 어려운 시대는 아니기 때문이다.

물론 정부, 은행, 투자자 역시 쉽게 자금을 보태주지는 않는다. 나름의 평가 기준이 있고, 그 기준은 날이 가면 갈수록 강화되고 있다. 이러한 평가 기준을 충족하기 어렵다는 이유로 자신이 모아놓은 돈을 깎아먹을 것인가? 일단 은행에 빚부터 지겠는가? 아니면 최소한 빚 없는 자금을 투자자로부터 유치할 것인가?

1-1. 은행에서 빌릴 것인가? 투자를 받을 것인가?

> "당신의 사업에 리스크가 없다면, 은행으로 가면 된다.
> 하지만 벤처캐피털은 리스크를 좋아한다.
> 리스크가 없다면 벤처캐피털은 존재하지 않는다."
> - 뉴턴 창업자 호세 페레이라(Jose Ferreira) -

아무리 작은 스타트업으로 시작하더라도 창업자에게는 자금이 필요하다. 자금을 조달하는 방법은 가진 돈을 사업에 쏟거나, 남의 돈을 빌리는 두 가지 방법이 있다. 내가 가진 돈을 사업에 투자하는 것은 누구도 말리지 않는다.(물론 가족과 친구가 말릴 수는 있다.)

남의 돈을 조달하는 방법에는 부채금융으로 대표되는 차입금융

(Debt Financing)과 기업의 주식 등 소유지분을 매각하여 자금을 조달하는 지분금융(Equity Financing)으로 구분할 수 있다.

기존 기업들이 은행 대출에 의존하면서, 차입경영은 국내 기업 환경의 고질적인 병폐로 알려졌다. 정부에서는 지분경영 활성화를 위해서 다양한 과제를 발표하고 체제 개편을 추진하고 있다.

이 책에서도 스타트업 생태계에서 중요한 개념으로 지분금융에 대해서 알아볼 것이다. 그리고 창업자의 도전을 위한 최소한의 안전장치인 법인과 지분금융에 대해서는 더욱 강조해서 살펴볼 것이다. 지금부터는 자기자본 조달이자 자본경영인 지분금융을 중심으로, 스타트업이 자금을 조달하는 방법과 투자기관에 대해서 이야기해 보려고 한다.

1-2. 지분투자는 무엇인가?

지분투자는 해당 투자 과정과 결과에서 오는 오류, 불확실성, 실패의 결과를 전적으로 투자자가 책임지는 것을 말한다. (투자 형태에 따라 100% 투자자만 책임지지 않을 수도 있다.) 이러한 지분금융에 의해서 전문 투자자는 스타트업에 지분투자를 한다. 이런 투자자본이 모험자본(Risk capital)이다. 이 책에서는, 모험자본을 스타트업 투자 시 발생할 수 있는 오류나 불확실성에 노출된 자본, 즉 성장 단계별로 스타트업에 투입되는 여러 투자자본으로 정의한다.

모험자본 시장은 스타트업의 성장단계에 따라서 일반적으로 크라우드 펀딩, 액셀러레이터, 엔젤투자자, 벤처캐피털과 사모투자(Private equity, PE)로 구분한다. 이렇게 구분하는 이유는 각 단계에 따라서 투자위험이나 요구되는 전문성이 다르기 때문이다.

"투자자에게는 단 두 가지의 교육과정만 필요하다.
'회사를 어떻게 평가하고, 시장 가격을 어떻게 볼 것인가'이다."
- 워런 버핏(Warren Buffett) -

모험자본 시장은 스타트업, 공급자, 중개자로 구성된다. 그리고 전문 투자자가 활동하는 모험자본 시장의 성격에 따라 대부분의 증권이 사모 발행을 통해서 이루어진다. 발행시장은 직접투자 시장과 간접투자 시장으로 구분된다. 직접투자 시장은 자기자본을 수요자에게 공급하는 시장으로 크라우드 펀딩, 액셀러레이터, 엔젤투자자가 있다. 간접투자 시장은 자본의 최종 공급자가 투자자의 자금을 위탁 및 운용하는 시장으로 벤처캐피털(VC), 사모투자(PE) 등이 있다.

〈모험자본 시장〉

공급	중개	수요
연기금, 공제회, 금융기관, 대학, 재단, 일반인 등	벤처캐피털, 사모투자회사, 액셀러레이터, 엔젤투자자, 크라우드펀딩	스타트업, 일반기업

* 출처 : 국내 모험자본시장의 현황 분석과 발전 방향
  (자본시장연구원, 2017)

간접투자 펀드는 개별 기업에 직접투자하는 벤처캐피털이 결성한다. 벤처캐피털이 운영하는 투자조합에 출자하는 펀드로는 일반적인 민간 펀드와 공적 자금인 모태펀드(Fund of Funds)가 있다. 모태펀드는 정부의 출자를 통해서 벤처기업이나 스타트업, 벤처캐피털 산업을 육성하는 것이다. 정부가 시장에 직접 개입하는 것을 지양하기 위해 자금 투입을 간접적으로 하는 것이다.

간단하게 말하면 모태펀드는 벤처캐피털 조합(VC Funds), 사모펀드(Private Equity Fund, PEF) 등에 투자하기 위해서 만들어진 조합(Funds)이다. 통상적으로 출자자로부터 자금을 모아서 펀드를 결성한 후에 다시 다른 펀드에 출자하는 펀드이다. 직접 주식이나 채권에 투자하는 것이 아니라 주식이나 채권 등에 투자하는 펀드에 재투자하는 개념으로서 여러 펀드에 분산투자하여 위험은 가급적 줄이면서 높은 수익을 추구하는 방식이다.

국내에서 사모펀드(PEF)가 시작된 것은 2004년부터다. 기업 구조조정을 촉진하고, 바이아웃(Buyout) 펀드를 통해 국내 자본시장을 육성하기 위한 취지로 도입되었다. 공모펀드는 펀드 규모의 10% 이상을 한 주식에 투자할 수 없고 주식 외 채권 등의 유가증권에도 한 종목에 10% 이상 투자할 수 없다. 그러나 사모펀드는 이러한 제한이 없어 저평가 기업 혹은 파산에 가까운 기업의 경영권을 확보한 뒤 구조조정을 통해 기업 가치를 높인 후 되팔아 고수익을 내는 바이아웃(Buyout) 투자에 사용된다.

1-3. 바이아웃(Buyout)은 무엇인가?

"나에게 서 있을 자리와 지렛대만 준다면
지구도 움직일 수 있다."
- 고대 그리스 수학자 아르키메데스(Archimedes) -

사모펀드로 수익을 내는 방법에는 한 가지 유형만 있는 것은 아니다. 사모펀드의 많은 전략 중 가장 많이 사용되는 것이 차입매수(Leveraged Buyout, LBO)이다. 차입매수는 기업매수를 위한 자금조달 방법의 하나이다. 매수할 기업의 자산을 담보로 금융기관으로부터 매수자금을 조달하기 때문에 자기자본이 적더라도 매수를 실행할 수 있다.

바이아웃을 활용한 유명한 인물에는 톰 힉스(Tom Hicks)가 있다. 톰 힉스는 메이저리그의 텍사스 레인저스와 프리미어리그의 리버풀 구단주로 이름이 알려졌다. 2001년, 박찬호의 텍사스 레인저스 입단을 공개적으로 발표한 인물이 바로 톰 힉스이다. 톰 힉스가 바이아웃에는 탁월했지만, 대한민국의 야구 영웅이었던 박찬호를 영입한 것은 메이저리그에서 손꼽히는 실패 사례 중 하나다.

"찬호! 텍사스 레인저스 입단을 환영합니다.
텍사스 팬 여러분! 최고의 선발 투수를 영입했습니다."
- 텍사스 레인저스 구단주 톰 힉스(Tom Hicks) -

이처럼 그의 스포츠 구단 운영은 가끔 타이밍을 잘못 잡는 경우가 있었다. 투자 업계에서 100%의 성공은 없다. 하지만 한 번의 투자 성공이 열 번의 투자 실패를 가려준다. 톰 힉스의 성공적인 차입매수 전략 중 하나는 체리 맛 콜라로 유명한 닥터 페퍼와 세븐업을 포함한 여러 청량음료 제조업체를 사는 것이었다. 중소기업 몇 개를 하나로 모아 시장 점유율 세계 3위의 기업으로 부상시킨 이 차입매수 전략은, 1천억 원이 되지 않던 힉스의 투자금을 1조 4천억 원으로 부풀린 원동력이 되었다.

닥터 페퍼의 사례처럼 큰물에서 노는 대기업이나 중견기업이 아니라 초기 단계(Early-stage)의 스타트업 운영에 필요한 자금에 집중해 보자. 초기 스타트업의 거래 가치는 제로에 가깝다고 볼 수 있다. 그럼에도 여러 형태의 기관이 스타트업에 지분투자를 하고 있다. 그리고 스타트업의 성장에 따라서 후속 투자도 이어진다. 스타트업에 투자하는 단계, 성장단계를 의미하는 라운드(Rounds)는 일반적으로 투자자와 경영진에게 할당된 지분과 스타트업의 가치(Value)를 기반으로 1년 또는 2년마다 발생한다.

1-4. 스타트업의 성장단계

스타트업의 단계를 구분하는 프리시드(Pre-seed), 시드(Seed), 포스트시드(Post-seed), 프리-에이(Pre-A), 시리즈 에이(Series A), 시리즈 비(Series B), 시리즈 씨(Series C) 같은 단어를 흔히 접할 수 있다. 이는 각각의 라운드로 표현할 수 있고, 벤처캐피털이 스타트업에 투자하는 시점과 관련이 있다. 실리콘밸리에서 사용되던 이 개념은 단어의 순서대로 기업이 성장하면서 지분금융을 조달하는 단계라고 보면 된다. 물론 기업이 성장한다는 의미는 기업의 가치가 상승한다는 것이고, 같은 지분에 대해서 더 큰 규모의 자금을 조달할 수 있다는 것을 의미한다.

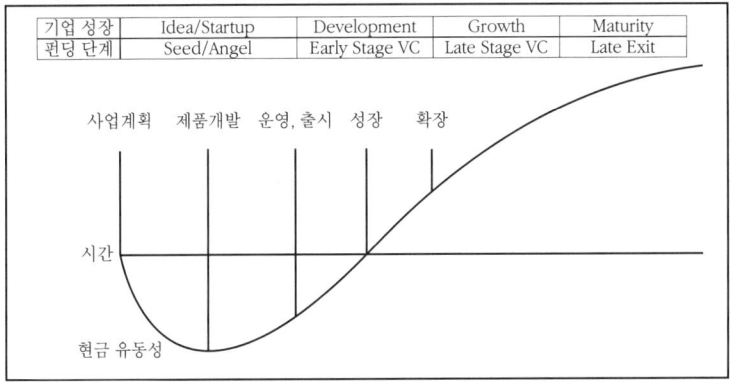

* 자료 출처 : NVCA Yearbook(NVCA, 2017)

스타트업의 성장단계에서 이러한 라운드가 의미하는 것은 단순히 지분금융의 개념과 밀접한 연관이 있을 뿐이다. 사실 넓은 관점에서 스타트업의 성장만 고려한다면 굳이 이처럼 복잡한 단계로 구분할 필요는 없다. 또 다른 관점에서는 각 라운드에 들어오는 자금의 규모가 스타트업의 현재 가치에 비해서 많다고 볼 수 있다. 그래서 단계를 구분할 만큼 중요한 시점인 것이다.

스타트업 입장에서는 초기 세팅과 시스템 구축의 시기를 거쳐서 성장단계에서 겪는 어려움으로 표현할 수도 있다. 그러나 각 라운드를 준비하거나 투자 유치에 성공하는 과정에서 창업자와 임직원이 느끼는 강도는 분명히 다르다. 많은 창업자는 시리즈 에이(Series A) 라운드가 가장 어렵다고 이야기한다. 항상 시드(Seed) 라운드에서 망했던 나는 시리즈 에이 라운드에 대한 갈망이 있었다. 그런데 지금은 벤처캐피털리스트로서, 투자자문 인력으로서 여러 라운드를 지켜보는 중이다. 시리즈 에이 라운드의 스타트업은 준비가 잘되어 있는 편은 아니다. 게다가 투자를 유치하는 과정에 대해서 조언을 해줄 만한 사람이 있는 것도 아니다. 시리즈 에이 라운드 이전 단계에는 재무담당자를 보유할 가능성이 아주 낮기 때문이다. 초기 스타트업이 전문 투자자를 대응하는 것 자체가 생각보다 쉽지 않다.

이런 어려움을 이겨내고 시리즈 에이 라운드를 성공적으로 마쳤다면, 그동안 투자에 굶주렸던 스타트업은 이 자금을 순식간에 소진할 수도 있다. 국내의 시리즈 에이 라운드는 스타트업의 업종과 시장에 따라서 적으면 5억, 보통 10억에서 20억, 많아도 30억 원 정도의 투자 자금이 일반적이다. 미국에서는 시리즈 에이 라운드에서 훨씬 큰 규모의 자금을 유치하기도 한다. 스타트업에서 발생시킬 수 있는 매출액 규모 자체가 크기 때문이다. 같은 서비스라도 고객과 매출액 면에서 약 10배, 투자 유치 자금은 100배 이상 차이가 난다. 글로벌을 강조하는 이유가 여기에 있다.

스타트업은 이러한 각 라운드를 쟁취하면서 기업의 가치를 높여나가게 된다. 앞서 스타트업을 벗어나는 기준으로 50-100-500의 규칙을 이야기했었다. 스타트업을 벗어난 후에도 연간 600억 원의 매출과 100명 이상의 임직원, 6,000억 원의 기업가치 달성을 위해서 계속 앞으로 달려간다면 더 큰물에서 놀게 되는 것은 틀림없다.

1-5 . So what ? 지분과 기업가치

스타트업뿐만 아니라 모든 기업에게 필요한 것은 적절한 시기의 자금 조달이라고 할 수 있다. 지분금융의 경우에는 지분에 따라 투자자금이 산정되고, 이 투자자금의 산정에는 기업의 가치가 포함된다. 기업가치(Enterprise Value)는 아주 오래전부터 투자 업계에서 사용되던 단어였고, 최근에는 언론에서도 쉽게 접할 수 있다. 그렇다면 지분과 투자자금은 어떻게 산정되고, 기업가치는 어떻게 형성되는 것일까.

우리가 20억 원의 투자를 받는 대신에 넘기는 지분이 10%라고 해보자. 그렇다면 우리 스타트업의 가치는 200억 원이고, 보유하는 지분은 100%에서 90%로 낮아진다. 이렇게 지분이 낮아질 때 지분 희석이라는 단어를 사용한다. 스타트업이 투자유치 시에 발행한 주식으로 인하여 기존 주주들의 지분이 감소하는 것이다.

그렇다면 기업가치는 누가 어떻게 산정하는 것일까? 기업가치를 최종적으로 인정해서 투자를 집행하는 쪽은 투자자다. 그래서 스타트업에서 산정한 기업가치를 투자자가 검토하기도 하고, 투자자가 스타트업의 자료를 기반으로 기업가치를 확인하고 다시 산정하기도 한다. 최종적으로 결정된 스타트업의 기업가치는, 투자하기 전에는 프리-머니(pre-money), 프리-밸류(pre-value)라고 한다. 그리고 투자를 받은 후의 기업가치는 포스트-머니(post-money), 포스트-밸류(post-value)라고 한다.

기업가치를 평가하는 절대적인 방법은 존재하지 않는다. 특히 스타트업의 경우는 주식 수와 시세의 단순한 곱으로 표현할 수 없고, 일반적인 상장기업보다 더욱 다양한 기업가치평가 방법론이 존재한다. 기업가치를 평가하는 전통적인 방법론에는 자산가치 평가방법론, 수익가치 평가방법론, 상대가치 평가방법론이 있다.

자산가치 평가방법론은 재무상태표에서 시작한다. 자산에서 부채를 뺀 금액인 자본을 주식의 수로 나눠서, 주식 한 주의 가치를 구하는 것이다. 여기서 자산과 부채를 어떤 기준으로 평가하는가에 따라서도 청산가치와 장부가치, 시가평가가치로 구분된다. 기업이 계속기업이 아니라 청산하는 것을 가정한다면 청산가치로, 계속기업으로 가정하여 재무상태표를 그대로 반영한다면 장부가치로, 시장에서 형성된 정상거래가격으로 자산을 재평가한다면 시가평가가치로 구분되는 것이다.

수익가치 평가방법론은 기업이 미래에 벌어들일 수익을 현재 시점을 기준으로 평가하는 방법론이다. 예를 들어 1년 뒤에 102원의 수익이 발생한다고 하자. 그런데 오늘의 금리가 2%라면 102원의 가치는 현재 시점에서 99.96원이 된다. 기업이 미래에 벌어들이는 수익을 단순히 합산하는 것이 아니라, 현재 시점의 가치로 할인하여 기업가치를 산정하는 것이다. 스타트업이나 보유한 자산이 적은 기업은 할인율 산정에 불확실성과 위험을 반영하게 된다. 따라서 할인율은 높아지고, 그만큼 기업의 가치는 낮게 평가받는다.

미래에 기업이 얼마의 수익을 내는가를 판단하는 기준은 여러 가지가 있다. 수익을 잉여현금흐름, 경제적 부가가치, 배당현금흐름 중 무엇으로 보는가에 따라서 현금흐름할인법(Discounted cash flow, DCF)[1], 배당할인모형(Dividends discount model)[2] 등으로 구분된다. 그러나 이 방법들도 초기 스타트업의 경우, 예측에 필요한 자료 자체가 거의 없어 적용하기에 어려움이 있다. 따라서 산정된 미래 수익의 신뢰성을 높이기는 쉽지 않다.

상대가치 평가방법론은 간단하게 이야기해서 가장 유사한 기업, 비교할 수 있는 기업의 주가수익비율(Price earnings ratio, PER)을 계산하여 기업가치를 산정하는 것이다. 예를 들면 1,000원의 주가를 가진 비교 상장사의 주당 순이익이 100원이라면 주가수익비율은 10배가 된다. 그리고 평가할 기업의 주당 순이익이 80원이라면 이 기업의 한 주 가치는 800원으로 평가하는 것이다. 뭔가 찝찝하지 않은가. 이 방법론을 초기 스타트업에게 적용하기 어려운 이유는 주가수익비율의

---

1) 현금흐름할인법은 미래의 영업활동을 통해 기대되는 순현금흐름을 할인하여 기업가치를 산출하는 방법이다. 현금흐름할인법은 모든 경제행위와 경제적인 가치를 현금으로 표현하며, 오랜 기간 기업가치에 활용된 전통적인 방법이다.
2) 배당할인모형은 미래에 받게 될 모든 배당의 가치의 합과 같다는 가정으로 기업가치를 계산하는 방법이다.

경우, 순이익이 발생해야만 계산할 수 있기 때문이다. 그러나 대부분의 초기 스타트업은 손실만 발생하고 있고, 비교에 적합한 기업을 찾는 일도 쉽지 않다. 또한 평가 대상 스타트업과 유사한 상장사가 있다는 것도 문제다. 그런 회사가 이미 있다면 스타트업이 과연 혁신적인 것인지 의문이 들 수밖에 없기 때문이다.

사실 초기 스타트업의 기업가치를 평가하는 것은 가능하지 않거나 의미가 없다. 기업가치를 산정하기 위해서는 신뢰할 수 있는 자료를 검토해야 하는데, 그 자료가 미비하거나 생성 전일 수밖에 없는 것이 스타트업 아닌가. 게다가 자료가 신뢰성을 얻으려면 창업자가 만든 것이 아니라, 제삼자의 관점에서 지속적으로 검증을 한 시장 자료여야 하는데 신생 스타트업에 이런 것을 기대할 수는 없기 때문이다.

그렇다면 스타트업은 자신들의 기업 가치를 어떻게 산정하고, 어떻게 투자자금을 유치할 것이며, 또 어떻게 지분을 나눠야 할까. 정답은 없다. 스타트업 생태계는 불확실성과 위험이 지나치게 크고, 이 생태계에 유입되는 자본 역시 모험자본이라고 불린다. 스타트업 생태계 내에서 모든 이해관계자가 이러한 불확실성과 위험을 감수하고 있다. 지분과 기업가치도 마찬가지다. 정해진 것은 없고, 이해관계자 사이의 이해와 동의를 우선으로 한다. 스타트업은 각 투자유치 라운드를 거치면서 계속해서 가치를 증명해 나가야 한다. 이 과정에서 스타트업은 신뢰도가 확보된 자료를 조금씩 누적하게 되고, 그에 따라 해당 스타트업에 적합한 기업가치도 자연스럽게 자리 잡게 될 것이다.

2. 스타트업 성장단계별 자금의 원천

"시드 단계의 투자 관련 거래가 쉬웠던 반면에,
시리즈 에이 협상은 아직도 고문같이 느껴진다."
- 위키아 CEO 길 펜치나(Gil Penchina) -

스타트업 자금조달에 대해서 이야기하는 것은 쉽지만, 투자유치를 실제로 해내기는 정말 어렵다. 주변의 투자자에게 노출될 기회가 많다면, 그건 아주 운이 좋은 경우다. 일반적인 창업자는 가족이나 친구 들 외에 전문 투자자를 만날 기회가 별로 없기 때문이다. 그렇다면 스타트업은 누구에게, 그리고 어떻게 설명을 하여 자금을 조달할 것인가?

스타트업 창업자의 천재성과 아이디어의 혁신성이 존재한다고 하더라도, 사업 모델 개발이 시작도 안 된 스타트업에 벤처캐피털 자금이 투자되는 일은 없다고 보면 된다. 그렇다고 초기 단계의 스타트업이 망가지는 것을 지켜만 보는 것은 아니다. 국내에도 엔젤투자자, 액셀러레이터, 인큐베이터, 크라우드 펀딩 등이 활용되고 있다.

지금부터 스타트업 펀딩의 원천을 3F(Family, Friends, Fools), 엔젤투자자, 크라우드 펀딩, 액셀러레이터, 인큐베이터, 벤처캐피털로 구분하여 살펴볼 것이다.

2-1. 3F(Family, Friends, Fools)

아이디어 단계이거나 초기 단계의 스타트업의 경우, 대다수 창업자가 자신의 돈을 쓰거나 가족이나 친구의 돈을 빌린다. 어떤 이유에서든 이것이 개인적인 문제를 발생시키지만 않는다면 나쁘지 않다. 어쩌면 이 책에서 말하는 모든 유형의 투자자 중에서 가장 만나기 쉽고 사업 설명을 귀담아들어 주는 유일한 투자자일 수도 있다. 하지만 중요한 것은 가족 또는 친구는 전문 투자자는 아니라는 것이다. 3F는 당신의 사업이 아니라 당신을 신뢰하는 것이다. 그리고 그 대가로 대부분 함께 망한다.

가족이나 친구가 자신을 인정해 준다면 기업가치가 과대평가(overestimate)될 수도 있다. 그런데 일부 창업자는 투자한 가족이나 친구를 투자자로 진지하게 인정하지 않는다. 이러한 점들이 문제를 발생시킬 수 있다. 가장 쉬운 자금원이 되는 것에는 이유가 있다.

그렇다고 3F 투자를 받는 것이 부정적이기만 하겠는가? 스타트업을 운영하는 이유는 투자받기 위해서가 아니다. 투자를 받는다는 것이 사업의 성공을 의미하는 것도 아니다. 3F 투자자에게서 돈을 얻어내는 것도 마찬가지다. 투자를 받는 이유는 지금보다 더 큰 이익과 가치를 끌어내기 위한 것이다. 그런 의미에서 3F 투자로도 충분하다면 굳이 자신을 피곤하게 만드는 투자자 앞에서 열심히 사업 소개를 할 필요가 없다.

"에버노트가 나의 3번째 스타트업이다.
그런데 그전에는 투자자가 뭔지도 몰랐다."
- 에버노트 창업자 필 리빈(Phil Libin) -

2-2. 엔젤투자자

"가족, 친구, 하물며 창업자 본인도 투자하지 않는
회사에 내가 왜 투자를 해야 합니까?"
- 유명 엔젤투자자 -

엔젤투자자는 초기 단계의 스타트업에 투자하고, 경영 자문을 하면서 스타트업을 성장시킨 후에 투자 이익을 회수하는 개인 투자자다. 개인이나 자금력이 있는 사람들이 모여서 엔젤투자 클럽을 결성하고, 자신들의 책임으로 스타트업에 직접 투자한다. 엔젤투자자는 사업 아이디어만큼이나 창업자를 많이 보는 것으로 알려졌다.

실리콘밸리에서 슈퍼엔젤로 불리는 론 콘웨이(Ron Crawford Conway)는 구글과 페이팔에 투자한 것으로 유명하다. 트위터의 창업자 에반 윌리엄스도 팟캐스트와 유사한 아이템을 들고 론 콘웨이를 찾아갔다. 당시에는 애플이 팟캐스트를 시작하기 전이었고, 에반 윌리엄스를 믿었던 론 콘웨이는 투자를 한다. 하지만 일주일 후에 애플에서 팟캐스트 서비스를 먼저 발표하는 상황이 생긴다. 결국 에반 윌리엄스는 론 콘웨이에게 투자금을 돌려주려 하지만, 론 콘웨이는 무엇을 하든지 신경쓰지 않겠다며 다음 사업에 돈을 쓰라고 대답한다. 에반 윌리엄스는 사이드 프로젝트였던 트위터(Twitter)를 다음 사업으로 진행한다.

론 콘웨이는 실패한 사업을 창업자 개인의 실패라고 생각하지 않는다. 다만 사업이 초기 아이디어와는 다른 방향으로 가야 하는 상황을 받아들이지 못하는 사람이 패배한다고 말한다. 이것을 모르는 사람에게는 투자하지 않는다고 한다.

"창업자가 실패하는 것이 아니라 사업이 실패하는 것이다."
- SV엔젤 파트너 론 콘웨이(Ron Conway) -

중국의 레이쥔(Lei Jun)을 이야기하면 가장 먼저 떠오르는 것은 샤오미이다. 하지만 레이쥔은 원래 엔젤투자자였다. 레이쥔이 투자했던 창업자는 그가 오랫동안 함께하고, 누구보다 잘 안다고 생각하는 사람들이었다. 그는 사업의 비전보다는 창업자를 보고 투자했다. 그리고

레이쥔은 에디슨이 이야기한 "성공은 99%의 노력과 1%의 운으로 이루어졌다."는 말에 동의하면서도 1%의 운에 초점을 둔다.

> "1%의 운이 99%의 노력보다 훨씬 크고,
> 1%의 기회와 운이 태풍의 길목에 선
> 돼지 또한 날 수 있게 한다."
> - 샤오미 창업자 레이쥔(Lei Jun) -

모든 사람이 레이쥔과 에디슨의 말에 동의한다고 할 수 없다. 레이쥔은 1%의 운을 강조하고 있지만, 99%의 노력에 초점을 두는 알리바바의 창업자 마윈(Ma Yun)과 같은 사람도 있다.

투자자의 성향에 따라 엔젤투자의 모든 것이 결정되기도 한다. 엔젤투자자는 남의 돈을 운용하는 벤처캐피털과는 다르게 자신의 돈을 투자하기 때문이다. 그만큼 엔젤투자자의 성향에 따라서 투자하는 방식이 크게 다를 수 있다.

엔젤 투자는 주식 투자와는 다르다. 수익을 낼 수 있는 매도의 시기를 투자자 마음대로 정할 수 없다. 대신 스타트업에 직접 관여하거나 도움을 주는 것은 가능하다. 스타트업 입장에서는 재주는 곰이 부리고 돈은 투자자가 번다고 오해할 수 있다. 하지만 엔젤투자자는 스타트업의 가치가 실제로 실현되지 않았는데도, 기술력과 장래성만 보고 무담보로 투자하는 것이다. 가끔은 스타트업이 망하면서 지분이 휴지 조각으로 변해 투자자금을 돌려받을 수 없게 된다. 나는 엔젤투자자가 존재한다는 것만으로도 참 고맙게 생각한다.

2-3. 크라우드 펀딩

"킥 스타터 캠페인은 당신이 할 수 있는
아무거나 시험하는 곳은 아닙니다.
당신은 많은 시간을 그 계획에 쏟아야 합니다."
- Ace Marks 창업자 폴 파라고(Paul Farago) -

크라우드 펀딩으로 유명한 킥 스타터(Kick Starter)가 발굴한 최고의 성공작으로 꼽히는 스타트업은 원형 스마트워치 1세대로 알려진 페블(Pebble)이다. 페블은 크라우드 펀딩 이전에 벤처캐피털에게 수차례 퇴짜를 맞았지만, 크라우드 펀딩으로 200억 원 이상의 투사사금을 유치했다. 현재는 웨어러블 시장의 강자 핏빗(fitbit)에 매각되었지만, 소셜 펀딩(Social funding)을 통해서 대규모 자금조달에 성공한 신화 같은 존재였다.

크라우드 펀딩의 유형은 금융형(지분형과 채권형)과 비금융형(후원형, 기부형, 선구매형, 대출형, 지분형, 채권형)으로 구분할 수 있다. 여기서는 금융형 크라우드 펀딩에 대해서만 살펴볼 것이다.

금융형 크라우드 펀딩은 기존의 금융업자와의 경쟁과 시장잠식에 대한 고려가 필요하다. 또 대상이 불특정 다수이기 때문에 투자자에 대한 보호가 중요하다. 금융형 크리우드 펀딩 제도의 특징은 투자자를 분류하여 투자 한도를 두고 있다는 점이다.

⟨금융형 크라우드 펀딩의 투자한도⟩　　(단위 : 만 원)

구분	연간 한도	기업 한도
일반투자	1,000	500
적격투자자	2,000	1,000
전문투자자	제한 없음	제한 없음

* 자료 출처 : 크라우드펀딩 주요 동향 및 향후 계획 (금융위원회, 2019)

　1992년생의 부유한 기업가 파머 럭키(Palmer Freeman Luckey)는 크라우드 펀딩을 통해 오큘러스 리프트 프로젝트를 시작하면서 회사를 차렸다. 파머 럭키는 2012년에 킥 스타트 캠페인으로 약 25억 원의 투자유치에 성공했다. 목표 금액의 974%에 달하는 금액이었다. 그리고 2년 후, 오큘러스는 페이스북에 인센티브를 포함한 가격 약 3조 2,400억 원에 인수된다.

　크라우드 펀딩이 스타트업에게 자금 조달 역할만 하는 것은 아니다. 스타트업의 제품이나 서비스에 대한 홍보 등 부수적인 효과도 기대할 수 있다. 정부에서도 크라우드 펀딩의 순기능을 인정하면서 투자 한도를 늘리려고 하고 있다. 스타트업은 초기 자금을 조달할 수 있고, 그 자금으로 생존하거나 성장한다는 점에서 긍정적으로 보인다. 하지만 전문 투자자의 시선이 곱지만은 않다. 초기 단계 스타트업에 다수의 소액주주가 많아지는 것에 대해 불편함을 느끼기 때문이다. 크라우드 펀딩의 프로젝트에서 개인이 명확한 보상과 책임을 지지 않는다면, 후원자는 보상을 받을 길이 없다. 벤처캐피털과 은행의 엄격한 심사과정을 거쳐서 자금을 조달하도록 하는 이유가 여기에 있다.

게다가 크라우드 펀딩에 참여하는 투자자가 기대보다 많지 않다면 어떨까? 특히 우리나라 같은 작은 시장에서는 민간 투자자의 자금이 기대만큼 모이지 않고 있다. 민간 투자자를 끌어들이고 자금이 잘 모이게 하기 위해서는 크라우드 펀딩에 참여한 투자자에게 합리적인 수익을 분배해야 한다. 그렇게 해야 투자자는 수익금을 받아 재투자하게 된다. 이러한 과정이 반복되어야 해외 투자자가 유입되고, 더 활발한 투자가 이루어지는 것이다.

여기서 크라우드 펀딩의 문제점을 강조하려는 것은 아니다. 나는 오히려 벤처캐피털과 은행에서 투자하지 않는다고 해서 기업의 가치가 없는 것은 아니라는 편에 서 있다. 도전이 계속될 수 있는 환경이 조성되기 위해서는, 한 번 실패하더라도 두 번째 후원이나 지원을 기대할 수 있어야 한다. 그런 의미에서 크라우드 펀딩이 스타트업 생태계의 불균형을 개선할 것이라고 기대하고 있다. 물론 크라우드 펀딩 플랫폼과 민간 투자자 모두를 위한 투명한 구조가 먼저 확립되어야 한다.

2-4. 액셀러레이터

"와이시는 그들의 스타트업에게 많은 것을 도와준다.
특히 와이시의 커뮤니티는 거대한 자산이다."
- SV Angel 창업자 론 콘웨이(Ron Conway) -

와이시(YC) 또는 와이콤(Y-com)으로 불리는 와이콤비네이터(Y-combinator)를 아는가? 수많은 액셀러레이터가 탄생하게 된 계기가 바로 와이콤비네이터(이하 와이시)이다. 그들은 액셀러레이터라는 새로운 형태의 기관으로 스타트업을 지원하려고 하였다. 지금까지 대단한 성공을 거듭하고 있는 대부분의 스타트업이 와이시를 거쳐 갔다고 해도 과장은 아니다. 와이시의 프로그램을 경험한 스타트업을 만나보면, 단순히 초기 기업 투자기관의 수준을 넘어서, 스타트업의 이름부터 사업 모델, 영업과 마케팅, 자금 조달까지 모든 영역에서 도움을 주고 있다고 말한다. 이미 와이시는 스타트업 생태계뿐만 아니라 대기업 생태계에도 영향력을 발휘하고 있다. 와이시의 프로그램과 함께하는 스타트업은 짧은 시간에도 불구하고 사업이 액셀러레이팅(Accelerating)되는 것을 피부로 느낄 수 있지 않을까.

일반적인 액셀러레이터는 와이시의 프로그램을 기초로 하여 짧은 시간에 많은 스타트업을 시험하려고 한다. 그래서 기수제로 여러 스타트업을 동시에 선발하여 액셀러레이션 프로그램을 진행한다. 초기 스타트업이 생존할 확률은 숫자로 나타내기도 힘들 정도로 낮다. 그렇기 때문에 초기 스타트업의 성장을 지원하는 기관 입장에서는, 어쩌면 가장 현실적인 방식이다.

지난 5년 동안 스타트업 생태계에서 가장 많은 영향력을 주는 기관을 꼽으라면 액셀러레이터라고 단언할 수 있다. 그만큼 스타트업 생태계의 수많은 이해관계자 사이에서 뜨거운 관심을 받고 있다. 액셀러레이터는 스타트업이 후속 투자를 받을 수 있도록 1년 이내의 짧은 기간에 많은 것을 주려고 노력한다. 그리고 후속 투자와 관련된 다양한 활동을 지원하고, 투자자에게 노출시킨다.

최근에는 극 초기의 팀 빌딩부터 도와주는 컴퍼니 빌더라는 액셀러레이터도 등장하였다. 이러한 팀 빌딩 단계의 스타트업에 대한 불확실성은 엄청나게 높다고 볼 수 있다. 그래서 액셀러레이터는 가능한 많은 스타트업을 지원하며, 이들을 시장에서 빠르게 검증한다.

이러한 과정에서 엑셀러레이터 창업자, 유망한 포트폴리오 스타트업 그리고 스타트업에게 전반적인 조언을 해줄 1,2세대 창업자가 멘토로 참가한다. 액셀러레이터가 주목받고 있는 이유는 그들이 많은 돈을 창출하기 때문이 아니라, 이런 스타트업 생태계의 핵심 네트워크를 만들고 있기 때문이다.

엑셀러레이터의 수는 급격하게 증가하고 있다. 하지만 액셀러레이터는 국내뿐만 아니라 전 세계적으로도, 아직은 더 지켜봐야 할 새로운 형태의 기관이다. 어쨌든 액셀러레이터가 스타트업 생태계에서 중요한 부분과 역할을 담당하게 될 기관임은 틀림없어 보인다.

2-5. 인큐베이터

인큐베이터의 시초는 유럽에서 실업 문제를 해결하기 위해서 폐쇄된 공장이나 사무실처럼 빈 공간이 있는 건물에 수십 개의 회사를 입주시키면서 시작되었다. 이런 회사를 입주시키기 위해서 만든 것이 산업센터나 창업센터 같은 인큐베이터이다. 인큐베이터는 공실 상태인

건물을 효율적으로 활용하면서, 스타트업을 유인하기 위해서 법률이나 회계 상담도 지원하기 시작했다. 스타트업의 열악한 환경을 지원하는 점은 액셀러레이터와의 공통점으로 볼 수 있다.

인큐베이터를 한 가지 유형으로 정의하기는 어렵다. 국내에도 테크노파크, 창업보육센터처럼 명칭을 달리하고 있으며, 각각 다른 목적으로 운영되고 있다. 인큐베이터의 범주에 들어가는 기관에는 대학, 테크노파크, 민간기업 등이 있다. 인큐베이터에는 다양한 스타트업이 입주하기 때문에 액셀러레이터처럼 소수의 유망한 스타트업을 선발하는 것과는 다르다고 볼 수 있다.

이런 이유에서 액셀러레이터의 프로그램에 참여하는 것보다 인큐베이터에 입주하는 게 더 쉽게 느껴질 수도 있다. 입주 기간도 액셀러레이터가 제공하는 기간보다 길어서 창업자가 받는 압박도 적다. 이렇게 초기 스타트업을 지원하기 위해서 전통적으로 공공의 역할을 담당하고 있던 것이 바로 인큐베이터이다.

2-6. 벤처캐피털

"만약에 당신이 벤처캐피털로부터 5백만 달러를
투자받았다고 칩시다. 당신의 사업모델이
그들로부터 검증되어 기분이 좋을 것입니다.
그러나 그들은 5백만 달러를 20명의 다른 사람에게도

투자하고, 그 중 하나가 성공하기를 원할 뿐
반드시 당신일 것이라고는 생각하지 않습니다."
- 셔터스톡 창업자 존 오링거(Jon Oringer) -

벤처캐피털이란 무엇일까? 벤처캐피털에 대해서 생각하면 돈을 투자하는 모습만 떠오를 수도 있다. 그런데 돈을 투자하기 위해서는 투자할 돈을 모아야 하고, 모은 돈에 대한 관리도 필요하다. 스타트업이 자금에 목이 마른 것과 마찬가지로 벤처캐피털도 투자할 자금의 원천인 조합(펀드)을 결성해서 자금을 모으는 데 힘을 쏟아야 한다. 창업자는 벤처캐피털이 마련하는 자금의 출처가 어디인지 궁금해하지 않는다. 그 돈을 받아서 어떻게 쓸지가 더 중요하기 때문이다.

미국의 벤처캐피털협회에 따르면 벤처캐피털은 '모험자본을 관리할 전문적인 자격을 갖춘 관리자를 통해 혁신적이고 유망한 기업을 지원하는 기관'이라고 한다. 벤처캐피털이 전통적으로 투자하는 아이디어는 성숙하기까지 5년에서 8년, 혹은 그 이상의 기간이 걸린다. 벤처캐피털이 스타트업에 투자하는 자금 외에도 어떤 도움을 받을 수 있는지 알아야 한다. 투자 조합에 출자한 출자자는 직접 투자하지 않지만, 조합 운용사의 요청으로 스타트업에 도움을 주기도 한다. 출자자도 자신이 투자한 스타트업의 성장이 곧 수익으로 연결되기 때문이다.

정부나 지자체, 공공기관이 대부분의 벤처캐피털을 움직이는 데 영향력을 발휘한다. 벤처캐피털이 운용하는 조합(펀드) 자금 중 최소 10%, 최대 70% 정도가 정부와 관련된 자금이다. 최소한 정부 자금을 받아서 유용하게 사용한 스타트업의 창업자라면 '내가 좋은 나라에 살고 있구나'라는 감사의 마음 정도는 가지는 게 좋을 거 같다. 정부를 찬양하려는 의도는 아니지만, 정부는 꾸준히 스타트업 생태계를 지원하고 있다. 또 무상의 복지 서비스를 제공하고 있는 것이 정부와 정책임은 틀림없다.(가끔은 눈먼 돈으로 취급되기도 한다.)

어쨌든 벤처캐피털은 스타트업에 투자하여 지분을 받는 지분투자를 한다. 주식을 받지 않고 이자 수입을 얻기 위한 CB와 BW 같은 형태도 있다. 사실 벤처캐피털이 투자한 초기 스타트업의 지분이자 주식은 즉시 현금화가 불가능하거나 현재 가치가 없다고 볼 수 있다. 이러한 지분을 살 일반 투자자는 거의 존재하지 않는다. 그래서 스타트업에 투자할 수 있는 조합이 결성되고, 운용을 벤처캐피털이 하는 것이다. 결국 벤처캐피털이 운용하는 자금 대부분은 벤처캐피털의 고유계정에서 나온 것은 아니다. 벤처캐피털은 운용을 위임받아 투자처를 발굴하고 심사, 관리하는 역할을 한다. 필요한 경우에는 자금 회수도 책임진다. 벤처캐피털의 주목적이 무엇이겠는가? 투자한 자금을 회수하면서 조합원(출자자)에게 이익을 남겨주는 것이다. 출자한 조합원을 유한책임사원(Limited Partners, LP)이라 하고, 유한책임사원의 자금을 운용하는 벤처캐피털 운용사를 무한책임사원(General Partners, GP)이라고 한다. 무한책임사원인 운용사는 자금을 운용하여 수익을 남겨주는 전문가라고 할 수 있다. 하지만 벤처캐피털을 설명하면서 이렇게 수익을 남기는 개념만으로 마칠 수 없는 이유가 있다. 벤처캐피털의 투자가 스타트업의 지속적인 공급과 성장에 중요한 역할을 하고 있기 때문이다.

벤처캐피털은 어떤 스타트업과 창업자를 찾겠는가? 확실하게 성공하고 성장할 스타트업과 창업자를 찾을 것이다. 그래서 벤처캐피털의 자금 운용은 전문적이고 신중할 수밖에 없다. 유망한 스타트업을 검토하기 위해 수많은 요소를 분석하고 비교하는 이유다.

벤처캐피털이 투자하는 모든 과정은 순환적이고, 순환적이라는 것은 투자 후 회수, 재투자를 의미한다. 그래서 벤처캐피털은 스타트업에게는 없어선 안 될 존재이다. 동시에 투자처가 있어야 하는 기금이나 조합에게는 자금 운용을 제공하는 존재이다. 또 스타트업 생태계의 활성화를 바라는 정부에게도 아주 중요한 역할을 담당해주고 있다.

2-7. 암호화폐와 암호화폐공개

암호화폐공개(Initial Coin Offering, ICO)는 암호화폐 관련 스타트업이 투자자금을 모집하면서 사람들에게 알려지기 시작했다. 스타트업이 벤처캐피털과 은행에서 자금을 조달하기 위해서는 엄격한 절차와 심사를 따르게 되지만, 암호화폐공개를 통하게 되면 사실 별다른 규제가 없다. 국내에서뿐만 아니라 국외에서도 암호화폐공개 자체의 정의가 되어 있지 않고, 법적으로 규정되지 않은 경우가 많아 규율할 수 있는 근거가 마땅하지 않았다. 이 말은 무엇을 의미하는가? 투자자는 투자하기 쉽고, 스타트업은 투자받기 쉽다는 뜻이다.

한국에서도 암호화폐공개와 관련된 제도나 규율이 부족하기 때문에 금융감독원이 실태 점검에 나섰다. 블록체인 산업의 핵심으로 보이는 암호화폐공개 법제화 논의가 본격적으로 시작되었고, 스위스와 싱가포르처럼 암호화폐공개의 길을 터줄 것인지, 아니면 중국처럼 막아버릴 것인지 국가 차원에서 점검을 시작한 것이다. 대부분의 나라에서 암호화폐공개에 대한 조건부 허용이 예상되는 상황에서, 블록체인의 선도적 발전을 위한 한국 정부의 가이드라인 제시가 시급해 보인다.

수많은 암호화폐 스타트업은 공개 캠페인을 통해서 투자자의 자금을 암호화폐로 교환해준다. 초기에는 비트코인과 이더리움이 주로 사용되었다. 투자금은 암호화폐공개의 목적인 프로젝트의 개발비용으로 들어가고, 투자자는 주주가 되는 것이다. 그리고 암호화폐공개 캠페인이 요구하는 최소 기금을 유치하지 못하면, 암호화폐공개는 실패한 것으로 간주하고 투자금은 다시 투자자에게 되돌려 주는 방식이다. 제대로만 작동한다면 투자하기 참 간편하지 않은가.

일반적으로 암호화폐 스타트업이 암호화폐공개를 통해서 자금을 조달하고자 할 때는 사업계획서인 백서(White paper)만 있으면 된다. 프로젝트 내용이 정해지고 암호화폐공개가 완료되면 프로젝트가 무엇을 수행할 것인지, 현재 얼마의 자금이 있는지, 스타트업 운영을 위한 암호화폐의 양은 얼마나 있는지, 얼마의 자금을 어느 정도의 기간에 암호화폐공개를 실행할 것인지에 대해서 사업계획을 기술하는 것이다. 암호화폐공개는 기업공개(Initial Public Offering,IPO)가 기업의 주식을 투자자에게 판매하듯이 코인 또는 토큰으로 불리는 동전을 판매하는 것이다.

암호화폐공개는 기업공개와 비교해서 언급되고 있으며, 암호화폐

시장에서 기업공개로 간주되고 있다. 암호화폐공개는 이처럼 기업공개와 유사하면서 크라우드 펀딩과도 유사하다. 지분을 팔아서 자금을 조달하는 것은 기업공개의 방식이고, 새로운 프로젝트에 열광하는 지지자를 다루는 것은 크라우드 펀딩의 방식이다. 그러나 크라우드 펀딩의 지지자는 후원이라는 동기를 갖지만, 암호화폐공개의 지지자는 지극히 기대 수익에만 초점을 맞춘다는 점에서 차이가 있다. 그래서 암호화폐공개는 크라우드 세일(Crowdsale)로 불리기도 한다.

그런데 암호화폐공개의 본질적인 성격은 기업공개와 차이가 있다. 기업공개가 지분증권을 발행하고 현금으로 자금을 조달하되 거래소와 증권사의 스크리닝과 필요 요건을 충족시켜야 한다면, 암호화폐공개는 투자자 보호가 미비한 상태에서 단순 백서의 홍보로 자금을 조달하고, 자금이 조달된 후에도 상장기업 단계가 되는 것을 의미하지 않는다. 조달된 자금을 운용하는 주체는 여전히 스타트업이라고 할 수 있고, 해당 스타트업은 향후에 상장을 계획하게 된다.

또 암호화폐공개는 기업공개와 다르게 여전히 위험이 따른다. 그럼에도 이더리움은 2014년에 시작된 암호화폐공개 캠페인으로 200억 이상의 자금을 유치했다. 실물을 확인하기 어려운 프로젝트에 민간 자금이 200억 원이나 몰린다는 사실이 놀랍기도 하다. 이러한 거래 자체가 혁신적이고 새로운 기술의 탄생이 가속화될 것으로 보이지만, 사기를 당하기도 쉬운 환경이 조성되는 거 같다.

암호화폐공개 캠페인은 아직도 많은 나라에서 금융당국의 규제를 받지 않기 때문에, 사기꾼을 만난다면 손실된 자금을 회수하기 어렵다. 2017년에 중국에서는 이러한 이유에서 암호화폐공개를 공식적으로 금지했다. 무조건 금지는 하지 않더라도 투자자 보호를 위한 사전 조치가 분명히 필요해 보인다. 또 암호화폐공개를 통해서 모금된 자금에 대한 사후 조치도 필요하다. 그리고 암호화폐공개를 진행하는 주체들의 자금세탁과 보안 방지에 대한 최소한의 요건이 마련되어야 투자자의 안전을 지킬 수 있다.

반대로 암호화폐공개 캠페인을 진행하는 스타트업 입장에서는 이보다 더 좋은 방식의 투자 유치는 없어 보인다. 2017년 말에는 늘어나는 암호화폐 거래소에 대한 규제로 투자자금이 암호화폐공개로 몰리고 있다는 기사를 흔하게 접할 수 있었다. 그러나 2017년에 암호화폐공개 캠페인의 절반이 실패했고, 해당 캠페인의 주체인 스타트업은 시장에서 자취를 감추었다. 스타트업이 성공할 확률은 지극히 낮은 만큼 암호화폐공개가 성공할 확률도 지극히 낮은 것은 당연하다.

암호화폐공개 사기가 만연하면서 일반투자자의 외면을 받게 되었고, 최근에는 거래소공개(IEO)와 증권형토큰공개(STO)[3]가 대안으로 떠오르고 있다. 블록체인 업체가 제도권 안으로 직접 걸어 들어가 투자자의 위험을 줄여주겠다는 것이다. 하지만 사후약방문인 느낌을 지울 수는 없다.

증권형토큰공개는 크라우드펀딩, 소액공모와 유사한 모금 방식으로, 제도권 안에서 안전하게 거래할 가능성도 있다. 그러나 검증은 필

---

3) 증권형토큰공개(STO)는 증권형토큰의 발행 단계부터 당국의 규제를 통해 건전성을 확보하고, 투자자에게 문제가 생겼을 때에 법적인 보호를 받을 수 있다. 그러나 전통적 증권처럼 제도권 아래에 들어가면서 국가 간 경계가 없는 암호화폐공개 같은 해외 프로젝트 투자는 어려워질 수 있다.

요하다. 아직도 블록체인 업계 자체에 대한 검증된 비즈니스 사례가 알려지지 않았고, 여전히 적용 중인 단계라고 할 수 있다. 블록체인 업계가 새로운 생태계이기 때문에 초기 스타트업의 비중이 높다. 아직은 업계 전반에 높은 불확실성과 위험이 따르고 있다.

  이러한 불확실성과 위험에도 불구하고 암호화폐 시장에서 어떤 혁신적인 기술이 나올지 또는 어떤 산업에 큰 영향을 미칠지는 알 수 없다. 우리에게 익숙한 분야에서 창조적 파괴가 일어난 경우는 없었다. 블록체인과 깊은 관련성을 가지고 등장한 암호화폐는 새롭고 재미있는 분야이며, 투자가치가 있을 수 있다. 나의 소견으로는 고위험(High Risk)을 즐기는 사람이거나, 낮은 회수(Low Return)에 연연하지 않는 사람이라면 이 새로운 모험의 세계에 뛰어들어도 무방할 것이다. 그동안 열심히 번 돈과 시간이 공중분해가 되어도 상심하지 않을 강한 심장을 가졌다면 말이다. 그러나 우리 모두 인생의 투자자로서 조금 더 신중할 것을 권하고 싶다.

2-8. So what? 스타트업과 지원기관

"스타트업으로 성공하는 단 한 가지의 길은
다른 이들보다 더 빨리 배우는 것이다."
- 에릭 리스(Eric Ries) -

지금까지 스타트업이 자원을 조달할 수 있는 여러 가지 개념과 방법에 관해서 알아보았다. 그러나 다양한 유형의 투자자가 있다고 해서 그들이 먼저 다가오리라 생각하면 오산이다. 스타트업을 운영하는 창업자는 셀 수 없이 많고, 새로운 창업자의 유입도 끊임없이 일어나고 있다. 투자를 받기 위해서는 스타트업이 먼저 경쟁력을 가지고 투자자의 관심을 끌 수 있어야 한다.

나는 마포의 강북청년창업센터라는 인큐베이팅 센터에 입주한 적이 있다. 사업을 운영하던 시기에는 사업의 번창에만 심취해 있었고, 내가 제대로 된 투자를 받지 못하는 이유를 알지 못했다. 사실 벤처캐피털이라는 존재조차 제대로 알고 있지 못했다. 벤처캐피털 자금의 재원이 어디인지, 어떻게 투자하는지 제대로 알지 못한 것이다. 내가 벤처캐피털과 함께할 가능성이 없었던 것은 당연한 일이다.

나의 인큐베이터 경험은 아주 단편적인 지원과 투자에 관한 사례일 뿐이다. 나는 스타트업에 투자하는 투자자 입장보다는 스타트업의 입장에서 몇 가지 이야기하려고 한다. 스타트업이 자신에게 투자하는 기관을 어떻게 받아들여야 하는지에 대한 내용이다. 창업자는 자신의 스타트업에 투자되는 남의 돈이 중요하다는 것을 알아야 한다. 스타트업에 투자되는 자금 대부분이 개인의 성공만을 위해서 투자되는 돈이 아니다. 특히 정부의 지원자금은 이자나 지분을 요구하지 않기 때문에 정말 고마워해야 할 자금이다.

그러나 정부지원자금의 혜택을 받은 스타트업은 행정절차가 너무 복잡하고, 사업비 비율에 대한 제한이 많다고 하소연한다. 이렇게 된

경위 중 하나는 정부지원자금의 목적을 벗어나는 좀비 스타트업 때문이다. 정부의 지원 사업은 공공의 성격을 띠기 때문에 혜택을 받는 스타트업 창업자가 개인의 이득을 위해서 행동할수록 폐해는 많아질 수밖에 없다. 결국은 과거의 이기적인 창업자로 인해서 현재의 창업자에게 불편한 절차와 제한이 적용되는 것이다. 물론 아무 잘못도 하지 않은 신규 창업자가 어려움을 겪는다는 것은 불공평해 보이기도 한다.

나는 여러 번의 실패에도 불구하고 여전히 창업에 도전하려는 마음을 가지고 있지만, 폐업 경험으로 인해서 정부사업의 예비창업자 기준에서 제외된다. 폐업한 지 5년이 지났는데도 말이다. 제대로 돈을 벌지도 못했다. 그래서 더 억울할 뿐이다. 나 또한 "예비(재)창업자라서 예비창업자로 지원하려는데 왜 예비창업자에서 제외하나요?"라고 외치고 싶다.

게다가 이해할 수 없을 정도로 많아진 서류와 온라인 작업에 놀라지 않을 수 없다. 하지만 이러한 서류나 온라인 작업이 스타트업의 추가 비용만 발생시키는 것으로 볼 수 없다. 정부가 스타트업을 모니터링하고 관리하지 않으면 이를 악용하는 스타트업도 등장할 것이다. 스타트업에 부가된 행정 비용은 이를 방지하기 위한 장치로 이해해야 한다. 결국 극소수의 좀비 스타트업이 만든 폐해로 인해 많은 창업자와 정부 양쪽 모두가 피해를 받게 된 것이다.

초기 스타트업에 대한 정부지원자금은 때로 많은 폐해와 비용을 발생시키고 있는 건 사실이다. 그래서 어떤 사람들은 이미 성장을 이룬 확실하고 유망한 중소·벤처기업을 지원하는 것이 더 효율적이라고 주장하기도 한다. 일리 있는 말이다.

그러나 초기 스타트업의 공급을 높이기 위한 정부의 정책은 긍정적이라고 생각한다. 물론 이러한 자금만 찾아다니는 좀비 스타트업과 창업자를 걸러내기가 어렵다는 단점도 있다. 정답을 말하기가 어려운 문제이다. 유망한 상위 스타트업만을 지원해야 하는가 아니면 스타트업의 공급을 위한 전반적인 지원을 계속해야 하는가? 마치 파레토 법칙[4] vs 롱테일 법칙[5] 처럼 상반되게 볼 수 있다. 누구를 더 지원해야 하는가에 대한 문제는 단순하게 해결할 수 있는 성질의 것이 아니다.

어쨌든 우리는 자금의 원천이 되는 기관을 미리 알아두고, 스타트업이 성장하기 위해서 어떤 형태의 기관들로부터 어떻게 자금을 조달할 수 있는지 공부해야 한다. 그리고 그들이 왜 스타트업에게 투자와 지원을 계속하고 있는지 알아야 한다. 그들은 지금보다 더 나은 스타트업 생태계를 만들려는 것이다. 그렇다고 그들이 스타트업을 시작하는 창업자에게 무료로 봉사하고 기부해야 할 이유는 없다. 그러므로 투자기관이 먼저 창업자의 비전을 알아주기를 바라기 전에, 우리가 먼저 투자기관의 비전을 이해해야 한다.

---

4) 파레토 법칙(pareto's principle)은 상위 20%의 매출을 차지하는 제품이 전체 매출액의 80%를 차지하기 때문에 이러한 제품을 중심으로 하는 전통적인 마케팅 전략을 지원하는 기반이다.

5) 롱테일 법칙(long tail principle)은 매출의 20%를 차지하는 하위 80%의 제품도 단기적으로는 적은 매출을 보이지만 장기적으로 이를 합산하면 상당한 매출이 되어 기업에 중요한 역할을 한다는 것이다.

창업자와 스타트업이 성장하기 위해서는 벤처캐피털, 엔젤투자자, 액셀러레이터, 인큐베이터와 같은 기관으로부터 어떤 자원이든 얻어내야 한다. 창업자가 다양한 투자자의 비전을 충분히 이해하고 있다면, 서로의 이익 추구에 문제가 발생할 확률이 줄어들 것이다.

"가장 큰 위험은 아무런 위험도 감수하지 않는 것이다."
- 마크 주커버그(Mark Elliot Zuckerberg) -

3. 그들은 스타트업에 어떻게 투자할까

"벤처캐피털은 빚이다.
사람들은 이것을 이해하려고 하지 않는다."
- 실리콘밸리 창업자 하이디 로즌(Heidi roizen) -

만약 당신이 투자자에게서 자금을 유치했다고 하자. 얼마나 기쁠까? 이제 마음껏 투자자금을 사용하면 될까? 아니다. 스타트업은 자신들이 받은 투자금이 어떤 방식으로 들어오게 됐는지 자금의 유입 경로를 파악할 필요가 있다. 벤처투자자는 어떤 기업이냐에 따라 투자하는 방법을 달리한다. 스타트업을 운영하면서 정식으로 투자를 받았다면 보통주나 우선주 개념은 알고 있을 것이다.

정부에서는 모험자본의 성격을 강화한다는 골자로 보통주 투자를 권장하고 있다. 그러나 벤처투자자는 투자한 회사가 잘 안되었을 때도 일정한 이자를 받고 상환을 받을 수 있는 우선주 투자를 선호한다. 스타트업의 입장에서는 어떤 방식의 투자를 받는 것이 좋겠는가? 스타트업을 하면서 투자계약까지 가게 된다면 듣게 될 보통주, 우선주, 상환전환우선주, 전환사채, 신주인수권부사채에 대해서 알아보도록 하자.

3-1. 보통주(CS)

자금을 조달하는 방법에는 여러 가지가 있다. 누군가에게 자금을 빌리거나 기업 일부를 팔아서 자금을 조달하는 것이다. 자금을 빌리는 행위는 은행 대출이나 채권을 발행하는 것으로 구분할 수 있다. 반면에 기업 일부를 파는 행위는 주식을 발행하는 것이라고 할 수 있다. 왜 기업 일부를 팔면서까지 주식을 발행해야 하는가? 기업이 주식을 발행하면 은행에서 빌렸을 때처럼 이자를 지급하거나 원금을 상환할 필요가 없다. 얼마나 좋은 제도인가? 그런데 아무런 주식이나 사려고 하겠는가? 그런 사람은 존재하지 않는다. 주식을 산 주주는 그들이 산 주식의 가치가 상승할 것으로 판단했기 때문에 매수를 결정한다.

보통주(Common Stock, CS)는 이익배당이나 잔여재산 분배에 있어서 어떠한 제한과 우선권[6]도 없는 주식을 말한다. 우리가 흔히 알고

---

6) 보통주와 우선주의 차이는 의결권 여부와 배당 우선순위에 있다. 일반적으로 보통주는 의결권(주식을 소유한 지분율만큼 경영에 참여할 권리)과 신주인수권(새로 발행한 주식을 우선적으로 살 수 있는 권리) 등이 주어지는 반면에 우선주는 배당금 지급이나 잔여재산청구 등의 회사의 재산적 가치에 대한 청구를 보통주 주주보다 우선순위를 갖는다.

있는 주식이라고 생각하면 될 것이다. 보통주는 일반적으로 회사가 발행하는 주식 대부분을 차지하며, 우선주·후배주·혼합주와 같은 특별한 권리 내용을 정하지 않은 일반 주식을 의미한다. 드라마나 영화에서 주주총회를 진행하는 것을 본 적이 있을 것이다. 주식을 보유한 주주는 임원의 선임이나 기타사항에 대해서 주식의 소유비율만큼 의결권을 행사하거나 배당을 받을 권리가 있다.

우리나라에서는 주주 평등의 원칙에 의해서 현재 발행되는 주식 대부분이 보통주이다. 이러한 주식은 사업이 흥하면 높은 비율의 배당을 받을 수 있다. 하지만 손실 위험을 부담하므로 사업이 부진하면 배당을 받지 못하고, 잔여재산을 분배할 때에도 확정적인 지위를 갖지 못하므로, 주식 투자의 위험성에 그대로 노출된다고 볼 수 있다.

3-2. 우선주(PS)와 상환전환우선주(RCPS)

우선주(Preferred Stock, PS)는 이익배당이나 잔여재산의 분배에서 배당이나 분배를 먼저 받을 수 있는 주식이다. 보통주보다 배당금을 일정 비율 더 받을 수 있지만, 우선주에는 의결권이 없다. 우선주는 배당금의 수취에만 관심 있는 주주에게 적합하다고 할 수 있다. 우선주는 유통되는 물량이 매우 한정적이기 때문에 일정 기간에는 수급 불균형으로 시세의 변동 폭이 클 수도 있다. 그래서 투기 목적으로 이용되기도 한다. 이러한 우선주 투자가 벤처캐피털의 일반적인 투자 형태로 볼 수 있다.

  우선주는 1840년대 영국에서 최초로 발행되었다. 당시 영국에서 우선주가 발행된 계기는 투자를 받길 원하는 영국의 철도 회사들이 주식을 더 발행했을 때에 주식 가치가 떨어질 것을 우려한 것에서 시작된다. 당시에 영국 정부에서는 철도 회사에 대한 부채비율을 규제하고 있었기 때문에 채권을 발행할 수도 없었다.

  이러한 상황에서 철도 회사들은 일종의 편법과도 같이 주식을 발행하되 실제로는 사채 이자처럼 고정 배당 혹은 배당금을 표시한 우선주를 발행하였다. 경영에는 관심이 없고 투자 수익에만 관심 있는 투자자에게는 아주 적합한 주식이었다. 1849년에는 영국의 철도 회사가 발행하는 주식의 60% 이상이 우선주일 정도로 관심이 커졌다.

  우선주는 국제적으로 가장 일반적인 벤처투자 방식이지만 국내에서는 벤처투자자에게 지나치게 유리하다는 오해를 받기도 한다. 사실 스타트업의 입장에서는 우선주가 보통주보다 어렵게 느껴질 수밖에 없다. 창업자가 제대로 이해하지 못한 전환권이나 전환비율 같은 독소조항이 있을지도 모르기 때문이다.

  하지만 투자는 서로 윈윈(Win-Win) 하자는 의미이기 때문에, 궁극적으로 어느 한쪽에 치우쳐서 우위를 보이려는 것은 아니다. 그러므로 스타트업과 투자자는 상환전환우선주[7](Redeemable Convertible

---

  7) 우선주는 투자자금에 대한 배당을 받은 후에 추가 배당을 받는지 여부에 따라, 추가 배당을 받는 참가적 우선주와 받지 못하는 비참가적 우선주로도 구분된다.

Preferred Stock, RCPS)로 계약을 진행하는 경우가 많다. 특히 벤처캐피털 업계에서는 약 40~50% 정도의 비중으로 상환전환우선주 투자가 이루어지고 있다.

우선주는 상환 권리와 전환 권리에 따라서 구분된다. 상환우선주는 투자자가 회수 시점에 보통주보다 원금과 이자를 우선 상환 받는 권한을 갖고, 전환우선주(Convertible Preferred Stock, CPS)는 투자자가 일정한 조건에서 우선주를 보통주로 전환할 수 있는 권리를 갖는다.

상환전환우선주는 투자자가 위 두 가지 권한을 모두 갖는 것이다. 상환전환우선주는 보통주에 상환권과 전환권, 우선권을 부여한 복합금융상품으로 설명할 수 있다. 상환전환우선주는 계약 조건에 따라, 나중에 현금으로 상환하거나 주식으로 전환할 수도 있다. 보통주로 전환할 때는 전환가격을 조정할 수 있으므로 기업의 가치를 정확히 산정할 수 없는 스타트업에 투자하는 용도로 많이 쓰이고 있다. 스타트업이 상장을 계획한다면, 보통주로 전환해서 회수를 계획하는 것이다.

스타트업이 정신을 바짝 차려야 하는 이유는 상환전환우선주라고 해서, 우선주가 무조건 보통주로 전환되는 것도 아니고 무조건 의결권이 없는 것도 아니기 때문이다. 상환전환우선주에도 의결권이 부여될 수 있으며, 상환을 청구하는 일정 기간이 지난 후부터는 상환액으로 인수가액에 연 복리 이자까지 더해서 지급해야 한다. 스타트업은 상환전환우선주에 대한 계약사항을 반드시 확인하고, 좋은 분위기 속에서 투자자와 협의해야 한다. 그러지 않으면 갑작스러운 빚 독촉을 받는 기분이 들 것이고, 어쩌면 사업이 잘 풀리지 않는 힘든 상황에서 상환을 청구하는 투자자의 공문을 받게 될 수도 있다.

3-3. 전환사채(CB)와 신주인수권부사채(BW)

주식과 채권의 특징을 모두 가지고 있는 방식을 전환사채(Convertible Bond, CB)라고 한다. 처음에 기업이 발행할 때는 보통의 회사채와 같지만, 일정한 기간이 지나서 투자자가 원하는 시기에 채권을 주식으로 바꿀 수 있는 전환권이 부여된 사채를 말한다. 그러므로 회계계정 과목에는 부채로 인식된다. 이러한 전환사채의 개념과 유사한 것이 신주인수권부사채(Bond with Warrant, BW)이다.

전환사채가 전환권을 행사하는 경우에는 채권의 지위가 사라지지만, 신주인수권부사채는 기업이 발행한 후에 일정한 기간이 지나면 특정한 가격(신주인수가격)으로 발행주식을 살 수 있는 자격을 얻는 동시에 만기까지 채권의 이자와 원금도 받을 수 있다. 전환사채와 비교하면 신주인수권부사채는 주식으로 인한 이득과 채권에서 나오는 이자를 다 받을 수 있으므로 신주인수권부사채의 채권 표면이자율은 당연히 전환사채에 비해서 낮다.

보통 사람들은 사채라는 말만 들어도 기겁할 수도 있다. 그런데 기업과 투자자 사이에서는 이러한 전환사채가 흔히 활용되고 있다. 왜일까? 일반 채권보다 금리가 낮아 기업에서 부담해야 하는 이자가 줄어들기 때문이다. 투자자는 채권과 주식의 두 가지 이점을 모두 가져갈 수 있어서 좋은 선택이다. 일반 채권보다는 낮은 이자를 받지만, 성장이 기대되는 기업의 경우에는 주식으로 전환하여 차익을 노릴 수 있기 때문이다.

실제로 사모펀드(Private Equity Fund, PEF) 중 전환사채를 이용하여 기업의 경영구조를 개선해 투자 수익을 얻은 사례가 많다. 초기에 채권으로 투자하고, 해당 기업의 경영을 개선하면서 주식으로 전환하여 펀드 수익을 높이는 것이다. 기업의 인수합병(Mergers & Acquisitions, M&A)의 경우에도 전환사채는 안정적인 채권과 주식(지분)을 동시에 가질 수 있으므로 투자자를 유인하기 좋다.

3-4. 조건부지분인수계약(SAFE)과 전환어음(CN)

2019년 3월, 정부에서는 제2의 벤처 붐 확산 전략에 조건부지분인수계약(Simple Agreement for Future Equity, SAFE)을 도입하여, 4월부터 투자시장을 활성화하겠다는 의지를 보였다.

몇 년 전부터 국내 업계에서도 미국의 실리콘밸리에서 활용되고 있는 조건부지분투자(SAFE)와 전환어음(Convertible Note, CN)이 논의되고 있다.

〈 SAFE와 우선주 비교 〉

구분	SAFE	우선주
이자	없음	계약에 따라 배당 가능, 가능(상환전환)
상환-전환의 만기		
우선주 전환	자동전환	투자자 선택
할인율	15~20%	없음
기업가치 산정 상한액	있음	

조건부지분투자는 미국의 유명 액셀러레이터의 투자 방식으로 미래에 지분을 취득할 권리를 투자자에게 부여하지만, 전환사채나 전환어음 같은 사채가 아니므로 만기와 이자가 없다. 전환어음은 오픈형 전환사채로 불리며, 기업의 가치를 의미하는 구체적인 전환가격을 정하지 않고 투자 후 성과가 났을 때 전환가격을 정한다.

〈 전환어음(CN)과 전환사채(CB) 비교 〉

구분	전환어음(CN)	전환사채(CB)
이자와 만기, 상환 및 전환 만기	있음, 만기 존재 (전환권 미행사 시)	
우선주 전환	조건 충족 시 자동전환	투자자 선택
기업가치 산정 상한액[8], 할인율[9]	기업가치를 조정함	전환가격 고정

이 두 가지 투자 방식은 후속 투자가 이루어질 때 책정되는 기업의 가치와 연동된다고 이해하면 된다. 후속 투자에서 책정된 기업의 가치에 명시된 할인율을 적용한 기업의 가치로 지분을 계산하는 것이다. 간단하게 말해서 우리가 어떤 기업에 5억 원을 투자하고 해당 기업의

---

[8] 전환어음(CN) 투자 시, 다음 투자 라운드에서 기업가치가 높을수록 전환 가능한 주식 수가 줄어들 수 있다. 이처럼 초기에 전환어음 투자로 불확실성을 감당한 보상을 받지 못할 위험이 있기 때문에 다음 라운드 시점의 기업가치가 약정된 산정 상한액보다 높은 경우 전환어음 투자자 지분을 상한액 한도로 보장한다는 조건을 넣는다.

[9] 할인율(Discount Rate)은 다음 투자 라운드에서 산정되는 기업가치에 따라서 주당 가격이 결정되면, 해당 가격에 약정된 할인율을 적용하여 그 가격을 전환하는 조건이다.

가치를 50~60억 원 수준으로 예측한다. 그리고 할인율은 20%로 정한다. 만약에 이 기업이 후속 투자로 기업의 가치가 60억 원이 책정되었다면, 할인율이 적용된 48억 원이 지분 비율에 활용된다. 결국 우리의 지분은 48억 원 중 5억 원인 10.4%가 되는 것이다.

우리나라는 2017년부터 조건부지분투자를 허용하겠다고 발표하였다. 정부에서도 투자가 활성화되면 좋지만, 모든 규제를 실험도 없이 풀어버릴 수는 없다. 무조건 쉽게만 바꾼다면 분명히 그것을 악용하는 사례가 나타나기 때문이다. 이러한 맥락에서 컨버터블 노트라 불리는 전환어음의 경우에는 채권적인 성격을 보이므로 조건부지분인수계약과 달리 아직은 허용되지 않고 있다.

물론 자본시장법 개정의 문제[10]도 있으며 전환어음과 조건부지분인수계약의 경우에, 일각에서는 초기 기업에 대한 투자 회의론으로 이어지기도 한다. 그러나 현재까지는 창업법 시행규칙 개정으로 엔젤투자자와 액셀러레이터를 대상으로 도입할 이 조건부지분인수계약이 투자자와 스타트업 사이에 기업가치 산정과 지분 책정의 어려움이라는 간극을 좁힐 수 있을 것으로 기대하고 있다. 조건부지분인수계약의 도입이 과연 한국에서도 스타트업 생태계의 활성화에 크게 이바지할지는 더 지켜봐야 할 것이다.

---

10) 전환어음(CN)의 경우 전환사채(CB)와 유사하게 부채로 인식되고, 조건부지분인수계약과 다르게 이자와 상환의무가 있다. 전환사채는 부채에서 자본으로 전환될 수 있지만, 전환어음은 기업가치를 책정하지 않는다는 조항으로 상법의 개정이 필요하다.

3-5. So what? 스타트업과 투자자의 동상이몽

"나는 평범한 사람들도
특별해지기 위한 선택이 가능하다고 생각한다."
- 테슬라 CEO 일론 머스크(Elon Musk) -

투자가 이루어진다는 것은 초기 단계의 기업이 갖는 위험부담을 투자자가 함께 짊어진다는 의미로 해석할 수도 있다. 스타트업 입장에서 받는 일반적인 투자는 상환 의무와 이자가 없으므로, 투자자에게 감사할 따름이다. 그러나 일반적인 투자자는 해당 스타트업이 성장할 것을 강력하게 믿는 경우가 아니라면 보통주로 투자하지 않는다. 투자자가 스타트업에 성급하게 투자하는 일은 드물다는 의미이다. 회계연도에 따라서 최대 1년, 최소 3~6개월까지 투자할 대상을 살펴보고, 그에 대한 정량적 성과를 확인한 후에 투자하는 경우가 많다.

정부에서는 벤처캐피털에게 보통주 투자를 권장하고 있다. 그 의미는 무엇일까? 정부가 생태계에 변화를 주기 위해 어떤 정책을 펼친다는 것은, 그 생태계가 정부의 기대만큼 잘 돌아가고 있지 않다는 의미다. 즉 벤처캐피털 및 투자자의 보통주 투자가 활발하지 않다는 것이다. 벤처캐피털에게 보통주 투자의 비율을 높이는 것은 부담스러울 수 있다. 투자에 대한 책임과 기록은 벤처캐피털과 투자심사역에게 떠넘 겨지기 때문이다. 만약 벤처캐피털이 보통주로 투자했다면, 의무 투자 비율을 맞추기 위해 '울며 겨자 먹기 식' 투자인지도 모른다.

물론 엄청난 잠재력을 가진 스타트업이 있다면 여기에 해당되지는 않을 수도 있다. 그런 스타트업이라면 내가 투자받을 형태가 보통주인지 아닌지를 고민할 것도 없다. 굳이 고민하지 않아도 수많은 투자자가 몰려서 원하는 방식을 맞춰줄 것이다. 스타트업은 천사 같은 투자자가 나타나기를 원하지만, 그것은 단지 꿈일 뿐이다. 전문 투자자는 회수를 위한 투자를 한다. 그것이 그들의 일이며, 그들의 경력으로 영원히 기록되기 때문이다.

투자자의 성장은 성공적인 투자와 회수 과정에 있다. 투자를 받기 위해서는 이러한 투자자의 니즈를 잘 파악하고 있어야 한다. 투자자가 원하는 바로 그것이 당신의 스타트업에 투자를 하는 방식을 결정하게 만든다.

또한, 상환전환우선주는 주식으로 전환하기 전까지는 채권처럼 이자를 받을 수 있고, 보통주로 전환해서 매도하면 차익까지 남길 수 있으므로 투자자가 선호할 수밖에 없다. 그러나 스타트업의 입장에서는 상장 여부에 따라서 기업에 적용되는 회계기준이 달라지기 때문에 상환전환우선주가 애를 먹일 수 있다. 우선주에 상환권이 있는 경우에는 국제회계기준에서 부채로 인식되기 때문이다.

투자자로서도 자신의 이익만 고려했을 때, 상장 후에 우선주를 유지하고 있는 것이 이득이 된다고 판단된다면 보통주로 전환하지 않을 수도 있다. 이러한 점이 상장하려는 스타트업의 입장에서는 기업의 가치 자체를 떨어뜨릴 수 있는 요소가 된다.

사실 위와 같은 사실을 알고 있는 것이 중요하긴 하지만, 스타트업이 상장하는 일은 흔치 않다. 현실적으로 스타트업이 성장하는 것조차 쉽지 않다. 그리고 모든 스타트업이 투자를 받는 것도 아니다.

  창업자는 소비자를 상대하는 것만 해도 힘들어 죽을 판인데, 자금 조달 문제와 관련해 투자자와도 심리전을 벌여야 하는 이중 고통에 놓여 있다. 물론 투자를 받는 것에 성공하더라도, 투자자와의 관계 유지를 위한 노력이 필요하다. 최종적으로 창업자가 설립한 스타트업이 기업공개를 한다고 해도 끝은 아니다. 회사를 팔아버리지 않는다면 말이다. 스타트업을 한다는 것은 혼자만의 인생을 사는 것보다 훨씬 불편한 선택의 연속이다.

4. 2018년 톱-티어 투자회사 동향

"제품과 제품의 질에 집중하라.
나는 단호함을 원한다."
- 엔젤투자자 론 콘웨이(Ron Conway) -

세계 유수의 톱-티어(Top-tier) 투자사는 과연 어떤 스타트업에 투자를 하고 있을까? 크런치베이스(Crunchbase)에서 수집한 투자사 관련 자료에 의하면, 전 세계에서 초기 스타트업에 활발한 투자를 하는 톱-티어 투자사는 다음 표와 같이 정리된다.

한정된 자료와 순위, 투자 건이라는 정량적인 수치만 보고 톱-티어 투자사라고 평가하기에는 어려움이 있다. 그러나 정량적인 수치를 제외하더라도 하나씩 살펴보면, 톱(Top)이라고 불릴 정도로 유명한 투자사라는 것을 확인할 수 있다. (민간기관이 아닌 정부기관 EU와 NYSERDA는 제외했다.)

〈톱-티어 투자사 현황(2019. 05. 01. 기준)〉

순위	투자사명(구분)	투자 건 (리드투자, 회수 건)
1	Y-combinator (Accelerator)	2,347 (528, 242)
2	500 Startups (Accelerator)	1,933 (211, 184)
3	Techstars (Accelerator)	1,673 (52, 152)
4	New Enterprise Associates (VC)	1,551 (565, 312)
5	SOSV (Accelerator)	1,386 (811, 33)
6	MassChallenge (Accelerator)	1,367 (8, 55)
7	Intel Capital (CVC)	1,307 (438, 363)
8	Accel Partners (VC)	1,281 (474, 239)
9	Sequoia Capital (VC)	1,239 (403, 249)
10	Kleiner Perkins (VC)	1,089 (284, 221)

* 자료 출처: Crunchbase.com(2019)

위의 표에 포함되지 않았지만 톱-티어라 할 수 있는 투자사는 전 세계적으로 많이 있다. 여기에서는 스타트업에 투자하는 액셀러레이터와 벤처캐피털, 기업주도형 벤처캐피털의 예를 유형별로 하나씩 살펴볼 것이다.

가장 흥미로운 톱-티어 액셀러레이터를 고르라면 망설일 필요가 없다. 당연히 와이콤비네이터다. 그리고 벤처캐피털에서는 세계적으로 유명한 세쿼이아 캐피털(Sequoia Capital), 기업주도형 벤처캐피털에서는 인텔 캐피털(Intel Capital)을 소개할 것이다. 추가적으로 최근에 가장 뜨거운 지갑을 열고 있는 소프트뱅크의 비전펀드에 대해서도 언급하도록 하겠다.

4-1. 와이콤비네이터 (액셀러레이터)

"어떤 사람들은 우리 와이시가 어떤 특정 분야에서
유망한 아이디어를 가지고 있다고 생각한다.
우리는 단지 가장 좋은 스타트업에 투자할 뿐이다."
- 와이시의 회장 샘 알트만(Sam Altman) -

스타트업 생태계에 발을 들인 적이 없더라도, 와이콤비네이터(이하 와이시)라는 이름은 들어본 적이 있을 것이다. 와이시에 관련된 기사는 셀 수도 없이 많아서 참고할 수 있는 자료가 많다. 와이시는 최근에 바이오 기술 분야에서 실험실 연구 단계의 초기 스타트업을 대상으로 하는 프로그램을 런칭하였다. 이 프로그램은 와이시가 바이오 기술 분야에 대한 투자를 늘릴 것이라는 것을 암시한다. 그러나 와이시가 바이오 기술과 관련된 스타트업에만 집중하겠다는 의미는 아닐 것이다. 와이시는 다양한 분야에 투자하고 있고, 그 분야가 지금까지 하나에 치중된 적은 없었다. 단지 그 중요성과 가능성에 의해서 새로운 프로그램을 만든 것으로 보인다. 이와 관련하여 와이시가 2018년 2월부터 투자하고 있는 투자 규모를 정리한 내용은 다음 표와 같다.(이후 3개월을 기준으로 조사하였다.)

2018년 2월부터 4월까지 와이시가 투자한 금액은 총 2,600억 원에 달한다. 매월 투자되는 금액도 우리가 상상할 수 없는 규모이다. 액셀러레이터인 와이시가 어떻게 이런 거대한 자금을 마련했을까? 3개월

간 2,600억 원을 투자할 정도로 액셀러레이터가 부유하게 운영되지는 않는다. 이는 다른 투자자들과 함께 투자한 금액을 합친 것이다.

〈 와이시의 2018년 2월부터 4월까지 3개월간 투자현황 〉

구분	총 투자금액	개별기업에 대한 투자금
2월	2,562만 달러 (약 270억 원)	1억 2천만 원 ~ 120억 원 (Seed Round ~ Series A)
3월	1억 6,186만 달러 (약 1,730억 원)	1억 2천만 원 ~ 120억 원 (Seed Round ~ Series B)
4월	5,650만 달러 (약 600억 원)	12억 원 ~ 1,070억 원 (Seed Round ~ Series C)

* 자료 출처: Crunchbase.com(2018)

와이시는 2018년 4월에 체클(Checkr)이라는 스타트업에 투자하였고, 그 규모가 1억 달러에 달한다. 한화로 1,000억 원이 넘는 규모의 투자를 받은 체클은 어떤 기업일까? 체클은 인력 시장에서 전문가나 구직자의 평판을 점검해주는 서비스이다. 이 평판 보고서는 48시간 이내에 보고된다.

그런데 체클에 투자된 1,000억 원을 엑셀러레이터 혼자서 마련했을까? 아니다. 다른 벤처캐피털과 사모회사가 함께 투자한 것으로 알려졌다. 와이시가 직접 투자한 규모는 총 2,600억 원 보다 훨씬 작다는 이야기이다. 그러나 와이시가 엄청난 투자자금의 일부로 직접적인 참여를 하는 것만은 분명하다.

와이시가 2018년에 들어와서 직·간접적으로 투자하고 있는 기업의 업력은 평균 2.6년에 불과하다. 2018년 투자한 전체 31개 기업 중에서

8개 업체는 1년도 채 안 된 스타트업이었다. 와이시는 설립한 시기가 2년이 채 안 된 스타트업에도 전체 31개 기업 중 약 35%에 해당하는 업체에 투자하였다. 정리하면 와이시가 투자한 기업의 60%가 2년이 채 되지 않은 스타트업이다. 와이시가 보여주는 도전적인 투자는 모험 자본이 어떤 것인지를 적나라하게 보여주고 있다.

그렇다면 와이시는 어떤 분야에 집중적으로 투자하고 있을까? 앞서 살펴본 표는 2018년의 2월부터 4월까지 공표된 투자금액을 조사한 것이다. 그러나 이렇게 짧은 기간의 데이터가 핵심 투자 분야를 설명하지는 못한다. 다만 이 데이터가 최근 와이시가 가장 관심을 기울인 분야라는 설명은 가능하다고 본다. 특히 같은 분야에 2회 이상 투자한 사례는 빅데이터 분석 분야, 기계학습 분야, 암호화폐(CoinTracker라는 스타트업에 2회 투자) 분야, 헬스케어 분야, 부동산(호텔) 서비스 분야, 소프트웨어(SaaS) 분야 정도로 볼 수 있다.

와이시는 1개월에 10개 정도의 스타트업에 투자하는 것으로 나타난다. 이런 수치가 가능한 것도 스타트업의 공급이 원활하기 때문이다. 와이시는 전 세계에서 가장 많은 스타트업이 발생하는 지역에서 운영되고 있기 때문이다. 그래서 수많은 기업과 사례를 관찰하며 매월 투자 이력을 쌓아가고 있다. 아직은 그들이 쌓은 탑보다 높은 액셀러레이터가 나오진 않은 거 같다.

그러나 와이시도 전 세계를 강타할 새로운 사업과 기술 분야가 무엇인지 완벽하게 알지는 못한다. 단지 그들이 가장 유망하다고 판단하는 스타트업에 가장 큰 규모로 투자할 것이고, 톱-티어 액셀러레이터가 흥미롭게 보고 있는 분야도 자연스럽게 계속해서 밝혀질 것이다.

4-2. 세쿼이아 캐피털 (벤처캐피털)

"영원한 것은 없다."

- 세쿼이아 캐피털(Sequoia Capital) -

글로벌 톱-티어 벤처캐피털인 세쿼이아 캐피털은 1972년에 돈 밸런타인(Don Valentine)에 의해 설립되었고, 이후로 수많은 창업자와 파트너가 되었다.(세쿼이아 캐피털은 스타트업과 창업자에 자금을 투입하는 것을 투자라고 하지 않고, 파트너가 되었다는 표현을 사용한다.) 세쿼이아 캐피털과 파트너가 된 기업의 가치를 모두 더하면 약 3,500조 원에 달한다고 한다.

비록 세쿼이아 캐피털에서 내놓은 자체 수치라지만 놀라지 않을 수 없다. 세쿼이아 캐피털의 파트너였던 기업들(애플, 오라클, 엔비디아, 야후, 페이팔, 에어비앤비 외에도 수도 없이 많다.)을 보면 이들이 걸어온 길이 얼마나 대단한지 알 수 있다.

세쿼이아 캐피털은 다양한 분야에 투자한 이력을 가지고 있지만, 집중하는 분야는 뚜렷하다. 에너지, 금융, 의료, 인터넷, 모바일 스타트업 등이 그것이다. 물론 투자할 수 있는 분야를 제한하고 있지는 않다. 사실 어떤 벤처캐피털이든 스스로 잘 알고 있는 분야에 투자하겠지만, 특정 분야를 제한하고 싶지는 않을 것이다.

다만 세쿼이아 캐피털은 시드 라운드 투자는 선호하지 않는다. 그 이유를 아주 간단하게 말하면, 액셀러레이터나 엔젤투자자가 아닌 벤처캐피털이기 때문이다. 초기 스타트업에게는 우울하게 들릴지 모르겠지만, 최근에는 초기 단계에 투자하는 마이크로 벤처캐피털도 생겨나고 있다.

본론으로 돌아가서 세쿼이아 캐피털은 일반적으로 시리즈 에이(Series A) 단계에서 시리즈 이(Series E) 단계까지 투자를 집행한다. 세쿼이아 캐피털은 2018년 2월부터 3개월 동안 시리즈 비(Series B) 단계에 투자(10회)를 가장 많이 한 것으로 나타난다. 그 금액은 약 26억 원에서 320억 원에 달하는 규모로 다양하다.

세쿼이아 캐피털이 2018년에 투자한 기업의 평균 업력은 4.3년으로 와이시가 투자한 기업보다는 1.7년 정도 오래된 기업이다. 그렇다고 세쿼이아 캐피털이 오래된 기업에만 투자할까? 아니다. 그들도 30% 이상은 3년 이내의 스타트업에 투자하고 있다.

그렇다면 세쿼이아 캐피털은 어떤 분야에 주목하고 있을까? 나는 세쿼이아 캐피털이 투자한 기업들을 기술과 산업에 따라서 분류하였고, 주요한 몇 가지 기술과 산업을 도출하였다. 세쿼이아 캐피털은 2018년 2월부터 4월까지 27개의 다양한 기업과 기술에 투자하였다. 그런데 세쿼이아 캐피털이 투자한 기업의 분류에서 핀테크(Fintech)와 전자상거래(E-commerce)가 반복되는 것을 확인하였다. 그 외에도 자동화와 분석, 빅데이터, 사물인터넷, 플랫폼, 인공지능의 키워드를 확인할 수 있었다.

이러한 키워드가 가지는 의미가 큰 것은 아니다. 다른 투자자의 투자분야 키워드를 비교해 보더라도 관심 분야는 비슷하기 때문이다. 물론 투자자는 유망 분야보다는 유망 기업을 더 중요하게 생각하겠지만,

전반적인 투자 분야 현황에서 재미있는 요소를 찾아내기에는 자료가 부족하다. 차라리 세쿼이아 캐피털이 소프트뱅크, 싱가포르 국부펀드인 싱가포르투자청(GIC)과 함께 투자한 도어대시(DoorDash)라는 기업을 소개하는 것이 더 재미있을 것 같다.

나는 왜 도어대시라는 기업에 투자한 사례가 재미있을 것 같다고 이야기했을까? 지난 5년 동안 이 기업에 투자된 금액의 규모가 약 5,700억 원에 달하기 때문이다. 어떻게 하나의 기업에 5,000억 원이 넘는 규모의 투자를 집행하는 것일까? 우주선이라도 만드는 것일까? 그러나 도어대시는 음식배달 서비스를 제공하는 기업이다. 우버이츠(Ubereats)와 유사하다고 이해하면 된다. 누구나 음식배달을 할 수 있는 것이다. 얼마나 쉬운가?

도어대시는 엄청난 규모의 투자를 얻어내어 고용을 확대하고, 서비스 지역도 2배 이상 늘리는 목표도 세우게 되었다. 우버의 경영진은 자신들의 직접적인 경쟁자인 도어대시에 5,000억 원을 투자한 세쿼이아 캐피털과 다른 투지기관이 얼마나 불편할까?

그동안 세쿼이아 캐피털의 투자 대부분은 미국 기업을 중심으로 이루어졌지만, 2018년 현재, 세쿼이아 캐피털이 미국의 실리콘밸리만의 역사는 아니라고 과감하게 말할 수 있을 거 같다. 이제는 중국과 인도, 이스라엘에도 진출했고, 특히 세쿼이아 캐피털의 중국 벤처캐피털리스트는 전설적인 투자자 대열에 올라서게 된다. 전설적인 투자자들이 모인 세쿼이아 캐피털의 힘은 짐작조차 할 수 없을 정도로 크다.

세쿼이아 캐피털은 전 세계에서 3번째로 큰 펀드를 조성하였고, 그 규모는 약 8조 3,300억 원에 달한다. 그리고 세쿼이아 캐피털이 파트너로 삼은 기업의 가치는 무려 3,500조 원이다. 8조 원이 3,500조 원이 되었다니? 기업의 가치가 조금은 과장되었다고 치더라도 대단한 벤처캐피털이라는 사실은 틀림없다.

벤처캐피털이 투자하는 가장 큰 이유는 투자한 금액보다 더 많이 회수하기 위해서다. 그러나 스타트업 생태계 전체적인 관점으로 볼 때는 투자와 회수만이 중요한 것은 아니다. 벤처캐피털의 투자로 인해서 스타트업은 고용을 창출하고, 서비스를 확장할 기회를 얻게 된다. 이 기회를 잘 잡은 스타트업이 성장하면 창업자도 좋고, 벤처캐피털도 대박이 나는 것이다. 세쿼이아 캐피털이 스타트업과 창업자를 파트너로 표현하는 이유가 바로 이런 관점이지 않을까?

마지막으로 세쿼이아 캐피털의 설립자인 돈 발렌타인(Don Valentine)의 명언으로 마무리를 짓고자 한다. 그는 "시장을 창조하는 것은 너무나도 어려운 일이기 때문에, 새로운 시장을 개척하는 퍼스트 무버(First Mover)를 선호하지 않는다"고 한다. 어쩌면 스타트업에게 퍼스트 무버를 요구하는 것 자체가 위험하게 들린다. 연구개발 자금이나 여유 자금이 남아도는 대기업이 아닌 이상, 스타트업은 퍼스트 무빙에 실패하면 곧 폐업의 나락으로 떨어진다. 저마다의 꿈을 가지고 도전하는 스타트업의 창업자는 돈 발렌타인의 말에 동의하고 싶지 않겠지만, 발렌타인의 말은 창업자에게 많은 생각을 하게 만드는 것만은 틀림없다.

4-3. 인텔 캐피털 (기업형 벤처캐피털)

"인텔이 사업목표를 데이터 회사로 전환하면서,
인텔 캐피털은 데이터 생태계를 확장하고
중요한 신기술을 알 수 있는 기술 스펙트럼을 만들었다.
우리는 이 기술 스펙트럼을 통해서
스타트업에 적극적으로 투자하려고 한다."
- 인텔 캐피털 수석 부사장 웬델 브룩스(Wendell Brooks) -

인텔이 운영하는 벤처캐피털인 인텔 캐피털은 1991년에 설립되었다. 이처럼 대기업이 운영하는 벤처캐피털을 기업형 벤처캐피털(Corporate Venture Capital, 이하 CVC)이라고 말한다. 일반적인 벤처캐피털과 다르게 CVC는 직접적인 신사업 추진과 신기술을 확보하기 위해서 파트너에게 투자하거나 전략적인 인수합병을 투자대상으로 한다.

대기업이 왜 다른 기업에 투자하겠는가? 그들의 주요 목표는 기존의 사업이나 새롭게 진출할 분야에 도움이 될 만한 기업과 함께하는 것이다. 그리고 대기업에는 투자대상을 심의할 수 있는 뛰어난 인력이 많다. 어쨌든 CVC도 일반적인 벤처캐피털처럼 지분투자를 한다. 다만 한국에는 대기업 계열 벤처캐피털에 대한 규제가 존재하기 때문에, 일반적인 벤처캐피털과 같은 역할을 하기는 어렵다.

인텔 캐피털은 25년이 넘는 기간 동안 1,231번의 투자를 집행했다.

그리고 이 투자 중 회수한 건은 344회에 달하는 것으로 알려졌다.[11] 전설적인 벤처캐피털 세쿼이아 캐피털도 지난 40년 간 1,571번 투자하면서 회수한 횟수가 280회에 불과한데 말이다. 그런데 이처럼 잦은 회수는 대기업이 운영하는 벤처캐피털이라서 가능할 수도 있다. 대기업이 직접 인수하면 되지 않겠는가? 어쨌든 인텔 캐피털이 대단한 기록을 갱신하며 투자하고 있는 것은 분명하다.

그렇다면 인텔 캐피털은 스타트업에도 투자할까? 크런치베이스(Crunchbase.com)의 자료에 따르면, 인텔 캐피털이 2018년 1월부터 4월까지 투자한 기업은 14개사다. 이들 업체의 평균 업력을 살펴보면 6.2년으로, 액셀러레이터나 벤처캐피털보다 더 오래되고 안정적인 기업에 투자하는 것을 알 수 있다. 인수하기 좋은 단계까지 성장한 기업이나, 파트너로서 손색이 없는 오래된 기업에 투자한 것이 아닐까 추측할 수 있다.

그렇다면 인텔 캐피털이 투자하고 있는 분야는 어디일까? 그들이 2018년에 투자한 기업을 살펴보면 키워드가 눈에 들어온다. 이들이 투자한 기업의 50%는 빅데이터와 인공지능 관련 기업이다. 전 세계적으로 인공지능에 대한 투자가 엄청나게 늘어나고 있고, 인텔 캐피털도 이러한 흐름을 따라가고 있다.

특히 인텔 캐피털은 실리콘밸리의 항공 기업인 조비항공(Joby Aviation)에 약 1,200억 원을 투자해서 주목받았다. 인텔 캐피털은 이

---

[11] 크런치베이스의 데이터와는 다르게 인텔캐피털의 홈페이지에는 투자한 기업 1,520개사 중 656개사가 상장 혹은 인수되었다고 한다.

엄청난 규모의 투자자금을 도요타 등의 제조사와 함께 클럽딜[12]로 조비항공에 투자했다.
　조비항공은 에어 택시를 개발하는 기업이다. 최근에 이러한 비행 택시와 비행 버스를 개발하는 스타트업이 출현하면서, 이들이 발표하는 시험비행에 투자자의 관심이 몰리고 있다. 조비항공은 헬리콥터의 2배 속도로 이동이 가능한 에어 택시를 개발할 수 있다고 발표하였다. 영화에서만 보던 하늘을 나는 자동차가 현실이 될지도 모른다. 물론 이를 규율할 법 조항이 만들어지기 전까지는 실현되기 어려울 테지만, 인텔 캐피털은 조비항공을 유망한 기업이라 판단했기 때문에 그런 거액을 투자했을 것이다.
　현시점에서 에어택시를 개발하는 조비항공의 매출 전망은 어떨까? 어마어마할 수도 있지만 아닐 수도 있다. 인텔 캐피털은 유망한 분야에서 유망한 기업을 선택했을 뿐이다. 이는 인텔이 추구하는 미래 전략, 혹은 조비항공의 유망함에 투자했다는 말과 같은 맥락일 것이다. 벤처캐피털이 추구하는 것은 주목할 만한 실적과 결과이기도 하지만 모험이기도 하다.

---

12) 클럽딜(Club Deal)은 여러 사모펀드 운용사가 모여서 1개의 기업에 함께 투자하는 방식으로 대규모 사모투자의 전형적인 구조이다. 벤처캐피털도 클럽딜 방식으로, 좀 더 많은 기업에 투자하기도 한다. 그러나 1개의 벤처캐피털이 주도하는 클럽딜 형태에 나머지가 따라가는 경우도 있어 일각에서는 부정적인 여론이 조성되기도 했다. 최근에는 이러한 여론도 긍정적으로 바뀌고 있는 추세로 보인다.

스타트업 생태계에서도 주목받는 유망한 분야가 있다. 하지만 유망한 분야에 속했다고 해서 모두 유망한 기업이 되는 것은 아니다. 유망 분야에서도 눈에 띄는 기업이 분야 전체를 이끌어 나가고 엄청난 규모의 투자를 유치한다. 투자자의 관점에서 분야 전체를 살필 줄 아는 안목을 키워 나간다면 자금 유치에 도움이 될 것이다.

4-4. 소프트뱅크 비전펀드

"천억 달러를 투자해 주시면 1조 달러로 돌려드리겠습니다."
- 사우디 왕자와의 면담에서, 소프트뱅크 손정의 회장 -

2017년, 소프트뱅크 손정의 회장은 1,000억 달러(약 120조 원) 규모의 소프트뱅크 비전펀드(이하 비전펀드)를 조성한다. 이는 사모펀드인 아폴로인베스트먼트 산하의 세계 2위 투자 펀드가 운용하는 29조 7,500억 원의 약 4배에 해당하는 규모이다.

비전펀드는 전 세계에 존재하는 기술 기반의 기업에 투자하면서 그 생태계를 구축하고, 인공지능이나 자율주행처럼 미래 기술에 대한 주도권을 선점하겠다는 손정의 회장의 뜻이 반영된 것이다. 이는 소프트뱅크의 새로운 시작으로 평가받고 있다. 손정의 회장은 향후 5년 동안 100개 이상의 스타트업과 기술 기업을 인수하겠다고 말한다.

비전펀드는 사우디아라비아 국부펀드에서 53조 5,500억 원, 소프트뱅크에서 33조 3,200억 원, 아부다비 국부펀드에서 17조 8,500억 원, 애플·퀄컴·폭스콘 등에서 5조 9,500억 원, 그 외 투자자로부터 8조 3,300억 원이 출자되어 만들어졌다. 무려 53조 이상을 출자한 사우디 퍼블릭 인베스트먼트 펀드(Public Investment Fund, PIF)는 도쿄에서 빈 살만 왕자와 손정의 회장이 만나면서 시작된다. 빈 살만 왕자를 만난 손정의 회장은 45분 동안 진행된 면담에서 자신의 비전과 함께 "천억 달러를 투자해 주시면 1조 달러로 돌려드리겠습니다."라는 말로 설득했다고 한다. 비전펀드는 결성 후, 2년도 되지 않은 시점에 무려 약 60조를 투자했다. 빈 살만 왕자는 2차 비전펀드 조성을 계획하고 있는 소프트뱅크와 손정의 회장에게 출자 의향을 공공연하게 밝혔다.

비전펀드에서 투자한 주요 포트폴리오[13]는 모바일 반도체 기업인 에이알엠(ARM)에 9조 7,580억 원, 공유 오피스 위워크(WeWork)에 5조 2,360억 원, 국내 전자상거래 업체 쿠팡(Coupang)에 3조 2,130억 원, 우버(Uber)에 1조 5,470억 원 등 액수도 엄청나지만, 투자 속도도 상상을 초월한다. 비전펀드의 주요 운용전략은 글로벌 시장점유율이 50~80%에 달할 수 있는 잠재력을 가진 기업에 투자하는 것과, 6,000억 원(또는 수조 억 원) 규모의 단일 투자로 20~40% 지분을 확보하는

---

13) 투자수익을 위하여 소액의 주식, 채권, 유가증권 등으로 여러 종목에 투자하는 것을 포트폴리오 투자라고 하며, 투자 방식이 경영권을 획득할 목적인 경우는 직접투자라고 한다. 포트폴리오는 이처럼 포트폴리오 투자로 투자한 기업을 의미한다.

것이다. 투자 기업을 선정하는 기준은 단순한 이익 창출이 아니라 규모에 기반하여 시장을 지배하는 것을 목표로 하고 있다.

쿠팡의 사례만 봐도 알 수 있다. 매출액이 엄청나게 불어나고 있는 쿠팡은 영업이익도 지속적으로 증가하고 있다. 2018년 기준으로 쿠팡의 영업손실은 1조 970억 원에 달한다. 전년 6,389억 원 대비 72%나 증가한 수치이다. 쿠팡뿐만 아니라 우버도 비슷한 상황이다. 비전펀드의 기업은 단기간에 흑자전환이 어렵다. 단순 이익이나 전통적인 현금흐름 예측만으로는 쿠팡이나 우버처럼 급격하게 성장하고 있는 기업가치를 설명하기 어려운 상황이 되었다.

비전펀드의 신속한 의사결정과 어마어마한 투자 규모는 어쩌면 다소 의아해 보이기도 한다. 그러나 소프트뱅크가 비전펀드를 결성하기 이전인 1999년부터 2017년까지 투자한 자산에 대한 회수 비율인 내부투자회수율(Internal Return Rate, IRR)은 무려 44%에 달하고 있었다. 이러한 소프트뱅크의 성공은 중국의 전자상거래 업체 알리바바와 인터넷 검색엔진 야후 재팬에 대한 과감한 투자 성공에서 비롯된다. 물론 비전펀드가 결성된 지 겨우 2년밖에 되지 않았다. 일반적인 벤처펀드의 존속기간이 8년에서 10년이라는 것을 고려하면 아직은 더 지켜봐야 할 것이다.

소프트뱅크는 비전펀드와 투자사업을 중심으로 사업구조를 개편하고 있다. 올해 발표된 소프트뱅크 실적의 40%가 비전펀드에서 발생했다는 사실에서 이를 확인할 수 있다. 비전펀드는 중장기적으로 소프트뱅크 그룹 자체의 수익과 성장을 견인할 것으로 보인다. 최근에는 비전펀드의 상장을 준비하는 등 추가 자금 조달과 출자자에 대한 회수 기회도 부여하려는 것으로 보인다. 게다가 투자한 포트폴리오의 상장도 줄지어 기다리고 있다. 인공지능을 중심으로 반도체, 차량 공유업, 신흥국의 정보통신 기업과 일반 소비재까지, 소프트뱅크의 다양한 포트폴리오와 소프트뱅크, 손정의의 미래는 어떻게 될 것인지 궁금하다. 결국은 시간과 결과가 이야기해 줄 것이다.

4-5. So what? 재무적 투자자와 전략적 투자자의 차이

스타트업이 만나는 투자자의 유형에는 재무적 투자자(Financial Investor, FI)와 전략적 투자자(Strategic Investor, SI)가 있다. 간단하게 말해서 재무적 투자자는 회사의 존재 목적이 투자에 있는 벤처캐피털과 사모투자회사(PE)를 말한다. 반면에 전략적 투자자는 스타트업에 관심을 가지는 일반적인 대·중견·중소기업을 말한다.

스타트업의 입장에서는 누가 더 이로운지 고민할 수 있다. 재무적 투자자의 목적은 분명하다. 재무적 투자자의 머리에는 투자한 자금을 어떻게 더 불려서 회수할 수 있을까에 대한 생각만 가득할 것이다. 여기까지 생각하면 전략적 투자자를 선택하는 것이 좋아 보이기도 한다. 그러나 전략적 투자자의 덩치가 너무 큰 기업이라면 어떨까. 만약에 우리가 삼성의 투자를 받았다고 치자. 우리가 애플과 일하려고 한다면 삼성이 뭐라고 할까. 더 나아가 삼성이 혹시 우리 사업의 핵심 기술을 복제해 가는 건 아닌가 하는 걱정을 하게 될 수도 있다.

사실 스타트업은 누구의 자금이든 상관없이 모두 받으면 된다. 그러나 투자자의 성향이 다르고, 투자 후 관리가 다르다. 일반적으로 재무적 투자자는 초기 스타트업에 잘 투자하지 않는다. 재무적 투자자는 짧게는 2~3년에서 길게는 6~7년까지 투자자금을 묶어 두고 스타트업을 관리한다. 이 기간에 스타트업이 재무적 성과를 이룰 가능성은 현실적으로 낮다. 그렇기 때문에 이미 매출이 발생하고 있는 기업에 투자하여 더 높은 매출과 이에 따른 기업가치 상승을 기대한다.

전략적 투자자는 조금 더 다양한 옵션을 기대하고 있다. 유사한 업계의 스타트업에 투자한 전략적 투자자는 기존 사업과 시너지를 기대할 수 있어 협업을 진행할 수도 있고, 잠재력 수준이었던 기술이 확인되어 더 큰 성과를 얻을 수 있게 된 시기에는 스타트업을 인수할 수도 있다. 스타트업의 입장에서는 기술적 보호만 보장된다면 전략적 투자자가 매력적인 것이다. 만약 성장을 거듭하여 증권시장에 상장하게 된다면 어떨까? 투자 업계에서는 상장을 하나의 이벤트로 보기 때문에 흥행이 중요하다. 대기업의 브랜드와 함께하는 상장은 흥행에 충분히 긍정적일 수 있다.

물론 전략적 투자자가 이렇게 좋다면 왜 재무적 투자자처럼 활발하지 않을까. 대기업의 경우에는 공정거래법에 따른 제한 때문에 다른 업계에 진입하기 쉽지 않다. 게다가 금산분리 원칙에 따라서 비금융 대기업 지주회사는 금융회사인 투자회사를 자회사로 둘 수 없다. 산업자본이 금융시장에 진출할 수 없도록 하고 있기 때문이다. 이에 따라 국내 대기업의 지주회사가 스타트업에 투자하려면 공정거래법상 투자 대상 기업 지분의 40% 이상을 확보하여 자회사로 편입하거나 5% 미만의 지분투자만 하게 되어 있다.

스타트업 입장에서는 전략적 투자자의 자금과 대기업의 브랜드 파워를 함께 얻고 싶겠지만 여기에는 또 다른 문제점이 있다. 전략적 투자자는 기업의 규모가 클수록 거쳐야 하는 결재라인이 복잡하다. 하지만 재무적 투자자는 브랜드 파워 면에서는 밀리지만 기업 형태가 소규모이기 때문에 의사결정[14]이 매우 빨라 사업을 추진하기 알맞다. 둘 모두 장단점이 있기 때문에 어느 것이 우월하다고 하기는 쉽지 않다.

초기 스타트업이 낼 수 있는 매출과 영업이익 수준으로는 폭발적인 성장을 기대하기 어렵다. 성장을 꿈꾸고 있다면, 외부 자금 유치는 필수다. 그런데 사업을 하다 보면 많은 비용이 발생하고 창업자는 이를 투자로 메꾸려고 한다. 이 비용을 투자자는 어떻게 생각할까? 성장의 과정으로 이해해 줄 투자자는 없다. 그들은 창업자가 실제 지표로 보여 주는 매출과 영업 이익, 확실한 기술력에만 투자할 뿐이다.

---

14) 일반적으로 재무적 성과를 확인하는 투자자들은 기본적으로 투자대상 기업의 재무제표를 확인한다. 투자자들은 재무현황을 반드시 확인하지만, 투자대상 기업이 제시하는 재무계획이 달성되는지 지켜보는 경우가 많다. 처음 만난 투자자가 갑자기 우리 기업을 제대로 검토하지 않고 투자하는 경우는 거의 없다.

5. 스타트업에 투자하는 셀러브리티

"선수로 활동하던 당시에 글로벌 시장에서의 성공은
언제나 나에게 큰 화두였다. 세계를 무대로 활약하고 있는
다양한 분야의 스타트업에 늘 관심을 가져왔다."
- 액셀러레이터 벤처 파트너 박찬호 -

    스타트업의 이슈에 왜 업계의 관계자도 아닌 셀러브리티(Celebrity)의 투자에 대해서 알아보는 것일까? 여기까지 끈기를 가지고 따라온 독자들에게 의외의 영역에서 투자가 이루어지고 있다는 사실을 알려주려고 한다. 어쩌면 처음부터 이 내용을 기다린 독자도 있을 것이다.
    내가 아무런 생각도 없이 스타트업에 투자하는 셀러브리티(이하 셀럽)를 살펴보려는 것은 아니다. 스타트업에 투자하려는 셀럽들의 면면을 살펴보면 이들은 웬만한 기업보다 더 많은 자산을 가지고 있다. 미국에서는 이렇게 스타트업에 투자하는 셀럽들을 테크-셀레스터(Tech-celester)라고 부르기도 한다. 앞으로 살펴볼 애슈턴 커쳐의 자

산은 2016년도 기준으로 2,000억 원으로 평가되고 있다. 에슈턴 커쳐의 자산 규모와는 별개로 셀럽의 영향력은 어마어마하다. 특히 이슈가 필요한 스타트업 업계에서 셀럽이 가져올 수 있는 대중의 관심은 투자 자금 이상의 가치가 있다.

  투자자로 나서는 셀럽은 자신이 셀럽이기 때문에 스타트업 생태계 내에서 네트워크를 만들기 더욱 수월하다. 이들이 다가온다면 거절할 전문 투자자가 있겠는가? 내가 전문 투자자라면 어떻게든 셀럽과 친해지고 싶지 않겠는가? 이러한 거대한 자산과 대중의 관심을 보유한 셀럽들이 적극적으로 수많은 전문 투자자와 스타트업 창업자를 만나고 있다. 그리고 유능한 전문 투자자와 함께 투자회사를 차리거나, 함께 투자하기도 한다. 시비인사이츠(CB Insights)에서 조사한 자료에 따르면, 2015년까지 가장 활발하게 스타트업에 투자하는 톱 텐(Top 10) 테크-셀레스터는 다음 표와 같다.

〈 톱 텐 테크-셀러스터 〉

순위	이름	직업
1	애슈턴 커쳐(Ashton Kutcher)	배우
2	나스(Nasir Jones)	랩퍼
3	트로이 카터(Troy Carter)	매니저(연예기획자)
4	조 몬타나(Joe Montana)	미식축구 선수
5	카멜로 앤서니(Carmelo Anthony)	농구 선수
6	코비 브라이언트(Kobe Bryant)	농구 선수
7	스쿠터 브라운(Scooter Braun)	매니저(연예기획자)
8	스티브 내시(Steve Nash)	농구 선수
9	린킨파크(Linkin Park)	록 밴드
10	레이철 조(Rachel Zoe)	스타일리스트

* 자료출처: CB-insights(2016)

2007년 이래로 상위 75명의 테크-셀레스터들이 투자한 횟수는 350회에 달하고, 총금액은 약 5조 원으로 알려졌다. 이들은 초기 단계의 스타트업에만 투자하는 것이 아닌라 성장 단계의 기업에도 투자하고 있는 것으로 나타났다. 그리고 이들은 자신이 직접 출자자(Limited Partners, LP)를 모아 새로운 펀드를 만들어서 운용하고 있다.

앞으로 살펴볼 테크-셀레스터는 전 세계적으로 스타트업에 많은 투자를 하는 것으로 알려졌다고 보면 될 것이다. 배우 제시카 알바와 애슈턴 커처, 농구선수 코비 브라이언트까지 그들은 어떤 스타트업에 투자하고 있는지 살펴보자.

5-1. 제시카 알바(Jessica Marie Alba)

> "처음에는 모든 것이 서툴렀습니다.
> 하지만 이것은 저뿐만이 아니라,
> 사업을 시작하는 모든 사람이 그렇습니다.
> 모든 것을 알고 시작하는 것이 아닙니다."
> - 제시카 알바(Jessica Marie Alba) -

제시카 알바를 첫 번째 테크-셀레스터로 소개하는 이유는 무엇일까? 제시카 알바는 스타트업에 투자하기 이전에 이미 스타트업 창업자로 성공했기 때문이다. 그녀는 스타가 이름만 빌려주거나 얼굴만 비치는 바지사장 느낌의 창업자가 아니다. 제시카 알바는 두 명의 공동창업자와 함께 5년이 넘는 기간 동안 회사를 키워왔다. 그리고 2016년에는 인수제안을 받았고, 제시받은 금액은 1조 원에 달하는 것으로 알려졌다.

제시카 알바와 두 명의 공동창업자가 설립한 기업은 어니스트컴퍼니이다. 어니스트컴퍼니는 아이와 엄마를 위한 친환경 제품(비누 등의 세제, 기초 화장품)을 제공하고, 제품과 수익 일부를 각종 비영리단체에 기부한다. 어니스트컴퍼니는 제시카 알바라는 브랜드 파워와 함께 친환경 제품의 상징으로 자리 잡았다. 2014년까지 유치한 투자 규모는 5,000억 원에 달하며, 2015년에 기록한 매출은 3,500억 원이다. 이제 내가 왜 제시카 알바를 첫 번째 테크-셀레스디로 소개히는지 이해가 되는가? 그녀의 막대한 개인 자산을 고려하지 않더라도 사업가와 투자자로서 유의미한 행보를 계속하고 있다.

물론 제시카 알바는 일반적인 스타트업의 창업자와는 다르게 시드-머니가 충분했다. 그녀는 50억 원이 넘는 자금으로 사업을 시작했기 때문에 이 책에서 다루는 일반적인 스타트업은 아니다. 그러나 그녀도 스타트업을 시작할 때 필요한 막대한 규모의 비용에 대해서 고민이 많았을 것이다. 그녀는 자신처럼 사무실 관리에 어려움을 겪는 스타트업을 위해, 2015년에는 뉴욕의 스마트오피스 플랫폼 업체인 매니지드 바이 큐(Managed by Q)에 수십억 원을 투자한 것으로 알려졌다. 또한, 다른 투자자와 함께 스미트오피스 플랫폼 업체에 180억 원에 달하는 후속 투자를 했다.

제시카 알바가 투자한 매니지드 바이 큐는 사무실 관리 서비스를 제공하는 업체이다. 청소부터 사무가구 수리, 페인팅까지 사무실과 관련된 모든 것을 전문가가 직접 찾아가서 관리해 준다. 매니지드 바이 큐의 서비스를 신청한 사무실에는 태블릿 PC가 무료로 설치되고, 사무실에 필요한 모든 물품(사무용품, 종이컵이나 커피 등)을 주문하고 관리할 수 있다. 2013년에 설립된 매니지드 바이 큐는 5년이 지난 지금도 여전히 인기를 끌고 있다.

제시카 알바가 어린 시절부터 계속해온 모델과 연기자 생활을 뒤로 하고, 사업가로 도전하기는 쉽지 않았을 것이다. 또한, 성공한 사업가로서 변신하는 것에 만족하지 않고, 이제는 유망 스타트업에 대해 투자하는 투자자의 영역까지 그 영향을 미치고 있다. 나는 어린 시절부터 제시카 알바라는 배우를 좋아했지만, 이제는 또 다른 이미지를 가진 그녀에게서 존경심을 느낀다.

5-2. 애슈턴 커쳐(Christopher Ashton Kutcher)

"저보다 똑똑한 사람들을 찾았습니다.
대부분이 투자자이거나 창업자이었습니다.
그리고 저는 그들의 이야기를 듣기 시작했습니다."
- 애슈턴 커쳐(Ashton Kurcher) -

2013년에 개봉한 영화 잡스(Jobs)에서 스티브 잡스를 연기한 애슈턴 커처는 창업자의 매력에 흠뻑 빠진 것일까? 애슈턴 커처는 어떻게 테크-셀레스터로 유명해졌을까? 애슈턴 커처가 투자한 기업은 우버(Uber), 에어비앤비(Airbnb), 스카이프(Skype), 포스퀘어(Foursquare) 등이다. 4개 기업만 언급했는데도 충분히 그 이유를 알 수 있다. 전문 벤처캐피털리스트라고 하더라도 이런 투자 이력을 가지고 있는 사람이 얼마나 될까? 그는 지금까지 100개가 넘는 회사에 투자한 것으로 알려졌다.

그가 에이 그레이드 인베스트먼트(A-grade Investment)라는 투자회사를 만들어 본격적으로 투자하게 된 이유는 처음에 투자를 권유받은 기업이 내기업에 인수되면서 대박이 터졌기 때문이다. 그가 투자를 권유받은 첫 번째 기업은 그 이름도 유명한 스카이프(Skype)이다.

에슈턴 커처의 성공적인 첫 번째 투자를 권유한 사람은 넷스케이프(Netcape)의 설립자로 유명한 마크 앤드리슨(Marc Lowell Andreessen)이다. 이후에 스카이프는 마이크로소프트에 인수되면서 애슈턴 커처에게 막대한 부를 안겨준다. 애슈턴 커처라면 이런 대박이 블록버스터 영화처럼 아주 흥미롭지 않았을까? 애슈턴 커처는 이후 몇 년 동안 유망한 스타트업에 대한 투자를 늘려나간다.

그리고 2010년, 애슈턴 커처는 마돈나와 가수 U2의 매니저였던 가이 오시어리(Guy Oceary), 억만장자인 론 버클(Ron Burkle)과 함께 에이 그레이드 인베스트먼트를 공동 설립한다. 이 투자회사가 설립될 당시 총자산은 1,100억 원이 넘는 것으로 알려졌다. 애슈턴 커처는 에이 그레이드 인베스트먼트라에서 우버, 에어비앤비, 스포티파이, 네스트, 스마트싱즈, 소셜캠 등에 대한 투자를 성공적으로 회수한다.

그렇다고 애슈턴 커처가 투자의 신처럼 모든 투자를 성공적으로 회수한 것은 아니다. 알려지지 않았지만 투자회수에 실패한 사례가 훨씬 더 많을 것이다. 그러나 투자자가 회수 실패를 경험하는 것은 당연하다. 이런 말을 하는 게 적절한지는 모르겠지만, 투자한 기업 중에 한 건이라도 대박이 터지면 과거의 모든 실패는 잊힌다. 에슈턴 커처도 100개의 스타트업에 투자했고, 이 중에 대박이 난 것은 투자한 기업의 10% 이내일 것이다.

어쨌든 애슈턴 커처도 자신만의 투자 철학을 만들어가고 있고, 사람들을 좀 더 편리하고 행복하게 할 수 있는 스타트업이라면 그 성과가 더욱 커질 것이라는 견해를 밝히기도 했다. 애슈턴 커처는 투자 파트너와 포브스가 뽑은 최고의 벤처투자사인 사운드 벤처스를 운영하고 있다. 애슈턴 커처를 전문투자자로 바라보는 것이 어색할지도 모른다. 그러나 애슈턴 커처는 미국만이 아닌 전 세계에서 가장 유명한 테크-셀레스터로 불릴 만큼의 업적을 쌓고 있다.

5-3. 코비 브라이언트(Kobe Bryant)

"창업자를 돕는 것보다 굉장한 느낌은 없다."

- 코비브라이언트(Kobe Bryant) -

마지막으로 살펴볼 테크-셀레스터는 포스트 조던의 선두주자였던, LA 레이커스의 전설적인 농구선수 코비 브라이언트이다. 그런데 나는 왜 테크-셀레스터의 상위층인 나스나 트로이 카터, 조 몬타나가 아닌 코비 브라이언트를 소개하게 된 것일까? 단순한 팬심일까? 아니다.

코비 브라이언트는 대표적인 스타트업 실패 사례인 주세로(Juicero)에 투자했다. 주세로는 사물인터넷 기술을 도입한 혁신적인 쥬스 착즙기라는 아이디어로 건강음료 시장에 뛰어든 스타트업이었다. 주세로는 주스 착즙기의 대여와 주스 팩의 판매라는 수익모델로 많은 투자자의 관심을 끌었다. 그러나 2017년 9월 1일에 폐업을 선언한다.

쥬세로가 투자받은 금액은 1,500억 원에 달한다. 이 금액은 구글벤처스, 아티스 벤처스 등의 대형 벤처캐피털과 코비 브라이언트의 주머니에서 나온 돈이었다. 그런데 주세로의 폐업으로 투자자들은 투자금을 고스란히 날려버릴 처지에 놓이게 된 것이다. 코비 브라이언트는 왜 하필이면 이런 신기루 같은 사태에 함께한 투자자가 되었을까?

코비 브라이언트의 큰 실패에 대해서 언급했지만, 코비 브라이언트는 선수 시절부터 남다른 성실함을 보이며 다른 선수들과는 다른 엄청난 근성을 보였던 선수다. 그는 코트에서 물러난 지 반년도 지나지 않아 전문 투자자 제프 스티벨(Jeff Stibel)과 함께 브라이언트-스티벨이라는 투자회사를 설립한다. 사실 코비 브라이언트와 제프 스티벨과 함께 2013년부터 15개 기업에 투자하고 있었다. 그리고 코비 브라이언트가 은퇴하면서 바로 이 펀드를 공식화한 것이 2016년 8월이다.

코비 브라이언트와 제프 스티벨이 운용하는 자금은 순수하게 자비로만 모아서 1억 달러, 한화 약 1,100억 원에 달하는 금액이라고 한다.

코비 브라이언트와 제프 스티벨이 투자한 기업에는 스포츠 미디어 웹사이트인 더 플레이어스 트리뷴, 비디오 게임회사인 스코플리, 법률 서비스를 제공하는 IT 회사인 리걸줌, 텔레마케팅 소프트웨어 기업인 링DNA, 마지막으로 스마트 쥬스 착즙기 개발사인 주세로 등이 있다. 이 둘은 인터뷰에서 제프 스티벨의 창업 경험과 코비 브라이언트의 브랜딩·마케팅·스토리텔링으로 서로를 보완할 수 있다고 말했다.

최근에는 많은 NBA 스타들이 스타트업에 투자하고 있다. 셀럽 투자자 톱 텐에 NBA 스타가 3명이나 올라있는 것을 보면 알 수 있다. 카멜로 앤서니나 스티브 내쉬 외에도 샤킬 오닐, 르브론 제임스, 케빈 듀란트 등 이름만 들어도 알만한 선수들이 유망한 스타트업을 직접 선별하거나 추천받고 있다. 어쩌면 코비 브라이언트에게 연락해서 괜찮은 스타트업이 있는지 물어보고 있는지도 모를 일이다.

나는 주세로 투자 실패 사례를 살펴보려고 코비 브라이언트를 소개한 것은 아니다. 코비 브라이언트가 미국에 끼치는 영향력은 우리가 무엇을 상상하더라도 그 이상이라고 볼 수 있다. LA시의회는 코비 브라이언트가 선수 시절에 달았던 등번호인 8번과 24번의 의미를 부여하기 위해서, 8월 24일을 코비 브라이언트의 날로 지정하였다.(LA에서 코비 브라이언트의 영향력은 이 정도다.)

코비 브라이언트는 LA에서 스타트업이 성장하고 지속되기를 원한다고 말했다. 코비 브라이언트는 지역의 경제 활성화에 기여하는 일환으로, 스타트업을 도울 수 있는 투자회사를 차렸다. 코비 브라이언트는

LA에서 자신의 사회적 지위에 어울리는 행보를 이어가고 있다.

"10년 전 저에게 가장 중요한 것은 승리하는 것이었습니다.
지금 저에게 가장 즐겁고 중요한 일은
다른 사람들이 성공하도록 도와주는 일입니다.
저는 훨씬 더 많은 기업이 지속되길 바라고,
그들이 얻은 희망이 다음 세대에게 전달되길 원합니다."
- 코비 브라이언트(Kobe Bryant) -

5-4. So what? 창업자, 유명해지는 것의 이로움

창업자가 내부에 머물며 직원들을 모니터링하는 것도 중요하지만, 회사 밖에서 해야 하는 일도 있다. 창업자는 영업과 직접적인 관련이 없더라도 시장의 이야기를 끊임없이 들어야 하고, 필요에 따라서는 제품과 서비스를 알리는 행사를 적극적으로 찾아다녀야 한다. 수많은 투자자와의 접촉(Investor Relation, IR)도 필요하다.

새로운 거래처를 발굴하거나 유명한 브랜드와 파트너가 되는 것도 이런 창업자의 움직임에서 시작된다. 투자자를 만나는 것도 마찬가지다. 좋은 사업 모델과 제품만 있다면 1명의 투자자를 만나도 2명에서 3명의 투자자를 만나는 효과가 있다. 전문 투자자에게는 그들만의 폐쇄적인 네트워크 안에서 좋은 사업과 제품, 기술을 서로 이야기하고 공유하는 것이 일이기 때문이다. 만약 창업자가 이런 외부활동을 하기에 부끄러움이 많다면 자신의 단점을 커버할 수 있는 공동창업자나 직원을 곁에 두어야 한다.

나가자. 창업자가 유명해지는 것을 두려워하지 말고 활용해야 한다. 스타트업이 유명해지는 것은 스타트업에 필요한 이해관계자를 쉽게 만날 수 있게 만들어 준다. 게다가 스타트업의 채용은 어떤가. 스타트업이 대중에게 알려지고 창업자가 유명해지면 좋은 인재를 채용할 가능성이 높아진다. 이처럼 창업자의 회사 밖 역할은 중요하다. 창업자가 앞장서서 움직일 수 있어야 한다.

스타트업의 대주주이자 주인은 창업자다. 팔아도 가치가 없는 일부 지분이나 스톡옵션을 임직원에게 나누어주면서 우리가 함께 스타트업의 주인이라고 하는 거짓말은 그만하자. 다시 이야기하지만, 초기 스타트업의 유일한 주인은 창업자 또는 공동창업자 그룹이다. 그리고 모든 책임과 부담은 스타트업을 설립한 창업자의 몫이다. 창업자는 외롭고 바쁠 것이다. 사업에 투자해야 하는 시간을 늘리면서 최고의 효율을 내는 방법을 체득해야 한다. 이런 고민이 없다면 회사에서 매일 새벽까지 일한 피로만 쌓일 뿐이다.

6. 저자의 잡설, 투자자 선택의 문제

"오늘의 선택은 굉장히 중요하다.
오늘 선택의 결과물이 미래에 점점 더 커질 것이다."
- 페이팔 공동창업자 피터 틸(Peter Thiel) -

에어비엔비의 공동창업자 브라이언 체스키는 단돈 1억 5천만 원을 투자받기 위해 7곳의 유명한 벤처캐피털을 접촉했다. 그러나 그중 5곳은 거절했고, 2곳으로부터는 답변도 받지 못했다. 답변을 받은 5곳 중 3곳에서는 공유경제와 숙박업이라는 분야 자체에 관심이 없다는 의견이었다. 남은 2곳은 숙박 공유경제의 잠재적 시장이 충분하지 않다는 의견을 전했다.

결국 브라이언 체스키도 투자자의 관심 분야가 무엇인지, 자신이 소개할 사업에 대해서 얼마나 많은 배경지식과 네트워크를 가지고 있는지 파악하지 못한 것이다. 많은 창업자는 이렇게 실수를 경험하면서 학습한다. 그리고 좀 더 일찍 알았다면 얼마나 좋은 성과를 냈을까 하며 과거를 아쉬워하고는 한다.

투자자금은 스타트업의 성장 단계에서 중요한 부분을 차지하기 때문에 적합한 투자자를 찾는 것이 중요하다. 우리 사업에 적합한 투자자를 찾게 된다면 재정 압박감을 덜 수 있을 것이고, 사업에 필요한 조언과 네트워크를 얻을 수도 있다. 그러므로 자신의 스타트업에 알맞은 투자자와 기관을 선택해서 투자를 받을 필요가 있다. 그렇다면 어떤 투자자를 만나는 게 좋을까?

첫 번째로 투자자의 재무 상태가 탄탄할수록 좋다. 투자자가 유명한 벤처캐피털이라면 따로 검증할 필요가 없겠지만, 대개는 처음 들어보는 투자자를 만나게 될 가능성이 높다. 그래서 창업자도 투자자를 확인하는 과정을 반드시 거쳐야 한다. 하지만 투자자의 재무적인 부분을 확인하려고, 투자자에게 재무제표를 요청하는 일은 없기를 바란다. 스스로 충분히 자료를 찾을 수 있다. 다양한 공시 페이지에서 투자자에 대한 자료를 찾아보도록 하자.

두 번째로 나의 스타트업 분야에 대한 경험이 많은 투자자라면 더욱 좋다. 동종 혹은 유사 업계에 투자 이력을 갖춘 투자자는 해당 업계에 유용한 지식과 네트워크를 가지고 있을 것이다. 지분투자를 받으면 자금만 받는 것이 아니고 투자자를 주주로 받아들이는 것이다. 투자자는 주주총회에 참석하거나 사외이사로 등재될 수도 있다. 우리에게 도움을 줄 수 있는 부분을 최대한 활용할 수 있는 투자자가 당연히 더 좋다.

세 번째는 우리에게 확신을 가지는 투자자를 선택하는 것이 좋다. 스타트업의 입장에서는 "우리에게 투자할 이유는 이것입니다."라는 설득이 투자유치 과정의 주를 이룬다. 이 과정에서 스타트업은 투자자에게 "왜 우리에게 투자하는 것인가요?"라는 질문을 해볼 필요가 있다.

네 번째로 거래를 선도하는 투자자를 선택하자. 투자 업계는 투자 거래를 선도하는 투자자와 흐름을 따라다니는 투자자로 나뉜다. 투자 거래를 선도하는 투자자가 큰 자금을 운용하는 경우가 많고, 투자 이력도 충분할 것이다. 이러한 투자자가 주주로 들어오면 창업자와 스타트업에 대한 기대가치가 높아질 수 있다. 삼성에게 투자받은 스타트업과 들어본 적도 없는 기업에서 투자받은 스타트업 중 어떤 스타트업에게 관심이 가는지 생각해 보면 알 수 있다.

마지막으로 투자자는 창업자의 고객이 아니다. 투자자와 창업자는 서로의 이익을 위해서 스타트업을 성장시키고자 하는 파트너라고 할 수 있다. 창업자는 꼭 필요한 투자자금만 유치할 필요가 있고, 창업 초기부터 너무 많은 지분을 내어주는 것은 좋지 않다. 필요하지 않은 시기에 너무 많은 투자자를 만나고 다닐 이유는 없다. 투자유치보다는 스타트업의 성장에 집중하는 것이 더 중요하다.

어떤 투자자를 선택하는가에 따라 창업자와 스타트업은 많은 영향을 받게 된다. 우리가 선택할 투자자로 인해서 스타트업이 받을 수 있는 긍정적인 영향을 먼저 생각하자. 투자자에게서 받을 수 있는 조언은 자금 조달과 세무직 가치 이상일 수도 있다. 사업 분야의 전문적인 지식과 경험을 직접 조언할 수도 있고, 조언을 해줄 전문가를 붙여 줄 수도 있다. 더 나아가 관계사와의 협력 기회를 제공해 줄 수도 있다. 그러므로 투자자에게서 단순히 자금 조달과 재무적 조언을 받으려고 하기보다는 투자 후 사후관리 서비스를 제대로 해줄 수 있는지 고려해서 투자자를 선택해야 한다.

만약 투자자가 투자 후에도 집중해서 관리하려고 한다면 스타트업 성장에 많은 기대를 하고 있다는 것이다. 반면에 투자한 후에 자료요청과 상환에만 신경 쓴다면 큰 성장을 기대하지 않는 것일 수도 있다.

창업자에게 도움이 되는 투자자를 선택할 수 있는 길은 자신 역시 '기대되는 창업자와 스타트업'이 되는 것이다. 그 방법은 명확하다. 혁신적인 기술로 무장한 제품과 서비스를 출시할 수 있는 아이디어와 능력을 갖추는 것이다. 너무도 당연한 이야기지만, 이 전제조건이 완성되지 않으면 사용자를 늘릴 수도 없고 매출 상승도 기대할 수 없다. 창업자는 이 길이 무엇인지 이미 알고 있을 것이다.

제3화

스타트업 관리

1. 스타트업 채용 관리

"안 좋은 직원을 고용하는 것은
뛰어난 인재를 놓친 것보다 대가가 크다."
- 조 크라우드 -

　한국의 유명한 대기업 중 한 곳은 '사람이 미래다'라는 슬로건으로 뛰어난 인재를 채용하기 위해서 힘쓰고 있다. 그런데 스타트업에서도 사람이 곧 가치다. 사람이 없으면 지금 당장 할 수 있는 게 없다.
　인재 채용과 인사관리를 맡고 있는 인사 담당자는 기업의 운영에서 매우 중요한 존재다. 그러나 스타트업처럼 작은 조직에서 인사 담당자를 따로 두는 것은 사치라고 느껴지기도 한다. 특히 일반적인 기업에서 일하던 사람은 인사팀에서 하는 일이 전문적이라는 것을 잘 느끼지 못할 수도 있다. 우리는 어떤 사람이 필요한지에 대해서 대충은 파악하고 있다는 이유로, 적합한 인재를 채용하는 게 어려운 일이라는 생각을 하지 않는다. 그러나 어떤 사람을 어떻게 평가하고 관리할 것인지에 대해서 구체적인 계획을 세우기는 쉽지 않다. 스타트업에 도전하는 창업자 대부분은 채용 경험이 거의 없거나 채용 과정을 쉽게 생각하고 있다. 일보다 사람이 더 어렵다는 것을 아직 겪어보지 않았기 때문이다. 채용에도 전문성이 필요하고, 사업 분야에 따라서 채용 방식도 다르게 적용해야 한다. 그러나 창업자는 자신이 다니던 회사에서 경험했거나 주위에서 들은 이야기를 기준으로 채용 계획을 세운다. 이러한 채용 방식은 창업자의 사업 분야에 적합하지 않을 수도 있고, 어쩌면 오래된 방식일 수도 있다.

한 명의 가치가 더욱 빛나는 스타트업에서 어떤 직원을 채용하는가는 매우 중요하다. 채용에 대한 부담은 대기업보다 훨씬 큰 상황이라고 할 수 있다. 그런데 현실적으로, 우리의 스타트업에 꼭 맞는 최적의 직원을 뽑는다는 것은 이상적인 이야기다. 그렇다고 아무나 뽑으면 안 된다. 최고를 선택할 수 없다면 최선을 선택해야 한다.

1-1. 어떤 팀원을 뽑아야 할까

"절대 절대 절대로 태도가 나쁜 사람은 채용하지 마라.
당신은 후회하게 될 것이다."
- 애드몹 창업자 오마르 하무이 -

① 초기 팀원은 관리자가 될 수 있는 사람일수록 좋다.

최근 기술 기반의 스타트업이 관심을 많이 받는 만큼 엔지니어의 중요성은 더욱 강조되고 있다. 그러나 스타트업 창업자가 모두 엔지니어 출신인 것은 아니다. 결국 창업자가 판매하려는 제품이나 서비스를 직접 만들지 못한다는 뜻이다. 그래서 엔지니어나 디자이너를 설득해서 공동 창업에 도전하고 제품이나 서비스를 만들어간다.

이렇게 결성된 공동창업자 그룹은 스타트업의 규모가 커질수록 관리자의 역량이 요구된다. 다른 엔지니어가 합류하여 엔지니어 팀의 모습을 갖추어 갈 것이고 디자인 팀, 영업 팀, 지원 팀의 경우도 마찬가지이다. 초기 스타트업에서 소수의 엔지니어가 개발을 하는 것과 팀 단위로 개발을 진행하는 것은 엄연히 다르다고 할 수 있다. 팀을 관리할 수 있는 역량을 갖춘 관리자가 필요하고, 만약 이런 역량이 결핍되었다면 팀이 깨질 가능성이 있다. 그래서 처음부터 관리자의 역할을 할 수 있는 공동창업자나 팀원을 채용하는 것이 좋다. 언젠가 분업과 관리가 필요한 시점이 다가오면, 처음에 채용된 팀원이 관리자가 되어야 한다. 즉 스타트업과 함께 팀원도 성장해야 하는 것이다.

성공한 스타트업 중에 대표자보다 뛰어난 엔지니어나 디자이너가 부각되는 경우는 흔하지 않다. 물론 훌륭한 직원을 보유한 스타트업이 훌륭한 제품과 서비스를 만들어낼 가능성이 높다. 하지만 성장하는 스타트입에서 개인의 영향력은 점점 작아져야 한다. 뛰어난 팀원 한두 명에 심취한 나머지 '팀'이라는 개념을 망각해서는 안 된다. 팀의 리더가 될 수 있는 팀원, 즉 다른 팀원에게 해야 할 일과 방향성, 목적을 정확하게 설명할 수 있는 사람을 만날 수 있다면 더 바랄 게 없다.

② 열정만 보지 말고 역량과 균형을 생각하자.

스타트업이라고 하면 도전적이고, 열정적인 분위기가 느껴진다. 그 열정으로 함께 밤을 새우거나 쪽잠을 자며 밝은 미래를 꿈꾸기도 한다. 그러나 열정만으로 해결할 수 없는 문제가 더 많다. 물론 이 열정이 더 많은 시행착오를 경험하게 해서 성장으로 이끄는 것은 분명하다. 하지만 열정과 시행착오가 용인되는 곳은 오히려 명확한 시스템을 갖추고 있는 대기업이다. 대기업은 수많은 시행착오를 겪어도 그에 대한 비용을 감당할 능력이 있다. 그러나 스타트업은 이러한 비용을 감당할 충분한 능력이 없다. 창업자가 사용할 수 있는 시간과 자금은 한정적이다. 단순히 열정만 가지고 수많은 시행착오 끝에 무엇인가를 발견하기보다는, 창업자가 바라보는 가치를 충분히 공감해서 효율적으로 구현할 수 있는 사람이 필요하다. 시행착오와 실수를 겪을 사람은 창업자와 공동창업자이지, 지분도 없는 직원이 아니다.

직원이 열정을 가질 필요가 없다는 말은 아니다. 우선순위의 문제다. 어떤 업무를 할 수 있는 사람이 열정을 가지는 것과 그저 열정이라는 기분에 심취하는 것은 다르다. 업무 수행에 열정이 느껴지는 것과 업무 역량은 엄격하게 구분해야 한다. 창업자는 자신의 현실을 잘 파악하고 있어야 한다. 내가 갈 방향으로 핸들을 돌리며 앞으로 나갈 시기에, 뒤에서 나를 밀어줄 사람이 필요한 것이다. 결국 지원자의 역할과 역량은, 어떤 시기에 어떤 직원이 필요한가에 따라 결정된다. 새로운 팀원이 필요한 시기에 필요한 일을 '할 수 있는 사람'으로 채용하지 않으면, 함께 매일 밤을 새우더라도 좋은 결과를 만들기 어렵다. 게다가 추가 채용에 대한 인건비와 기회비용이 발생한다는 점도 기억해야 할 것이다.

창업자는 사람을 채용하기 전에 맡길 일을 명확하게 정리해야 한다. 앱 서비스를 기획하겠다고, 무작정 개발자부터 채용해서는 안 된다. 창업자는 채용하려는 직원이 무엇을 해줬으면 할지 스스로 명확한 가이드를 가지고 채용을 진행해야 한다. 직원이 사무실에 나와서 온라인 쇼핑만 하고 있어도 괜찮은가. 그 정도로 스타트업은 여유롭지 않다.

조직의 가장 부족한 부분이 어디인지 진단한 후, 그것이 다리라면 다리만 전문적으로 밀어줄 사람이 필요하고, 허리라면 허리만 밀어줄 사람이 필요하다. 창업자는 무슨 일을 해줄 사람이 더 필요한지 계속해서 자문자답해야 하고, 기존 팀원들이 충분히 공감할 만한 채용 사유를 제시할 수 있어야 한다. 그다음이 적절한 채용 시기이다.

③ 기존 문화에 잘 녹아들 사람이 좋다.

스타트업이라는 단어는 미래 성장, 즉 기업의 가치가 계속해서 상승할 것을 전제로 한 것이다. 스타트-업이지 않은가. 스타트업의 성장에 따라서 임직원 수도 늘어난다. 임직원이 적은 초기 스타트업에서는 내부 문화가 큰 영향을 주지 않는 것처럼 느껴질 수 있다. 초기 스타트업은 팀원 간 동일한 가치와 방향을 맞춘 상태에서 설립되었기 때문에 비슷한 사고와 철학을 가진 사람들이 모여 있고, 이에 맞춰 자연스럽게 회사 고유의 문화가 형성된다.

스타트업이 성장하면 다양한 유형의 사람을 다수 채용해야 할 시점이 찾아온다. 이때부터는 창업 시점처럼 동일한 가치와 방향성을 맞춰가기보다는, 새로운 팀원에게 가치와 방향성을 포함한 스타트업 내부 문화를 제시하는 것이 필요하다. 왜냐하면 스타트업에 도전하기 위해서 회사에 온 것이 아니라, 구직을 위해서 지원한 것이기 때문이다.

하루라도 빨리 제품을 만들어야 하는 창업자에게 문화란 말은 "또 무슨 소리냐?"라고 할 수도 있다. 그러나 창업자나 초기 스타트업 팀원이 모르는 사이에 이러한 문화는 이미 자연스럽게 형성되어 있다. 그리고 스타트업의 가치뿐만 아니라 팀원의 모습이 반영된 인재상이 점점 뚜렷하게 만들어지게 된다. 이것이 문화이며, 창업자는 이 문화를 '좋은 문화'로 이끌어서 팀원의 행복 업무에 기여해야 한다.

창업자와 팀원이 함께 만들어온 문화를 새로 합류할 팀원이 잘 이해하고 적응할 수 있는지 고려해야 한다. 기존 문화에 적응할 수 없는 사람이라면 기존의 스타트업 팀원이나 새로운 팀원 모두에게 마이너스가 될 수밖에 없다. 이를 간과한다면 창업자는 새롭게 합류한 팀원을 내보내야 하는 곤란한 결단을 내려야 하고, 계속해서 강조하고 있는 한정적인 시간과 자금의 일부가 소진된다.

최고의 인재만 모일 수 있다면 얼마나 좋겠는가. 그러나 그럴 일은 없다. 대부분의 스타트업은 그 정도의 브랜드 파워를 가지지 못했고, 줄 수 있는 연봉도 그리 높지 않다. 게다가 성공이 보장된 것도 아니다. 사실은 최고의 인재를 뽑고 싶어도 뽑을 수 없다고 하는 것이 더 맞는 말이겠다.

스타트업의 내부 문화에 잘 녹아들 수 있는 인재 채용은 매우 중요하다. 물론 전제는 창업자와 기존 팀원들이 공유하는 '좋은 문화'가 존재해야 한다. '좋은 문화'는 스타트업 기업의 목표와 새로 합류하는 팀원 개인의 목표가 일치하게 도와줄 것이다. 구성원 간 공감대와 신뢰도 '좋은 문화'로 인해서 형성된다. 창업자는 모든 인력을 최고로만 구성할 수 없지만, 기존 팀원들이 행복한 환경에서 근무할 수 있도록, 조직과 잘 어울리는 사람을 공급해 주는 것이 필요하다.

④ 화려한 이력에 속지 말고, 반드시 확인하자.

스타트업 창업자는 화려한 이력의 지원자를 볼 기회가 많지 않다. 공동창업자로 제안할 때나 창업 초기에 지인을 통해서 소개받은 팀원이 아니라면, 엄청난 이력을 가진 사람이 스타트업에 지원하는 일은 거의 없다. 그러나 스타트업이 투자 유치에 성공한 경우에는 고급 인력에 대해 고민하게 된다. 이 시점에 창업자는 화려한 이력의 높은 연봉을 받는 경력자에게 눈길을 돌린다.

높은 연봉을 받는 사람은 당연히 그만한 이유가 있다. 특히 한 분야에서 오랜 경력을 가진 사람은 해당 분야에 대한 넓은 배경 지식과 인맥까지 보유하고 있다. 대학교를 이제 막 졸업한 직원을 뽑는 것과 경력자를 뽑는 것은 차이가 있을 수밖에 없다. 이러한 논리에 의하면 스타트업은 투자를 받은 이후에 경력자를 대거 채용해서 짧은 시간에 최고의 성과를 내는 것이 올바른 길 같아 보인다.

그러나 어느 조직에서든 화려한 트랙 레코드가 회사 내 업무 수행 능력을 장담하는 것은 아니다. 이 부분을 장담할 수 있다면, 채용이 왜 어렵겠는가. 학력에 따라 줄 세우고, 경력 회사 수준에 따라 줄 세우면 끝나는 일 아니겠는가. 그러나 임직원의 학력과 경력이 스타트업 성장에 기폭제가 될 것이라는 상상이 늘 이루어지지는 않는다. 경력자라고 다 같은 경력자가 아니다. 스타트업은 화려한 대기업과 일하는 환경이 다르다. 마음가짐이 달라야 하고, 대기업 시스템에 익숙해진 경력자는 불완전한 스타트업 시스템에 아쉬움을 털어놓을지도 모른다. 오히려 창업자나 공동창업자의 계획을 잘 따라오려는 신입 직원이 더 좋은 결과를 가져오기도 한다.

화려한 이력이나 타이틀 때문에 일부러 후한 점수를 줄 필요는 없다. 우리 회사에 필요한 인재는 창업자와 팀원들이 잘 알고 있을 것이다. 신중하게 판단해야 한다.

⑤ 기존 팀원들을 배려하자.

새로운 사람이 조직에 합류하는 것은 작은 규모의 스타트업에는 아주 큰 이벤트이다. 지금까지 꼭 필요한 최소 인원만 유지했기 때문이다. 개발자를 예로 들어보자. 기존의 개발팀에 화려한 경력의 고급 개발자를 합류시킬 때, 그의 모든 경력을 인정해 준다면 기존 개발자보다 연봉이나 직책이 높을 수밖에 없다. 물론 직책이 가장 높은 창업자에게는 문제가 아닐 수 있다. 하지만 새롭게 합류한 팀원과 직접 소통하고 함께 일하는 것은 기존 팀원들이다. 창업자는 기존 팀원들이 어떤 유형인지 파악하고, 어떻게 반응할지 예상해야 한다.

한 가지 예를 들어보자. 만약 어떤 스타트업이 근무시간을 잘 지키고, 근무시간 내에 일을 효율적으로 처리하는 문화에 익숙해졌다고 하자. 그런데 새롭게 합류한 팀원이 사무실에서 밤새워 일하고, 시도 때도 없이 다른 팀원들에게 업무 연락을 한다. 그런데 창업자가 확인한 결과, 단기적인 업무 진행 속도가 눈에 띄게 빨라졌다. 누구 편을 들 것인가?

작은 규모의 스타트업이기 때문에 개인의 영향력은 대기업보다 훨씬 크다. 평범한 사람은 새로운 환경에 적응하기 위해서 기존 분위기에 맞추려고 노력한다. 그러나 모두가 그런 것은 아니다. 상상 이상으로 눈치가 없는 사람이 있을 수도 있고, 과도한 열정을 주체하지 못해서 다른 팀원에게 피해를 주고 있다는 것을 자각하지 못할 수도 있다. 창업자는 팀원들이 일하는 방식을 서로 맞춰갈 수 있도록 가이드를 제시해야 하고, 서로의 방식을 이해하도록 조율해야 한다. 그러지 않으면 그동안 함께해 왔던 기존 팀원을 잃을 수 있다.

창업자가 채용에서 선택할 수 있는 옵션은 한정적이다. 하지만 팀 분열로 발생하는 스트레스와 비용을 생각하면, 신규채용을 미루는 게 나을 수도 있다. 새로운 원동력 때문에 지금까지 함께 달려온 소중한 팀원을 잃지 말자.

1-2. 팀원에게 무엇을 줄 수 있을까

"아이디어와 철학, 목적 그리고 미션과 함께 시작하라.
그 이후에 당신을 도울 수 있는 사람을 찾아라."
- 트위터와 스퀘어 창업자 잭 도시 -

스타트업에 종사하는 사람에게 필요한 것은 무엇일까? 금전적인 보상을 얻는 것도 무시할 수 없겠지만 자신이 지금 어떤 일을 하고 있고, 어떤 경력을 쌓을 수 있는지가 더 중요할 수도 있다. 이러한 동기부여가 스타트업이라는 열악한 환경에서도 퇴사하지 않고, 창업자와 함께 같은 곳을 향해 일하게 하는 것이다.

창업자가 금전적인 보상만 제공한다면 직원에게 충분한 동기부여를 하지 못한다. 구글과 아마존, 삼성에서 주고 있는 금전적인 보상을 스타트업이 따라갈 수 있겠는가. 스타트업이 금전적인 보상보다 훨씬 매력적인 동기부여를 할 수 없다면 어떤 팀원도 남을 이유가 없다.

실제로 스타트업 직원을 대상으로 설문 조사한 결과, 동기부여 요소로 상위권을 차지하고 있는 것은 강력한 팀과 도전적이고 몰입할 수 있는 업무, 흥미로운 제품과 자율성이었다. 반면에 스톡옵션이나 보수를 동기부여로 말하는 직원은 20% 이하로 조사되었다. 여기에서 우리는 창업자로서 직원들에게 동기를 부여하고, 회사에 남게 하는 중요한 역할을 하는 요소가 무엇인지 깨달아야 한다.

스타트업은 다른 형태의 기업보다 높은 금전적인 보상을 해 주기는 쉽지 않지만 높은 자율성을 보장해 줄 수는 있다. 팀원은 창의적이고 독립적으로 업무를 계획하고 진행하면서, 자신만의 포트폴리오와 셀링 포인트를 만들며 스스로 업무 만족도를 찾아갈 것이다. 우리가 줄 수 있는 동기부여의 요소는 아직 많이 남아 있다.

① 팀 효율성
팀 효율성은 스타트업이 아니더라도 어떤 직장이든 선호할 조건이

다. 그러나 스타트업은 한정된 자원으로 최대 효율을 내야 하는 기업이기 때문에 팀 효율성이 더욱 강조된다. 이는 회사의 성과뿐만 아니라 직원들의 성취감을 높이고, 만약 실패하더라도 빠르게 회복할 수 있게 한다. 이러한 효율성은 반복적인 업무로 인해서 형성되기도 하지만 결국은 창업자가 설계하는 방향으로 갈 수밖에 없다. 창업자는 더욱 효율적인 방식을 고민해야 하고, 관리자와 팀원에게 이를 공유해야 한다. 이러한 고민의 흔적과 공유 방식이 창업자의 전문성을 대변한다. 창업자의 이런 모습은 팀원들이 느끼는 전부이다. 발표 자료의 폰트 때문에 몇 시간을 잡고 앉아있으면 누가 신뢰하겠는가. 업무를 단순화하는 새로운 시스템이 등장한 지 10년이 넘었는데 아직도 문서에 결재 도장을 찍거나, 개조식 보고서를 서술식으로, 다시 개조식으로 바꾸도록 지시한다면 누가 좋아하겠는가.

팀원은 삽질하는 시간을 원하지 않는다. 그리고 창업자는 오랜 경력을 갖춘 50대 대기업 장군이 아니다. "자네가 장애물을 넘으면서 성장하기를 기대하네."라는 말은 요즘의 청년에게 어울리지 않는다. 창업자는 직접 문제를 마주하고, 이를 해결하면서 팀원이 같은 문제를 만나지 않도록 시스템을 설계해야 한다. 그리고 이 과정을 계속해서 팀원에게 공유하며, 더 효율적인 방법을 찾는 데 앞장서야 한다. "내가 전에 만들어줬잖아."라는 무책임한 말은 하지 않기를 바란다. 시간적인 여유가 없는 스타트업에 효율성은 필수고, 이 효율성의 전파는 창업자의 역할이다.

② 신뢰 관계

스타트업도 시장의 신뢰를 먹고 사는 기업이다. 시장에서 신뢰를 얻지 못한 스타트업은 망한다. 그런데 신뢰는 외부에서만 중요한 것은 아니다. 스타트업 내부에서 신뢰로 형성되는 구성원 간의 관계가 스타트업 운영의 전부라고 해도 과언이 아니다. 스타트업 내부에 서로에 대한 신뢰 관계가 없다면 새로운 도전과 시도는 쉽게 받아들여지지 않는다. 서로의 역할에 대한 존중, 신뢰가 있어야 한다.

그런데 창업자는 종종 성공만 하면 신뢰는 저절로 형성될 것이라고 착각한다. 당신의 스타트업은 성공한 역사가 없고, 안정적인 상황이라는 것 자체가 불확실하다. 이런 상황은 아이러니하게도 새로운 도전을 지속해야 하는 스타트업이 새로운 도전을 하기 어렵게 만든다. 새로운 도전에 대해서 회사와 동료의 지원이 없다는 것이 느껴지는 순간 구성원 사이의 신뢰는 무너진다.

창업자가 팀원들에게 지원할 수 있는 자원은 분명히 한계가 있다. 그러나 스타트업에서 내세울 수 있는 장점은 서로에 대한 존중이다. 그 과정에서 신뢰가 형성된다. 예를 들어 안드로이드 서비스를 제안하는 스타트업 입장에서는 안드로이드 개발자가 회사의 전부로 보일 수 있다. 창업자도 그렇게 판단할 것이고, 안드로이드 개발자도 그렇게 생각할 것이다. 하지만 스타트업은 안드로이드 개발 경연대회가 아니다. 안드로이드 개발만 가지고는 사업을 할 수 없다. 그리고 안드로이드 개발이 완료된 직후에는 영업 담당자의 역할이 중요해진다. 그 시기가 오기 전부터 창업자는 회사 내에서 공정한 관계가 형성될 수 있도록 모든 구성원의 역할에 대한 존중을 몸소 실천해야 한다. 창업자의 자세가 다른 구성원의 행동을 변화시킨다.

창업자는 팀원의 새로운 도전을 지원해야 하고, 실패에 대한 가혹한 비난과 책임 추궁은 지양해야 한다. 자신과 자신의 팀을 위한 지원과 긍정적인 평가를 누가 마다하겠는가. 스타트업에 실망해서 뒤도 안 돌아보고 떠나는 동료를 탓하지 말자. 누구 때문이었겠는가.

1-3. 어디서 팀원을 구할 수 있을까

"양손을 주머니에 넣고서는
성공의 사다리에 오를 수 없다."
- 신화적인 영업맨 엘마 윌러 -

초기에 4명으로 시작한 스타트업 안에서 2명이 서로 싸웠다고 상상해 보자. 화해할 수 없는, 돌이킬 수 없는 상황이 벌어졌다. 우리는 어느 편을 들어야 할까.

나는 2018년에 스타트업에 재도전하기 위해서 3명의 개발자 영입에 성공했다. 이들은 서로 초면이었다. 나는 서비스 개발을 위한 각 분야의 개발자를 조화롭게 구성했다고 생각했다. 그러나 두 명 사이에 다툼이 있었고, 양쪽 모두 나에게 싱대빙과는 더는 일할 수 없다는 결정을 통보해 왔다. 나는 그 누구도 설득하지 못했고, 팀은 깨졌다.

나는 팀이 깨지는 상황만 수차례 겪었기 때문에, 이러한 상황에 당황하지는 않았다. 하지만 팀이 계속 깨지는 것에 대해 회의감이 들었고, 나에게 문제가 있는 것은 아닐까 하는 고민도 많이 했다. 나는 분란의 중심에 있지는 않았지만, 분명히 그 주변에 함께 있었다. 그리고 다툼의 중심에 있던 개발자 두 명은 같은 아이디어를 가지고 각자의 사업으로 찢어졌다. 오히려 팀 빌딩과 사업을 주도했던 나는 이렇게 글을 쓰고 있으니, 스타트업은 한 치 앞을 내다볼 수 없다는 것을 다시 한 번 깨닫게 되었다.

좋은 팀원을 구하는 일은 판매할 제품을 만들고 투자를 받는 것만큼 중요하다. 나의 비전을 공감해 줄 팀원을 만난다는 것 자체로도 운이 좋은 것이다. 그런 팀원이 있다면 절대 놓치지 않길 바란다. 실제로 팀원을 구하는 일은 창업자가 하는 일 중에 가장 중요한 일이라고 할 수 있다. 그런데 창업자는 회사가 성장하면서 자금이 유입되는 시기가 오면, 좋은 팀원을 채용하기 위해서 자신의 근무시간의 상당 부분을 보내야 한다는 사실을 잘 모르는 거 같다. 신경 써야 할 일이 산더미처럼 쌓여있는데, 많은 시간을 채용에 투자하라면 의문이 생길 것이다.

잡코리아나 사람인에 구인 공고를 낸다고 해서, 회사가 원하는 인재가 나타나지 않는다. 스타트업 팀원 채용은 아웃-소싱으로 해결되기 어렵기 때문이다. 실리콘밸리에서는 직원의 수가 500명이 될 때까지는 모든 후보자를 창업자가 직접 면담해야 한다고 말한다.

창업자는 손을 더럽혀야 한다. 이 말이 잘 이해가 되지 않을 것이다. 우리가 시리즈 에이 투자로 10억 원을 유치했다고 가정하자. 이제 제품이 출시되었고, 영업부장을 맡아줄 팀원을 채용할 때가 됐다. 그런데 창업자가 영업부장의 역할에 대한 이해 없이 영업할 사람을 채용하겠다고 한다면, 그것은 힘든 일은 안 하겠다는 뜻이다. 창업자는 모든 일을 직접 해보면서 어떤 사람이 필요한지 느껴야 한다. 그리고 많은 후보자를 직접 만나 가장 적합한 사람을 가려내야 한다.

때로는 스타트업 생태계 밖으로 나가서 적합한 인재를 찾고 설득해야 한다. 한 가지 사례로 중소기업의 대표가 대학원에 진학하는 부가적인 이유가 채용이라면 우리는 의외라고 생각할 수 있다. 그러나 중소기업도 스타트업과 마찬가지로 인력난이 심각하고, 대학원에서 공부한다는 사실 하나만으로도 중소기업 대표에게는 매력적인 인재로 보일 것이다. 그리고 우리의 생각보다 소개로 입사하게 되는 경우가 많으며, 상당 부분은 대학원에서 이루어진다.

요즘은 스타트업 생태계 안에 다양한 인력 매칭 플랫폼이 생겼다. 그 서비스로 인해서 예전보다는 좋은 인력을 구하기 수월해졌다. 스타트업이라는 단어, 창업이라는 단어에 대한 부정적인 시선이 긍정적으로 변하고 있기 때문이기도 하다.

스타트업 생태계 내에는 인맥을 통해서 혹은 여러 모임에서 만나 공동창업이나 팀원 합류로 이어지는 경우도 많다. 그리고 로켓펀치나 원티드, 더팀스 등 매칭 서비스도 출시되어 스타트업뿐만 아니라 일반 기업에서도 활용하고 있다. 그리고 전통적인 방식인 사람인이나 잡코리아, 인터넷 카페인 스펙업이나 독취사와 같은 곳에서도 채용은 계속해서 이루어지고 있다. 창업자는 오프라인 모임인 대학원부터 온라인 채널인 해커톤까지, 다양한 루트를 활용할 수 있어야 한다.

창업자는 어떤 곳에서 팀원을 채용할 것인가를 고민하는 동시에, 어떻게 사람을 내보낼 것인가도 고민해야 한다. 채용뿐 아니라 해고도 할 줄 알아야 한다는 뜻이다. 함께하던 팀원을 내보내는 일은 어쩌면 창업자가 하기 힘든 일 중 하나일 것이다. 하지만 어항에 깨끗한 물을 계속해서 넣는 것보다 나은 방법은 물 흐리는 미꾸라지를 꺼내는 일이다. 이런 상황을 창업자만 모르는 경우도 있다. 아니, 창업자가 애써 모르는 척하는 경우가 더 많다. 이런 상황이라면 기존 팀원들에게 힘이 되는 것은 신규채용보다 해고일 수 있다. 물론 2명이 하던 일을 1명이 하게 되면 프로젝트에 부담이 생기는 것은 자명하다. 하지만 팀워크가 깨지는 것보다는 소수 인원으로 프로젝트를 진행하는 것이 더 효율적일 수 있다. 현재 인원으로 완수할 수 없다는 판단이 섰을 때 채용을 해도 늦지 않다. 미꾸라지를 건져내는 것이 우선이다.

1-4. 왜 이렇게 팀원 구하기가 힘들까

"반드시 달성하고자 하는 매출 목표를 위해서
적합한 사람을 찾고 있는데 찾을 수 없다면,
아무나 채용하지 말고 목표를 하향 조정 하라."
- 휴렛 팩커드 공동창업자 데이비드 패커드 -

어떤 유명한 컨설팅 회사에서 조사한 바에 따르면 스타트업 100개사 중 80% 이상은 팀원 채용에 어려움을 겪고 있으며, 어려움이 되는 가장 큰 요인은 회사의 낮은 인지도 때문이라고 한다. 낮은 인지도 때문에 지원자의 수가 적다는 것이다. 이는 선택의 폭이 좁다는 것을 의미한다.

그런데 구직자도 생전 처음 보는 기업을 취업 우선순위로 생각할 리는 없다. 구직자는 회사에 지원하면서, 그 회사에 대한 정보를 찾는다. 그때 가장 큰 영향을 미치는 것은 경험자의 이야기이다. 그런데 스타트업은 정보가 누적될 정도로 오래되지 않았고, 회사를 경험한 직원도 적다. 따라서 우리 스타트업의 장점을 전달할 제대로 된 방법이 없는 것이다. 간혹 창업자는 회사의 장점을 부각하지 못했기 때문이라고 생각하지만, 구직자는 유망하다는 이유 하나만 보고 직장을 선택하지는 않는다. 구직자는 회사의 환경, 주변 사람의 경험이나 시선에 영향을 받을 수밖에 없다. 결국 안정적이거나 규모가 큰 기업을 우선순위에 두고, 스타트업은 최후의 보루로 생각할 것이다.

그렇다면 창업자는 어떻게 해야 할까. 재직 중인 팀원이나 퇴직한 팀원이 좋은 평가를 퍼뜨려 주기를 바라는 수밖에 없다. 그런 평가가 누적되면 자연스럽게 구직자가 찾아오게 된다. 때로는 팀원이 괜찮은 사람을 소개하기도 한다. 내 옆에 있어 주는 고마운 팀원이 떠나지 않게 하는 것이 채용 비용을 아끼는 길이다. 그리고 구직자에게 매력적으로 보일 수 있어야 한다. 채용을 진행 중인데도 지원자가 없다면, 스타트업은 채용 시장에서 매력을 잃은 것이다.

하지만 희망이 없는 것은 아니다. 스타트업의 도전정신에 관심을 보이는 구직자가 늘어나고 있기 때문이다. 이런 인재들을 채용하고 그들로부터 회사에 대한 좋은 평가가 누적되도록 노력한다면 성공사례가 쌓일 것이다. 스타트업의 채용은 창업자라면 당연히 풀어야 할 과제이자, 스타트업을 그만두는 순간까지 벗어날 수 없는 숙명이다.

1-5. So what? 넷플릭스의 인력관리

"우리는 탁월함을 추구한다.
우리 문화의 목적은 우리 스스로 탁월함을 이루는 것이다."
- 넷플릭스 -

스타트업의 인재 유치는 계속될 것이고, 창업자는 그 과정에서 많은 것을 배운다. 배달의 민족으로 유명한 우아한 형제의 김봉진 대표가 한 말을 보면 많은 것을 느끼게 된다.
"사람은 변하지 않는다. 불행한 사람을 뽑아서 행복하게 만들기는 어렵다. 처음부터 행복한 사람을 뽑아야 한다는 것을 피눈물을 흘리면서 배웠다."
이 말은 적응력이 높은 인재를 선호하는 전통적인 미국 기업의 시각과는 다르다. 전통적인 기업, 제너럴일렉트릭(GE)과 같은 기업이 추구하는 채용과 관리 정책은 간단하다. 인재 개발 팀 주도로 교육과 훈련을 시켜 기업을 성공으로 이끌 리더를 육성하는 것이다.

그러나 스타트업과 창업자는 교육 훈련에 공격적인 투자를 한다거나 인재를 기다릴 수 있는 시간이 없다. 스타트업의 성장은 매우 빠르고, 성장에 따라서 조직 구조는 점점 더 복잡해진다. 스타트업은 커지는 조직 규모에 따라서 채용을 확대하고, 전체 임직원 수는 점점 늘어난다. 이에 따라 업무 프로세스와 회사 내 정책을 정비해야 하고, 그 과정에서 스타트업의 본질적인 문화가 퇴색할 가능성이 커진다. 그리고 평범한 직원의 비중도 점점 더 높아진다.

여기까지는 나의 경험이 아닌 넷플릭스가 제시하는 일반적인 스타트업 기업문화의 도입부다.

넷플릭스가 제시하는 인재관리 방법은 최고의 재능(Top Talent) 비중을 계속해서 높이는 것이다. 최고의 재능을 가진 팀원에게 자율성을 부여하면, 복잡성은 자연스럽게 해결된다. 넷플릭스는 자율성이 보장되면 별도의 정책을 만들지 않아도 97%의 직원들이 상식 내에서 일한다고 믿는다. 나머지 3% 정도의 직원을 통제하기 위해서 전체 조직의 자율성을 떨어뜨릴지도 모르는 정책을 만들지 않는다는 논리이다.

나는 스타트업 생태계를 전제로 김봉진 대표와 넷플릭스의 문화에 모두 동의한다. 스타트업은 가족같이 따뜻하고 깊은 인내심을 가진 교육기관이 아니다. 스타트업은 여유가 없다. 넷플릭스도 빠르게 변하는 세상에서 살아남기 위해 회사에 바로 기여할 준비가 된 인재만 채용한다. 그리고 시간이 지나 업무 적합도가 떨어지는 직원은 빠르게 해고한다. 바로 이것이 넷플릭스의 인재관리 문화이다. 스타트업의 성장에는 반드시 고통이 따르게 되어 있다.

빠른 성장과 변화가 필요한 스타트업은 넷플릭스의 문화와 성공에 관심을 가질 필요가 있다. 그러나 이러한 책임감 있는 문화가 작동하기 위해서는 최고의 인재가 최고의 성과를 낼 수 있는 명확한 보상과 비전, 회사의 빠른 성장이 필수다. 그리고 채용한 인재에 대한 단단한 신뢰와 각 구성원에 대한 명확한 이해가 선행되지 않으면 제대로 작동하기 어렵다. 창업자는 자신이 이끄는 스타트업이 어떤 방향으로 갈 것인지 고민하고, 동시에 어떤 인재가 부합할지 고민해야 한다.

2. 스타트업 보상 관리

"그 여정이 바로 보상이다."
- 애플 창업자 스티브 잡스 -

　기업이 기업공개나 인수합병이 되는 경우 우리사주나 스톡옵션과 같은 자사주를 보유한 임직원은 행복한 미래를 맞이하게 된다. 만 원짜리 회사 주식을 보유한 직원이 회사의 주가가 십 만 원이 되었다면 열 배 상승한 시세차익으로 집이나 차를 바꿀 수 있다. 한순간에 결혼자금이나 주택자금을 마련할 수도 있다.
　실리콘밸리에서는 대기업을 나와서 스타트업에 합류하는 것이 자연스러운 현상이 되었다. 대기업의 안정적인 수입보다는 실리콘밸리 스타트업에서 5년 이내라는 짧은 기간에 백만장자(10억 자산가)가 되는 기회가 생기기도 하기 때문이다. 직접 창업을 하지 않았는데도 말이다. 이런 대박 기회 때문에 대기업에 오래 다니는 것이 오히려 이상해 보이기도 한다.

실리콘밸리의 스타트업에서 임직원이 주식을 받고 처분하는 기간은 4년 정도라고 한다. 그 이후에도 그 회사에 계속 남아있으면 놓치게 되는 기회비용이 최대 10억 원에 이르기 때문에 직원 입장에서는 새로운 기회를 찾아 떠나게 된다.

한국의 스타트업 생태계는 미국 실리콘밸리와는 다르지만, 일반적인 투자 규모와 기업 규모를 고려하여 90% 할인을 적용하면 스타트업 성공으로 인한 기회비용이 최대 1억 원 정도는 될 것 같다. 물론 유망한 초기 스타트업을 선택하는 능력에 따라서 기회비용은 차이를 보일 것이다. 어쨌든 임직원에 대한 보상 사례와 기준이 명확해진다면 한국에서도 스타트업의 인재난이 조금은 해결될 것 같다. 그리고 스타트업 생태계 안에서 인재가 빠르게 순환하면서 더욱 유망한 스타트업이 출현할 것이다.

기업은 경영진의 전략 유형에 따라서 임직원에 대한 보상방법이 달라진다. 경영 전략이 실현되려면 그 일을 수행할 임직원에게 동기부여를 할 수 있는 보상체계가 필요하기 때문이다. 그러나 스타트업의 경우, 단기적인 성과가 중요하더라도 임직원에게 당장 현금 보상을 하기는 쉽지 않다. 사업 초기라면 재무지표도 불안하고, 무엇보다 미래 가치에 집중해야 할 시기이기 때문이다. 결국에는 창업자의 경영 전략과 보상 정책은 미래 가치에 조금 더 치우칠 수밖에 없는 것이다.

2-1. 연봉

"아이디어는 10개에 10원이지만
그것을 실행하는 사람의 가치는 가격을 매길 수 없다."
- 메리 케이 코스매틱스 창업자 메리 케이 애쉬 -

연봉은 회사에서 개인에게 거는 기대와 성과를 대변한다. 연봉이 높을수록 부여되는 책임이 더 크고, 더 좋은 성과를 기대하는 것이다. 그리고 현재의 연봉은 다음 연봉 협상에서 중요한 기준이 된다. 그래서 임직원들은 자신이 받을 수 있는 최대의 연봉을 받기 원하고, 반대로 회사의 인건비가 걱정인 경영진은 임직원의 미래보다는 회사의 현재 상태를 기반으로 협상하게 된다.

스타트업 창업자는 월급을 받는 임직원에게 자신이 '갑'이라고 생각하고 있을 것이다. 그러나 그 이야기는 스타트업에 힘이 있을 때의 이야기다. 초기 스타트업의 창업자는 임직원에게 철저하게 '을'이다. 엄청난 성장과 성공이 실현되어 임직원의 꿈이 현실로 다가오는 순간이 된 후에야 창업자는 비로소 '갑'으로 변신할 수 있다.

창업자는 '갑'의 꿈에서 깨어나야 한다. 초기 스타트업은 아무런 힘도 없다. 대기업처럼 인재들이 찾아올 리도 없고, 기존 팀원이 갑자기 퇴사하겠다고 통보하면 말릴 수도 없다. 대기업의 대졸초임이 4,000~5,000만 원 이상인데, 어느 초기 스타트업이 그 연봉을 맞춰줄 수 있겠는가. 현실적으로 스타트업은 연봉이라는 제도 속에서 살아남기가 어렵다. 스타트업 임직원의 모든 보상을 연봉만으로 한다면 인건비만 1년에 2억 원은 훌쩍 넘어갈 것이다. 어떤 초기 스타트업이 창업한 후 3년 동안 인건비로만 5~6억 원을 감당할 수 있겠는가. 일반적인 가난한 스타트업이 조달할 수 있는 수준의 사업자금은 아니다.

그래서 나는 스타트업의 창업자와 공동창업자의 연봉이 낮으면 낮을수록 좋다고 생각한다. 만약 창업하기 전에 1억 원의 연봉을 받던 창업자가 있다고 치자. 그는 스타트업을 하면서도 최소한 1억 원 이상을 욕심낼 것이다. 사람은 누구나 자신의 연봉을 방어하려고 하기 때문이다. 하지만 그렇게 되면 인건비가 차지하는 비중이 너무 높게 된다. 반면에 낮은 연봉을 경험했던 창업자나 공동창업자는 자신의 연봉을 상대적으로 낮게 책정하게 되고, 이는 스타트업의 인건비 비중을 낮추고, 훌륭한 임직원을 1명이라도 더 채용할 수 있는 여력을 생기게 한다. 그리고 창업자는 임직원이 퇴사를 고려하지 않을 급여 수준을 유지하면서, 다음 해에 적절한 인상 폭을 계산해야 한다. 자신의 밥그릇만 채우다가, 퇴사한 훌륭한 인재를 그리워하는 꼴을 당하지 말자.

2-2. 스톡옵션

"로켓에 자리가 나면 일단 올라타라."
- 페이스북 최고운영책임자 셰릴 샌드버그 -

스타트업에서 임직원의 주된 보상으로 사용되는 것은 지분이다. 지분을 통해서 창업자와 임직원이 스타트업의 성공 보상을 함께하자는 것이다. 스톡옵션(Stock Option)은 유능한 인재를 확보하기 위한 전략으로 회사의 임직원 모두에게 부여할 수 있다. 하지만 법적으로 주주나 주주의 배우자, 직계존비속 등은 스톡옵션을 받을 수 없다.

사실 스톡옵션이 그저 유인책으로만 보일 수도 있다. 그러나 스타트업 입장에서 핵심 인력을 붙잡을 수 있는 몇 안 되는 방법 중 하나다. 장기적인 성장이 필요한 스타트업 입장에게 스톡옵션이라는 제도는 필수라고 할 수 있다. "내 회사라고 생각하고 일해."라는 말이 통하려면, 실제로 회사에 내 지분이 있어야 '내 회사'라고 느끼지 않을까. 그래서 현금 보상이 어려운 스타트업에서 스톡옵션을 많이 활용한다.

스톡옵션은 비상장 주식회사가 회사에 필요하다고 생각되는 임직원에게 보상하는 방식이다. 최근에 많이 활용되고 있는 제한주식(Restricted Stock Unit, RSU)이 소량의 주식을 받는 것이라면, 스톡옵션은 이와는 달리 회사 주식 매입에 대한 '옵션'이다. 제한주식은 회사로부터 받자마자 소득으로 인정되어 세금을 내야 하는 반면에, 스톡옵션은 행사 시점까지 소득세 납부가 연기되고 옵션 행사를 포기하면 세금을 내지 않아도 된다.

스타트업 경영진의 보상에서 이러한 주식 보상이 차지하는 비율은 높다. 현금 보상으로만 보면 주요 임직원보다 적게 받을 때도 있다. 하지만 경영진은 회사 가치에 초점을 두고 있고, 회사의 가치가 높아진다면 미래에 받을 보상은 임직원과 비교할 수 없을 정도로 높아진다.

임직원에 대한 처우가 경영진의 성공과 동떨어져 있다면 임직원이 스타트업에 머물러야 할 이유가 있을까. 스타트업의 성장과 성공으로 인한 경영진과 임직원의 동반 상승을 제안하는 것이 스톡옵션이라고 할 수 있다. 회사 내 모든 임직원에게 스톡옵션을 뿌리기도 하지만, 그보다는 핵심 인력을 잡기 위해서 활용하는 방식이다. 다른 직원들에게는 스톡옵션이 아닌 다른 보상 방법을 활용한다. 물론 스타트업은 임직원 수가 적고, 핵심 인력 위주로 팀이 구성되기 때문에 임직원 대부분이 스톡옵션을 받는 경우가 많다.

스톡옵션은 말 그대로 미리 결정된 기간에 주식을 정해진 가격에 사고 팔 수 있는 권리이다. 예를 들어 어떤 스타트업의 주식 평가액이 한 주에 1,000원이고, 임직원 월급의 50%를 스톡옵션으로 준다고 하자. 연봉이 3,600만 원으로 책정된 직원은 현금 1,800만 원과 스톡옵션 18,000주를 함께 받게 된다. 휴지조각에 불과할 수도 있는 스톡옵션을 왜 현금 대신에 받는 것일까.

트위터는 2008년 대비 2013년 주식의 가치가 500배 이상 뛰었다. 2008년 이전에 1,800만 원에 해당하는 스톡옵션을 받았다면, 2013년에는 500배인 90억 원이 된다. 창업자가 아닌데 이런 경우가 발생할 수 있는 게 스톡옵션의 매력이다. 그러나 이런 사례는 극히 드물고, 스타트업의 주식 가치가 상승하지 않으면 1,800만 원의 가치는 변하지 않고, 회사가 폐업하는 경우에 그 주식의 가치는 제로이다.

그런데 이러한 스톡옵션이 제대로 작동하지 않는 이유는 무엇일까. 임직원의 위험 선호도가 다르기 때문이다. 스톡옵션은 자신이 근무하고 있는 회사의 주식이지만 미래 가치는 불분명하다. 연봉 3,600만

원 중 1,800만 원을 포기하고, 아주 낮은 가능성을 담보로 5년 후에 1,800만 원을 1억 원으로 만들어 주겠다면 배팅하겠는가. 그런 가능성을 보고 연봉의 절반을 배팅할 사람은 많지 않을 것 같다.

실리콘밸리에서는 일반적으로 스타트업 임직원이 스톡옵션을 행사하여 처분하는 주기가 4년이라고 한다. 스타트업에 합류한 후 1년이 되는 시점에 25%를 수령하고, 나머지 75%를 3년 동안 월급과 함께 균등하게 수령한다. 이렇게 수령한 스톡옵션을 행사하면 언제든지 회사의 주식을 매수할 수 있다. 행사 당시의 가격이 처음에 정한 가격보다 높더라도 처음에 정한 가격으로 매수할 수 있고, 매수 즉시 시장에서 거래할 수 있다. 한마디로 스톡옵션 행사로 구입한 주식을 시장에서 즉시 처분하여 차액을 실현할 수 있다는 의미이다. 그런데 스타트업의 주식을 취득한다고 해서 무조건 현금화가 가능한 것은 아니다. 무엇인가를 팔려면, 사는 사람이 있어야 하지 않겠는가. 결국에 비상장 회사인 스타트업의 주식을 현금화하려면 기업공개 상장 혹은 인수합병 같은 이벤트가 먼저 발생해야 한다.

스톡옵션이 스타트업 생태계에서 인재의 영입에 아주 중요한 장치인 것은 분명하다. 그러나 이러한 장치가 임직원들의 믿음으로 작동하기 위해서는 창업자가 스톡옵션과 지분이 휴지조각이 되지 않을 것이라는 명확한 비전을 보여줘야 한다.

한편, 스톡옵션을 어떻게 공평하게 분배할 것인지도 고민할 필요가 있다. 업무의 경중을 따지고 임직원의 성향을 파악해서 적절한 전략을 세워야 한다. 잘못 나눠 준 스톡옵션은 창업자에게 돌아오지 않기 때문이다.

대기업보다 더 큰 보상을 줄 수 있는 유일한 제도가 스톡옵션이라고 할 수 있다. 유일한 제도인 만큼 활용하기 쉽지 않다. 업무의 중요도, 회사에 대한 공헌 등 따져야 할 전략적 요소가 많기 때문이다. 창업자의 입장에서는 자신의 소중한 지분을 나눠주는 것이지만, 스톡옵션을 나눠줬다고 해서 창업자의 마음과 같을 것으로 생각하면 안 된다. 단지 중요한 사람을 잡기 위한 보상 중의 하나라고만 생각하자. 스톡옵션은 직원들에게는 그저 한 가지의 옵션일 뿐이다. 생색을 내고 싶다면 스톡옵션을 행사한 주식과 처분한 차액이 임직원 통장에 입금된 후에 하는 것이 좋겠다.

2-3. 지분희석

"주식을 10년 동안 소유할 자신이 없다면,
단 10분도 보유하지 마라."
- 워런 버핏 -

스타트업의 지분은 얼마나 가치가 있을까? 어쩌면 주식 시장에서 매수한 주식보다 더 가치가 떨어질 수 있는 것이 비상장 기업, 스타트업의 지분이다. 그러나 스타트업을 하는 이유가 무엇인가. 휴지조각처럼 낮은 가치의 지분이 굉장한 가치 상승을 이루었을 때 우리는 상상할 수 없는 부자가 될 수도 있다. 대기업과 스타트업의 차이가 바로 이것이다. 대기업이 2배 성장을 이루었을 때, 우리는 성과급으로 적당한 금액을 받을 것이다. 그러나 스타트업은 성과급 수준을 훨씬 능가할 수 있다. 회사의 일부를 소유한다는 것은 이처럼 엄청난 가능성을 가지고 있다.

그러나 스타트업의 모든 구성원이 엄청난 성공을 거두는 것은 아니다. 스타트업이 성장할수록 내가 가지고 있는 지분이 점점 줄어든다는 것도 이해해야 한다. 여기서 우리가 짚고 넘어가야 할 부분이 지분 희석이다. 만약 우리가 스타트업 창업 초기 구성원으로 회사의 지분 5%를 받았다고 가정하자. 그리고 우리는 회사가 1조 원 가치의 유니콘 스타트업이 된다는 상상을 한다. 1조 원에 지분 5%라면 500억 원이다. 이렇게 부자가 될 수 있는 것일까? 그럴 일은 없다. 스타트업은 1조 원의 유니콘 스타트업이 되기 위해서 수많은 투자 라운드를 거칠 것이다. 이 과정에서 우리가 받았던 지분 5%는 점점 작아진다. 바로 이것이 지분 희석이다.

첫 번째 투자로 10억 원 받았다고 가정하자. 10억 원을 투자받으면서 투자자에게 주는 지분 중에 일부는 우리의 지분이다. 투자자에게 10%의 지분을 주었다면 회사 지분은 90%로 줄어든 것이고, 이 중 내 지분이 5%니까 투자 이후에는 내 지분도 4.5%로 줄어든다. 스타트업은 유니콘에 이르기까지 몇 차례의 투자 유치 과정을 거친다. 투자를 계속 받을수록 우리가 처음에 받은 지분은 계속해서 줄어들게 된다. 이러한 지분 희석은 피할 수가 없다. 그러나 걱정할 필요는 없다. 왜냐하면 지분이 줄어든다는 것은 거듭되는 투자 유치로 가치가 폭발적으로 상승한다는 신호이기 때문이다. 따라서 지분 희석을 나쁘게 볼 것만은 아니다.

그러나 다음 장에서 소개할 우호지분과 관련된 내용을 확인한다면, 개인이 아니라 스타트업과 초기 창업 구성원 전체의 관점에서 지분 희석을 왜 고민해야 하는지도 알게 될 것이다.

2-4. 우호지분

"나는 얼마나 많은 사람이 나를 좋아하냐에 따라
내 인생의 성공 여부를 판단한다."
- 워런 버핏 -

스티브 잡스는 초대형 글로벌 기업 애플의 창업주이다. 그러나 스티브 잡스는 회사에서 쫓겨나기도 했다. 스티브 잡스가 회사에서 나가야 했던 이유는 우호지분과 연관이 있다. 자신의 지분에 우호지분을 더해서 과반수 이상을 확보한다면 경영권을 방어할 수 있다. 초기 스타트업은 대표자가 자신의 지분과 우호지분의 합이 100%이기 때문에 고민할 필요는 없다. 그러나 앞서 언급한 지분희석이 투자 과정에서 계속해서 발생하기 때문에 100%였던 지분은 계속해서 줄어들게 된다. 특히 20억 원, 50억 원, 100억 원의 대규모 투자를 유치하면 회사 지분의 20%~30% 정도가 투자자에게 고스란히 넘어간다. 스타트업에서 유니콘으로 성장한 우버도 2018년에 투자 유치를 마무리한 결과, 창업자의 보유 지분이 30% 이하로 떨어졌다. 이 과정 전에도 수많은 투자가 발생했기 때문에 우버의 지분이 100%에서 30%로 떨어졌다고 보기는 힘들다. 그러나 우리는 이러한 사례를 보면서 대표자 자신의 지분과 우호지분의 개념을 알고, 지분 방어가 필요하다는 것을 인식하고 있어야 한다. 물론 당신이 스티브 잡스처럼 떠나야 할 경우는 웬만해서는 발생하지 않겠지만, 미리 대비한다고 해서 나쁠 건 없다.

기본적으로 우리가 알아야 할 부분은 주주총회와 이사, 이사회 결의이다. 회사의 실질적인 경영진으로 볼 수 있는 이사는 주주총회에서 출석 과반수로 선출한다. 그리고 이사 한 명을 선출할 때에 이사회 결의를 하는데, 만약에 지분 50%를 초과하는 주주는 이사의 수가 어떻든지 자신이 원하는 사람을 이사로 선출할 수 있다. 반면에 50% 미만의 주주는 이사 선출에 제한이 있게 되는 것이다. 50%에 1주만 더 가지고 있다면 다른 주주의 반대에도 불구하고, 일반적인 결의사항을 통과시킬 수 있게 된다. 회사 내부에서 분쟁이 일어나면 대표자 지분과 우호지분이 특히 더 중요해진다. 우리가 키워온 스타트업을 우리가 가진 목표와 계획에 따라서 순항할 수 있도록 지켜야 하지 않겠는가.

안방을 쉽게 내주지 않는 것이 좋다. 물론 안방을 내주는 것을 목표로 빠르게 출구전략을 짜고 있다면 다를 수도 있다. 어쨌든 우리가 가진 지분은 시간이 지날수록 줄어든다. 스타트업 초기부터 자신의 지분과 우호지분에 대한 전략을 세우는 게 좋고, 정기적으로 확인하자.

2-5. So what? 성과급, 티끌 모아 티끌

> "사람들이 일에 모든 것을 걸게 하는 유일한 방법은
> 그들의 기여를 인정하고 스스로 가치 있다고 느끼게 하는 것이다."
> - 징가 창업자 마크 핀커스(Mark Pincus) -

스타트업이 돈을 벌기 시작하고, 제품과 서비스가 자리를 잡아가면서 임직원의 성과는 명확하게 드러나기 시작한다. 더 큰 성과와 성장을 추구하는 스타트업은 임직원의 노고에 대한 보상과 동기부여를 위해서 단기적으로 성과급을 지급하기도 한다. 아름다운 일이지만 스타트업에서 성과급을 이야기하는 것은 조금 이른 감이 있다.

성과급을 스타트업의 생존과 바꿀 수는 없지 않은가. 게다가 언제나 자금이 부족한 스타트업은 넉넉한 성과급을 주기도 힘들다. 그리고 성과 자체도 많지 않을 것이다. 그러므로 성과급 액수는 정말 귀여운 수준일 것이다. 이런 이유로 성과급이라는 보상제도가 임직원의 창의성이나 동기부여에 오히려 부정적인 영향을 준다는 연구 결과도 있다. 하버드비즈니스리뷰의 '인센티브가 잘 작동되지 않는 이유'에 대한 연구는 성과급 같은 외적인 보상이 부정적인 영향을 미친다고 하는 대표

적인 연구 중 하나이다. 바로 이 성과급이 임직원의 내적인 동기를 제거하여, 회사의 보상 시스템에 맞춰서 일하게 한다는 것이다.

그렇다면 스타트업의 낮은 성과급을 보완해줄 수 있는 방법은 존재하지 않는 것인가. 물론 존재한다. 스타트업의 낮은 급여를 보완하기 위해 내세울 수 있는 것이 스톡옵션이라면, 낮은 성과급을 보완할 수 있는 것은 내적인 보상과 동기부여이다.

외적인 보상이 회사의 인센티브 제도라면, 내적인 보상은 칭찬과 관심, 보람과 인정 등 비금전적인 영역이라고 할 수 있다. 앞서 인센티브가 작동되지 않는 이유로 외적인 보상이 내적인 보상과 동기를 낮추게 되는 연구를 소개했다. 그러나 스타트업에 모인 사람이라면 외적인 보상에만 집중하는 스타일은 아닐 것이다. 이들은 처음부터 외적인 보상이 만족스럽지 못하다는 것을 알고 있고, 내적인 보상과 동기는 외적인 보상과 상관없이 이루어질 수 있다는 것도 이해하고 있을 것이다.

창업자가 신경 쓸 부분은 임직원에 대한 내적인 보상과 동기이다. 스타트업 임직원에게, 일하는 것에 보람을 느끼고 창업자와 동료로부터 인정받는다는 느낌보다 더 나은 보상은 없다. 여기에 중장기적인 비전과 보상을 약속받는다면 큰 업무 동력으로 작용할 것이다.

창업자는 임직원의 성과에 대한 보상을 빠르게 실행하는 것도 중요하지만, 이 보상이 가져올 수 있는 여러 가지 반응과 역효과를 고려해야 한다. 가장 먼저 내적인 보상으로 기업 내 임직원이 편하게 일할 수 있는 분위기를 만들어 줘야 한다. 그리고 충분한 외적인 보상과 성과급을 지급할 수 있는 회사로 성장시켜야 한다.

3. 스타트업 복리후생

"좋게 만들 수 없다면 적어도 좋아 보이게 만들어라."
- 마이크로소프트 창업자 빌 게이츠 -

 복리후생이라는 단어를 들어본 적이 있을 것이다. 아니 취업을 준비해 본 사람이라면 이 말을 모를 수가 없다. 복리후생은 직원을 위한 혜택으로 보너스나 배당, 휴가 등의 형태로 지급된다. 이런 혜택에 대한 재정적 부담은 기업이 전부 또는 일부 부담한다.
 우리는 기업을 선택할 때, 복리후생을 중요하게 여긴다. 연봉도 중요하겠지만 복리후생까지 좋다면 금상첨화다. 맛있는 점심 식사를 지원하는 기업에 다니는 직원은 식사 하나만으로 업무 스트레스를 잊고 열심히 일할 수도 있다. 점심 식사 같은 단순한 사례로 공감할 수 있듯이, 높은 연봉을 지급할 수 없는 스타트업에서는 복리후생이 더욱 중요한 요소로 작용하게 된다.

3-1. 우버와 긱(gig) 이코노미

"프리랜서란
출근하지 않아도 되는 몸이 되는 동시에
퇴근할 수 없는 마음이 되는 것"
- 시인 하상욱 -

　수많은 플랫폼 스타트업이 탄생하였고, 그 중심에는 긱 이코노미의 대표적인 사례인 에어비엔비와 우버가 있다. 긱 이코노미는 노동과 공유를 연결하는 개념으로, 우버에서는 자동차를, 에어비엔비에서는 숙소를 중개했다.

　이런 플랫폼 서비스와 긱 이코노미의 서비스 제공자는 자신이 원하는 시간에 일하며 자유롭게 수익을 창출할 수 있다. 여가시간을 통해 수익을 창출하면서 행복과 자유로움을 동시에 얻는 것이다.

　지금은 수많은 플랫폼 서비스가 경쟁하면서 긱 이코노미가 실현될 수 있는 환경이 조성되었다. 노동자는 안정적인 직장을 얻지 않더라도, 다양한 플랫폼을 건너다니면서 일할 수 있게 된 것이다. 음식 배달을 하다가 다른 플랫폼을 통해 제품을 배달할 수도 있다. 이제는 일반인도 참여하여 지하철 같은 대중교통을 이용해서 배달하기도 한다. 내가 원하는 시간에 원하는 양의 일을 하는 개념이 얼마나 편한가. 우버와 긱 이코노미가 의미하는 것은 노동의 유연성이다. 일정 시간 일하는 정규직이 아니라는 말이다.

여기에서 긱 이코노미에 대한 함정이 발생한다. 최근에는 수많은 기업이 플랫폼 서비스 경쟁을 하고 있어 A 업체에서 일하던 노동자는 근무 환경이 마음에 들지 않으면 B 업체나 C 업체로 가면 된다. 그러나 A 업체가 시장을 장악하게 되면, B 업체나 C 업체로 간 노동자는 다시 A 업체로 돌아올 수밖에 없다. 결국에 정규직이 아닌 노동자는 고용보장은 물론 최저임금 등의 법적인 제도 밖에 있을 수가 있다. 업무 중에 발생하는 위험을 개인이 부담할 수밖에 없다는 의미이다.

플랫폼 서비스에 참여하는 노동자의 50% 이상은 주업으로 활동하고 있다고 한다. 이 말은 노동의 유연성을 확보하는 대신 고용 안정은 스스로 포기하는 것과 같다.

플랫폼 서비스는 모든 분야로 확대되고 있고, 긱 이코노미와 함께 수많은 노동자가 플랫폼 서비스로 뛰어들고 있다. 노동의 유연성이 과연 노동자에게 유리한 조건일까. 결국은 노동자가 혜택을 받는 것이 아니라, 시장을 독점하는 플랫폼이 모든 이익을 독식하는 구조로 갈 가능성이 커 보인다.

3-2. 이케아의 함께하기(Togetherness)

"나는 죽을 시간도 없다."
- 이케아 창업자 잉바르 캄프라드 -

이케아는 자국인 스웨덴에서도 구직자에게 가장 인기 많은 기업으로 손에 꼽힌다고 한다. 노동자에게 직장 선택의 중요한 지표로 활용되는 이직률도 전 세계에서 최저 수준을 기록하고 있어, 과연 비결이 무엇인지 궁금하다.

기업의 문화가 그 기업의 제도에 어떻게 반영되어 있는지는 매우 중요하다. 기업에서 추구하는 문화와 제도에 괴리가 있다면 일하는 사람은 얼마나 난감하겠는가. 이케아는 다양성과 평등, 포용의 문화를 제도에 그대로 녹여서 직원이 편하게 일할 수 있도록 하고, 성과로 이어질 것이라는 믿음을 전파한다. 말로만 들어도 지원서를 넣고 싶을 지경이다.

이케아가 가진 복지는 직원이 가정에서 행복해야 성과를 낼 수 있다는 것을 기초로 한다. 일과 삶의 균형에 초점을 둔 비금전적 복리후생 제도가 알려졌고, 구직자가 선망하는 기업으로 각인된 것이다. 이케아 직원의 75% 이상은 다른 사람에게 이케아를 추천하겠다고 대답했다고 한다. 이케아는 회사의 성장이 근속하는 직원에 의한 것이라고 말하고 있다. 직원의 행복이 회사의 성장 원동력이 되고, 그 문화와 제도에는 철저하게 직원에 대한 존중이 있다.

장기적인 관점에서 이케아의 포용과 지지의 복리후생이 부각되는 것은 이것이 근속과 아주 밀접한 관계에 있기 때문이다. 스타트업 운영 관리 중 많은 비중을 차지하는 것이 채용과 근속의 관리라는 것을 생각해 보면 이 문제가 왜 중요한지 알 수 있을 것이다.

복리후생은 직원이 마음 편하게 일할 수 있는 환경을 만들기 위해 존재하는 것이다. 그런데 그 복지를 마음 편하게 누릴 수 없다면, 해주지 않는 것만 못한 역효과가 발생한다. 회사는 회사대로 비용을 지출하는데, 직원은 복지를 누린다는 느낌을 받지 못한다면 무슨 의미가 있겠는가. 이케아가 보여주는 복리후생에는 다른 기업과 다른 특별한 게 있는 건 아니다. 복리후생의 의미를 가장 잘 이해하고, 회사의 문화와 제도에 제대로 적용한 것이다.

만약 당신 회사의 직원이 계속해서 이탈한다면, 직원이 진짜 원하는 복리후생을 제공했는지 다시 한번 생각해 보자. 어쩌면 대표 자신만 좋다고 생각하는 곳에 의미 없는 돈을 쓰고 있는지도 모른다.

3-3. So what? 스타트업 복리후생의 명암

> "스타트업은 한 가지 지표에만 집중해야 한다.
> 그러므로 해당 지표가 무엇인지 판단하면
> 나머지 모든 것은 무시해야 한다."
> - 서모미 창업자 노아 케이건 -

초기 스타트업의 임직원은 낮은 연봉에 회사 브랜드 가치도 자랑스럽지 않은 우울한 상황이다. 게다가 종종 야근까지 해야 한다.

하지만 모든 스타트업이 그런 건 아니다. 국내에도 유니콘이 꾸준하게 탄생하고 있고, 이렇게 빠르게 성장한 스타트업이 문화를 주도해 나가고 있다. 이들은 엄청난 성장을 하는 동안 직원에 대한 보상을 파격적으로 하기 시작했고 다양한 복리후생을 제공하고 있다. 수평적인 호칭 문화는 기본이고, 주 4일 근무제와 재택근무, 리프레시 휴가, 탄력근무 등 수많은 제도를 선보였다.

스타트업 창업자는 새로운 제도를 만들기 위해서 고민해야 한다. 물론 '우리 스타트업이 배달의 민족이나 야놀자 같은 유니콘으로 성장할지 알 수도 없고, 당장 생존하기도 힘든데 복리후생까지 고민해야 한다니….'라는 부담감에 짓눌릴 수도 있다.

이 부담에 답을 하기는 사실 쉽지 않다. 하지만 당신이 직원이라면, 그래서 회사에 무엇을 바랄 것인지 생각해 본다면 쉽게 답을 얻을지도 모른다. 훌륭한 직원을 뽑아 오래 잡아두는 방법 중 하나가 뛰어난 복리후생 제도라는 것은 의문의 여지가 없다.

여기서 창업자는 하나를 더 생각해야 한다. 복리후생은 모든 직원에게 평등하게 적용이 되지만, 개인에 대한 개별 보상까지 동일하지는 않다는 점이다. 스타트업의 연봉 차이는 대기업의 연봉 차이만큼 크다. 복리후생은 회사 생활에 힘이 되는 부가적인 요소일 뿐이다. 우리가 일하는 이유에 대해서 다시 고민해 본다면 최우선은 개인적인 보상이다. 그래서 창업자는 더 힘을 내야 한다. 금전적인 보상과 비금전적인 보상 모두 고민하는 것이 창업자가 짊어져야 할 또 따른 숙명이다.

4. 스타트업 재무관리

"뭐든 측정하고 주시하면 그것은 나아진다."
- 고대디 창업자 밥 파슨스 -

나는 아직도 첫 번째 매출에 대한 기억이 생생하다. 가장 처음 한 일은 스포츠 잡지를 출간하는 것이었고, 그다음은 이벤트 기획이었다. 어느 날 아는 형님으로부터 660만 원을 받고 60만 원의 수익을 보는 이벤트 지원을 의뢰받았다. 나는 사업자등록을 한 지 얼마 되지 않아서, 일반과세자와 간이과세자의 차이조차 모르던 시기였다. 나는 그날 서울에서 부산까지 가서 하루 동안 일했다. 나중에 내가 받은 660만 원 중에 60만 원은 세금이라는 사실을 세금 신고를 하면서 깨닫게 되었다. 결국에 서울과 부산을 왕복한 차비와 식비만 쓰고 온 것이다.

모르는 것은 죄가 아니다. 그러나 사업을 하면서 모른다는 것은 비용을 발생시킨다는 의미이고, 그에 대한 책임과 부담은 모두 창업자에게 있다.

회계와 세무라는 말만 들어도 머리가 아픈 창업자가 있을 것이다. 이 분야의 전문가인 회계사와 세무사에게 일을 맡기고 싶은 마음은 충분히 이해한다. 하지만 이 사람들은 당신의 성공에는 관심이 없다. 회계와 세무에 관련된 이슈에 대해서 가장 큰 관심을 가져야 하는 사람은 창업자 자신이다. 서점에는 관련 서적이 깔려있다. 당신에게 전문가가 되라는 것은 아니다. 다만 재무회계와 관리회계의 차이 정도는 알아야 한다는 것을 말하고 싶다. 창업자라면 회계에 관한 기초적인 책을 단 한 권이라도 구매해서 읽어보길 강력하게 권유한다.

4-1. 회계와 기업가치

"스타트업 기업가치는 과학이 아니라 예술이다."
- 테크스파크(TechSpark) 2014 -

내가 스타트업을 하면서 가장 귀찮아했고 누군가 대신 해주길 바랐던 일은 법률과 회계였다. 왜냐하면 내가 확신할 수 있는 분야가 아니기 때문이다. 법률의 경우에는 법과 판례가 중요하며 회계는 이미 정해진 기준이 있다. 법과 회계를 공부하는 것도 싫었지만, 수많은 증빙과 서류 사이에서 벗어나고 싶었다. 그러나 회계는 우리의 사업에 대해서 적나라하게 숫자로 알려주는 보고서이기 때문에, 향후 사업의 방향을 고민하는데 필수적인 요소다. 각 지표(계정과목)로 표현된 재무제표인 재무상태표, 손익계산서, 현금흐름표는 우리가 앞으로 유의해야 할 요소를 파악하기 쉽게 나타낸다. 그리고 투자자에게 우리 사업에 대한 결과를 보여주는 용도로도 사용된다. 일반적으로 재무적 투자자인 투자 업계에서는 재무제표에 대한 검토는 기본이고, 투자 후에도 사업 현황을 주기적으로 파악하기 위한 용도로 활용한다.

기업의 회계와 그 개념에 대한 내용은 회계기준과 각종 서적을 통해 충분히 살펴볼 수 있어 이 책에서 다루지는 않겠다. 특히 재무제표를 아무리 분석하더라도 기업의 가치가 얼마인지 알기 힘들고, 스타트업의 가치를 판단하기 위해서는 재무제표에서 다루지 못하는, 미래에 발생할 일에 대해서 예측해야 한다.

그렇다고 재무제표가 전혀 쓸모없는 것은 아니다. 스타트업이 도산하는 이유는 수도 없이 많다. 일반적인 기업이 재무적 요인이나 사회 환경적 요인에 크게 영향을 받지만, 스타트업은 내부 구조가 단순해서 인력이나 단편적인 사건에 쉽게 휘둘린다. 그래서 재무제표에는 스타트업이 도산하는 이유가 눈에 띄게 나타난다.

가장 많이 실수하는 부분은 현금흐름을 제대로 관리하지 못하는 것이다. 자금이 들어오는 시기와 나가는 시기를 제대로 판단하지 못하면 운전자본이 묶이면서 부도가 날 수 있다. 이익이 나더라도 현금이 부족하면 파산에 이르기도 하는데, 이를 흑자도산이라고 한다. 최근에는 직접 거래로 현금보다는 신용 거래가 많아지면서, 이러한 사례가 많아지고 있다. 예를 들면 카드 결제로 제품을 판매한 대금은 매출채권으로 잡히고, 이 매출채권은 즉시 현금화할 수 없어서 운영자금으로 쓸 수 없다는 의미다. 이 사례는 사업 중 고려해야 할 수많은 재무 이슈 중한 가지일 뿐이다. 결국 창업자는 제품과 서비스, 마케팅비, 인건비 등 여러 가지 항목의 흐름을 제대로 파악하고 있어야 한다.

또 다른 경우는 창업자가 파산하는 경우다. 창업자는 스타트업을 자신의 회사라고 생각하기 때문에 개인 자금을 스타트업 법인에 투입한다. 그런데 스타트업 법인의 현금흐름이 나빠지면 법인과 별개인 개인으로서의 창업자도 파산하거나 신용에 문제가 생기는 것이다. 이는 몹시 흔하게 볼 수 있는 사례이다.

창업자가 회계에 대해서 문외한이라면 열심히 공부하거나 최고재무관리자(Chief Financial Officer, 이하 CFO)가 필요한 타이밍을 잘 고려해야 한다. CFO의 역할은 유의해야 할 재무적 요인을 모니터링하고, 현재 스타트업의 가치와 앞으로 나아갈 방향에 대한 전체적인 관점을 내부와 외부에 제시하는 것이다. 내부에 제시하는 것은 스타트업과 창업자가 나아갈 방향이고, 외부에 제시하는 것은 투자유치를 위한 기업가치 산정에 대한 이야기이다.

초기 스타트업 창업자에게 중요한 부분은 사업을 열심히 실행하고, 확인하고, 수정하고, 적용하는 것이다. 그러나 그 과정에서 투자 유치도 필요하고 투자 유치를 위해서는 재무제표를 매력적으로 만들어야 한다. 스타트업의 현재 상태를 나타내는 재무제표와 함께 미래 시장에서의 가치를 반영하여 유망한 스타드업으로 평가받는 것이다.

그렇다면 유망한 스타트업으로 평가받는 방법은 무엇일까. 현재까지의 결과를 나타내는 재무제표는 미래에 스타트업이 어떤 결과를 낼 것인지 설명하지 못한다. 왜냐하면 수많은 사업 환경적 요인을 모두 반영할 수 없고, 하물며 매출액조차 거의 없는 스타트업의 재무제표를 보고 상승곡선을 기대하기는 어렵다. 그래서 1~2년 차 스타트업이 투자를 받기 어려운 이유는 연도별로 비교할 재무제표가 누적되지 않았기 때문이기도 하다. 이런 경우에는 재무적 투자에 집중하는 벤처캐피털을 노크하기는 거의 불가능하다.

어쨌든 매력적인 재무제표와 미래 가치를 증명하기 위해서는 열심히 하는 수밖에 없다. 매출액과 관련된 지수는 상승곡선을 그려서 기업이 성장하고 있다는 것을 가시적으로 보여줄 수 있어야 한다. 매출액에 대한 원가의 비율이 낮은 것을 강조하거나 주요 사업의 매출액과 관련이 없는 계정과목의 비중이 높지 않게 처리하는 것이 좋다. 스타트업도 결국은 일반적인 중소기업, 중견기업, 대기업으로 성장해 가는 기업이기 때문에 그 규모가 커질수록 일반적인 기업의 평가 방식을 따르게 된다.

스타트업이 성장하면 스타트업이라는 옷을 벗을 날이 온다. 그 순간에 매력적인 재무제표를 만들어온 스타트업은 투자 유치에 더 유리한 위치에 있게 될 것이고, 투자 생태계의 수많은 이해관계자의 관심을 받게 될 것이다. 스타트업의 성장을 꿈꾼다면 사업의 결과보고서인 재무제표와 그에 따른 기업가치를 초기부터 잘 관리해야 한다.

4-2. 투자유치와 자금유입

"우리에게는 3주를 버틸 현금만이 남아 있던 적이 있었다."
- 에버노트 창업자 필 리빈 -

시작하자마자 떼돈을 벌 수 있다면 얼마나 좋겠는가. 하지만 그런 일은 일어나지 않는다. 그래서 제품과 서비스만큼 중요한 것이 바로 투자 유치다. 우리가 알고 있는 유니콘 기업도 수많은 투자 유치 과정을 거쳤고, 유치한 자금을 통해서 유니콘 기업으로 성장했다.

처음 시작하는 스타트업 창업자는 사업에 대한 가능성을 증명하기만 하면 수십 억 원까지의 자금을 조달할 수 있다고 단순하게 생각한다. 그러나 그런 꿈을 꾸는 창업자는 한둘이 아니고, 치열한 경쟁과 자신과의 싸움을 통해서 투자 유치에 성공하거나 실패한다. 스타트업은 자금을 조달해서 사업 규모와 매출을 확장해야 하고, 투자자는 투자 사례와 회수 레코드를 쌓아야 한다. 양쪽의 명백한 목적이 잘 맞아야 투자가 이루어진다. 스타트업 창업자가 투자자의 투자 목적을 이해하지 못하거나, 투자자가 스타트업과 창업자의 목적을 이해하지 못하면 투자는 이루어지지 않는다.

투자 유치는 해외의 자금이 유입될 수도 있고, 국내 자금이 유입될 수도 있다. 해외에서 자금을 받는 과정은 복잡하고, 투자자 대응도 쉽지 않다. 국내 자금의 경우에는 일반적인 벤처캐피털 자금도 있겠지만, 전략적 투자자인 일반기업의 투자를 유치하는 경우도 있다. 이런 모든 경우에 창업자가 고민해야 할 부분은 다양한 형태의 투자자를 어떻게 설득할 수 있는가이다. 여기에 대해서 충분히 고민하지 않는다면, 자금을 흔쾌히 내줄 투자자는 없다.

투자자는 만만한 상대가 아니다. 오히려 수많은 경험과 사례를 경험한 전문가이다. 스타트업 창업자는 필요한 자금을 유치한 것에 마냥 기뻐할 수 있지만, 자금을 유치한 후 다시 자금이 모자랄 수도 있고 필요 이상의 자금이 유입되어 곤란을 겪을 수도 있다. 또 자금 유치 과정에서 과도한 지분 배정으로 경영권에 문제가 발생하기도 한다. 이런 걱정을 뒤로하고, 어쨌든 벤처캐피털이나 일반기업에서 민간자금을 유치하는 데 성공했다면 스타트업으로서 가치가 있다는 사실을 충분히 증명한 셈이다.

창업자는 투자 유치 과정에서 다양한 경험을 하게 될 것이다. 때로는 사업 운영보다 투자 유치에 더 많은 시간을 써야 할 수도 있다. '투자 유치를 위한 사업인가? 사업을 위한 투자 유치인가?' 같은 혼란이 올 수도 있다는 이야기다.

가장 중요한 것은 스타트업과 창업자가 세상에 증명하려고 하는 사업과 기술의 상용화이다. 무엇이 중요한가에 대해서는 창업자의 선택에 달렸다. 투자 유치가 어렵고, 협상이 힘들겠지만 스타트업과 창업자가 세상에 인정을 받는 사업과 기술을 현실화한다면 투자유치 과정은 좀 더 수월할 것이다. 아니, 검증된 사업과 기술을 보유하고 있다면 투자자들은 우리 회사 앞에서 번호표를 받고 기다리고 있을 것이다.

4-3. 법인세

"세상에 확실하다고 말할 수 있는 건 아무것도 없다.
죽음과 세금 빼고는⋯."

- 벤저민 프랭클린(Benjamin Franklin) -

법인세는 법인의 사업에서 발생한 소득에 대한 세금이다. 사업에서 발생한 소득이란 법인의 사업연도에 해당되는 수익에서 비용을 차감한 당기순이익을 말한다. 당기순이익에는 과세표준에 따른 법인세율이 10~25%까지 차등 적용 된 세금이 부과 된다.

스타트업은 매출이 전혀 없는 기업이 대다수이기 때문에 법인세 신고를 할 필요가 없다고 생각하는 경우가 많다. 그러나 사업연도에 적자가 발생한 경우, 법인세 납부부담이 없는 것과 함께 해당 결손금은 '이월결손금 공제'에 따라서 이월할 수 있고 추후 세금 부담을 덜 수 있다는 것을 알아야 한다. 이월결손금은 기업이 합병되는 경우에도 승계가 가능하므로 스타트업의 기업가치 평가에도 긍정적인 요인이 될 수 있다. 결국에 결손금을 증빙하기 위해서는 임대차 계약서와 각종 비용, 세금계산서 등의 증빙을 빠짐없이 잘 챙겨야 한다.

창업자가 자주 하는 실수 중 하나는 각종 물품을 할인받기 위해 현금으로 거래하면서 증빙을 남기지 않는 경우이다. 이렇게 증빙이 없는 경우에는 비용 처리를 할 수 없다. 이 경우 추후 산정되는 세금이 커지거나, 증빙이 없는 비용이 많으면 '가지급금' 처리를 할 수밖에 없는데, 그렇게 되면 법인의 돈이 엉뚱하게 쓰인 것으로 오해받을 수 있다.

법인세와 소득세를 신고하기 위해서는 모든 내역에 대한 적격증빙을 해야 하고, 이 과정에서 재무제표를 작성해야 한다. 회사의 자산과 부채를 관리하는 재무상태표, 수입과 지출을 보여주는 손익계산서, 그 외 잉여금결손금처리계산서와 현금흐름표 등을 결산 과정에서 만들어야 한다.

대부분의 스타트업은 창업 초기에 적자 운영을 할 수밖에 없다. 이때는 결손금만 쌓여서 법인세 부담이 없다. 그 때문인지 창업자는 스타트업 법인의 결손금과 세액공제가 얼마나 되는지 파악하려고 하지 않는다. 그러다 시간이 지나서 사업이 안정되면 이익이 발생하고, 처리하지 않고 미뤘던 세무 업무가 고스란히 세금 폭탄으로 돌아온다. 이때 정부 탓을 한다고 해결되는 일은 없다. 창업자만 손해다. 귀찮고 번거롭지만, 잘 찾아보면 스타트업이 받을 수 있는 세제 혜택은 많고 앞으로 더 좋아질 수도 있다. 벤처인증이나 연구개발(R&D) 세액공제의 조건과 더불어 초기 스타트업 창업자가 받을 수 있는 세제 혜택을 최대한 활용하도록 하자.

4-4. 계약

"거래 전 계약서를 꼼꼼하게 살펴봐라."
- 워런 버핏 -

계약서, 확실하게 좋은 이벤트가 발생했다는 것을 의미한다. 인재를 찾아 채용할 때의 계약, 고객과 매출 계약, 투자 유치 계약 등 많은 계약과 마주하게 된다. 그러나 계약서를 검토하는 일은 여전히 익숙하지 않을 것이다. 처음 사업을 시작하는 창업자는 계약과 계약서의 중요성을 제대로 알기 어렵고, 계약서가 담고 있는 각종 조항이 얼마나 매서운지 깨달을 때는 이미 암울한 상황인지도 모른다.

창업자는 계약서를 신중하게 검토하는 습관을 몸에 익혀야 한다. 하지만 우리는 법적인 해석을 할 수 있는 지식과 경험이 거의 없고, 분쟁이 발생했을 때 처리한 판례도 잘 모르기 때문에 어려운 용어로 뒤덮인 계약서를 제대로 파악하기란 쉽지 않다. 따라서 계약을 맺을 때는 섣부르게 판단하지 말고 법률 전문가 등에 자문해 검토하는 것이 가장 좋은 방법이다.

그러나 우리가 누구인가. 한정된 자원 안에서 힘들게 살아남아야 할 스타트업의 대표가 아닌가. 자문 서비스를 받을 여유가 없다. 그렇다면 스스로 계약서를 뜯어보며 단어 하나하나가 무엇을 의미하는지 고민해야 한다.

나도 사업 초기에는 계약서를 받으면 "아이고, 믿고 가야죠."라는 어처구니가 없는 생각을 하던 시기가 있었다. 대체 누구를 왜 믿었던 것일까. 나는 서비스를 제공하며 내가 생각하지도 못한 옵션이 더 있다는 걸 계약 종료 직전에 안 적이 있다. 누구를 탓하겠는가. 계약서에 도장을 찍은 내 탓이다. 투자 계약을 진행해도 마찬가지다. 투자자금이 얼마이고, 그 투자자금을 어떻게 받고, 그 자금을 받았을 때 나중에 갚아야 하는 자금인지 혹은 갚지 않아도 되는 자금인지, 성과가 나지 않았을 때 책임질 독소 조항이 있는지, 투자자에게 책임져야 하는 일은 없는지 등 이 모든 것은 투자계약서에 담겨있다. 내가 '계약서 또 계약서'하는 이유가 여기에 있다. 사회는 냉정하다. 이기적으로 생각하라는 것이 아니라, 조심하라는 뜻이다.

요즘에는 스타트업을 위한 표준계약서를 인터넷에서 쉽게 찾을 수 있다. 그리고 그 표준계약서에 대한 해설까지 마련되어 있다. 그러나 표준계약서만 맹신해서도 안 된다.

그럼 어쩌라는 거냐고? 계약 시에는 계약의 주체, 권리와 의무, 책임을 상세하고 명확하게 한다는 생각을 가지고 계약서의 내용을 철저하게 파악한 후 원만하게 협의해야 한다. 그 어떤 계약도 계약의 이해관계자와 상황 자체는 표준화될 수 없기 때문이다. 표준계약서는 표준일 뿐, 참고해서 상대방이 이해할 만한 계약서로 다시 만들어야 한다. 그리고 예기치 못한 일이 발생할 수도 있다는 상상력을 조금 더 발휘해 보는 것도 좋다. 황당한 경험을 줄여줄 것이다.

내가 생각하는 기준과 계약의 실제 내용은 다르다. 게다가 우리가 상대해야 하는 사람은 우리보다 전문가다. 만족할 만한 계약을 하려면 눈, 귀, 입이 바빠져야 한다. 눈으로 내용을 확인하고, 귀로 상대방의 이야기를 경청하고, 입은 상대방을 설득할 수 있는 말을 해야 한다. 그래도 불안하다면 전문가에게 조언을 받아야 하고, 그 후에도 다시 한 번 확인해야 한다. 기업이 무너지는 것은 한순간이고, 스타트업은 그 위험성에 더 쉽게 노출되어 있다.

4-5. So what? 글로벌 기업과 법인세

"세금은 문명에 지불하는 대가이다.
원시림에는 세금이 없다."

- 로버트 와그너(Robert Wagner) -

스타트업을 준비하는 창업자라면 누구나 구글의 창업자처럼 되는 꿈을 꾼 적이 있을 것이다. 글로벌 기업과 법인세에 대해 이야기하는데 구글 이야기를 먼저 꺼낸 이유는 세금 포탈과 관련하여 '구글세'라는 말이 이슈가 되고 있기 때문이다.

구글은 미국 회사지만 유럽과 아시아, 중남미, 태평양, 중동 등 세계 각지에 지사를 두고 있다. 한국에도 테헤란로의 중심인 파이낸스 센터에 지사가 입주해 있다. 전 세계 주요 도시에 자리 잡고 있는 구글 지사 매출은 구글 전체 매출의 약 80%를 차지한다. 그리고 미국 외에서 발생한 수익의 평균 2.4%만이 법인세 명목으로 나가고 있는 것으로 알려져 있다.

어떻게 이런 일이 가능할 수 있을까? 우리 스타트업도 제로에 가까운 법인세로 세금 부담에서 벗어날 수 있을까? 그에 대한 답을 구하기 위해서는 구글세의 기본 모태가 된 '더블 아이리시(Double Irish)'라는 세금 회피 방법을 살펴볼 필요가 있다.

애플의 세무 전문가들이 처음 찾아낸 이 기발한 세금 회피 방법은 국가별로 법인세 적용 세율이 다르다는 점을 교묘히 이용한 것이다. 먼저 법인세율이 낮은 아일랜드에 법인을 세운 후, 세계 여러 국가에서 얻은 수익을 로열티, 컨설팅 등의 명목으로 변경해 아일랜드 법인으로 송금한다. 이때 해당 법인의 소재지를 버뮤다나 바하마 같은 조세 회피처에 두어 세금을 줄이는 것이다. 세금을 포탈할 목적이 분명하지만 불법은 아니었기 때문에 여러 기업에서 이를 따라했다.

여러 글로벌 IT 기업들도 마찬가지여서 이들이 세금을 회피하여 절감한 액수가 매년 200조 원에서 300조 원에 달하는 것으로 알려져 있다. 그래서 이제는 디지털세라는 명목으로 세금을 걷는 방안을 모색하고 있다. 이러한 이슈는 유럽연합(EU)이 주도하여 진행하고 있는데, 평균 실효세율이 9.5%로, 전통적인 기업의 평균 실효세율인 23.2%에 비해 현저히 낮은 IT 기업들에 좀 더 세금을 부과하기 위해 관련 규정을 손질했다. 그 결과 2015년 이후 설립된 법인은 정상적인 법인세를 내게 됐고, 기존 법인도 2020년부터는 이 규정의 적용을 받는다.

한국의 법인세율은 25%로 법인은 당기순이익의 1/4을 국가에 내야 한다. 창업자는 아깝다고 생각할 수도 있다. 세금을 합법적으로 줄일 수만 있다면 어떤 짓이든 하고 싶을 것이다. 국내의 많은 기업이 싱가포르 같은 곳에 먼저 진출하는 이유도 여기에 있다. 특히 해외에 고정사업장을 둔다면 법인세가 해외에서 과세되는 근거가 확실해진다.

하지만 구글과 애플이 이용하는 편법과 디지털세에 관련한 내용을 스타트업에 적용하기는 어렵다. 왜냐하면 해외법인 전환을 위한 법률과 회계비용이 엄청나기 때문이다. 게다가 투자 유치는 창업자가 익숙한 환경에서 받는 것이 훨씬 수월하다. 그리고 국가의 제도적 지원은 해당 국가의 스타트업에 가장 유리하다. 결과적으로 법인세라는 단편적인 요인으로 해외 법인을 생각한다면 부정적인 결과가 더 많을 수 있다.

이제는 유형의 제품이나 서비스만 사업이 아니기 때문에 스타트업의 해외 진출 기회는 많아졌고, 스타트업의 확장을 위해서는 해외 진출이 필수처럼 느껴지기도 한다. 해외 진출을 고려하고 있다면 나라마다 마련된 제도가 우리 스타트업과 잘 맞는지, 어떤 이슈가 발생할 수 있는지 미리 따져보아야 한다. 편법을 쓰지 않더라도 우리의 스타트업에 유리하게 적용할 수 있는 해외진출 방안이 나오기를 기대한다.

5. 저자의 잡설, 스타트업 합류의 장단점

"리더는 직원들이 성장할 수 있는 환경을 조성해 줘야 한다."
- 점프어소시에이츠 데브 팻나이크(Dev Patnaik) -

내가 창업을 했을 때, 스타트업에 도전하는 사람은 꿈이 크고 열정적이며 현실에 굴하지 않는 존재라고 생각했다. 사업에 실패했을 때는 내 생각이 틀렸다고 생각했다. 그리고 시간이 조금 더 지나자 다시 생각이 바뀌게 되었다. 스타트업에 도전하는 것은 꿈을 현실화하는 과정이며, 그 속에 깃든 열정과 의지는 진정한 기업가정신이라는 것이다.

그렇다고 스타트업에 도전하는 창업자를 무조건 찬양하는 것은 아니다. 스타트업은 당신의 자존감을 지켜주지 않으며, 유명한 대기업을 포기했다고 해서 손뼉 쳐주는 사람도 없다. 하지만 스타트업에 도전하는 것은 먼저 시작한 창업자의 기업가정신에 동의한다는 의미이다.

스타트업에 합류하여 일하는 것은 일반적인 기업에 취업해서 일하는 것과는 다르게 장단점이 명백하게 드러난다. 스타트업은 규모가 영세하지만, 독립적이고 주도적인 업무를 추구하므로 실무자에게 의사결정권이 주어진다. 대기업에서는 경험할 수 없는 기회이다. 그러나 대기업이나 중소기업이 주던 브랜드 파워를 더는 사회생활이나 일상생활에서 사용하지 못한다. 별거 아니라고 생각하겠지만, 직장이 주는 브랜드 파워가 일상 깊숙한 곳에 영향을 주고 있었다는 걸 깨닫게 될 것이다. 왜 브랜드 파워가 일상생활에 미치는 영향까지 고려해야 한다고 언급했을까. 스타트업에서 일하면 재미를 찾을 수 있을 거 같지만, 오히려 환경 변화가 스트레스도 가져올 수 있다는 것을 알아야 하기 때문이다. 결국 스타트업에서 일하게 될 창업자나 직원의 성향은 브랜드 파워보다는 독립적인 의사결정과 자유로운 환경에 가깝다.

스타트업 임직원은 여러 가지 역할을 해야 하는 경우가 많다. 대기업처럼 부서와 역할의 구분이 명확하지 않고 시스템이 정비되지 않았기 때문에 임직원은 다양한 역할을 하게 되고 그만큼 무거운 책임감을 느끼게 된다. 그리고 지원부서가 따로 없어서 처음부터 끝까지 혼자의 힘으로 해나가야 한다. 나는 안정적인 기업과 불안정한 스타트업 중에서 어느 한쪽이 좋다는 이야기를 하는 게 아니다. 단지 내가 왜 스타트업을 해야 하고, 나의 미래를 위해서 스타트업을 하는 것이 과연 옳은 것인지 다시 생각해 보기를 바랄 뿐이다. 스타트업에서 일해보기 전에는 현실을 알지 못하기 때문에, 스타트업에 합류한 다음에 후회하는 일이 발생하곤 한다. 스타트업의 장단점을 다시 한번 검토하고 자신의 성향과 비교해서 선택한다면 당신의 성공 가능성은 그만큼 높아질 것이다.

제4화

스타트업 성공과 실패

1. 스타트업의 대표적인 회수 사례

"사회적 통념에 도전하라.
에어비앤비 그리고 이베이는 사회적 통념과 거리가 먼 서비스였다."
- 와이시 'Challenging Social Norms' -

기업공개나 인수합병이 누구에게나 일어나는 일은 아니지만, 범위를 전 세계로 확대하면 수많은 기업에서 관찰할 수 있다. 그러나 유독 국내의 대기업이 국내산 스타트업에 관심을 두지 않는 것 때문에, 기업공개나 인수합병이 잘 일어나지 않는 것처럼 보이기도 한다. 일각에서는 국내 대기업 인수합병이 스타트업의 생태계를 포식하는 것으로 오해받을 위험 때문에 국내산 스타트업 인수를 꺼린다는 소문도 돌고 있다. 어쨌든 국내산 스타트업을 인수하는 국내 대기업의 비율이 증가할 기미가 보이지 않는 것은 사실이다.

유망한 스타트업의 경영진이라면 기업공개와 인수합병을 경험할 준비가 되어 있어야 한다. 스타트업이 기업공개까지 성장한다면, 아마 그 중간에 수많은 인수합병 제안을 받게 될 것이다. 대표적인 사례가 드롭박스이다. 인수합병 제안을 거절하고 기업공개를 선택한 드롭박스를 가장 먼저 소개한다. 다음으로는 캐나다의 마리화나 관련 스타트업 크로노스 그룹의 기업공개 사례, 마이크로소프트와 아바고테크놀로지의 인수합병 사례를 순서대로 살펴보자.

1-1. 클라우드 스토리지 서비스 드롭박스(IPO)

드롭박스는 지난 2018년 3월 23일, 미국의 주요 증권거래소 중 하나인 나스닥(NASDAQ)에 입성했다. 우리가 지금까지 이야기한 출구전략의 하나인 기업공개를 성공적으로 마무리하여, 2만 5천 원으로 초기 공모된 가격은 일주일이 지나기 전에 3만 5천 원을 넘어섰다. 이제 드롭박스의 시가총액은 약 13조 원에 달한다.

드롭박스는 클라우드 저장소를 제공하는 서비스다. 기업용 클라우드 저장소를 제공하는 아마존과 다르게, 일반인에게 클라우드 저장소를 제공한다. 클라우드 저장소 시장에는 엄청난 수의 업체가 진입해 있는데 그 사이에서 드롭박스는 경쟁력을 유지하며 기업공개까지 성공하게 되었다.

2016년부터 드롭박스는 애플에게 인수된다는 소문이 돌고 있었다. 애플은 온라인 서비스보다 하드웨어 판매 수익이 훨씬 높고, 유독 온라인 서비스에는 약한 모습을 보여 왔다. 이러한 애플에게 드롭박스의 인수가 필수적이라는 보고서와 기사가 등장하기 시작한다. 애플의 스티브 잡스도 드롭박스의 창업자 드루 휴스턴(Drew Houston)을 만나서 드롭박스를 애플에 팔 것을 제안한다. 하지만 드류 휴스턴은 고심 끝에 인수제안을 거절했다고 한다. 드롭박스의 관계자에 따르면 드류 휴스턴의 거절 의사를 들은 스티브 잡스는 드롭박스와 유사한 서비스를 개발하여 드롭박스를 위협하겠다는 협박 같은 말을 했다고 한다. 스티브 잡스의 말은 진심이었던 거 같다. 애플은 아이클라우드를 출시해서 클라우드 서비스를 제공하고 있다.

드롭박스는 거대한 기업으로 성장하는 과정에서 수많은 경쟁자를 만나게 된다. 애플뿐만 아니라 구글, 마이크로소프트, 텐센트 등의 막강한 기업이 클라우드 저장소로 진입한다. 이들과 시장에서 경쟁해야 한다는 것만으로도 이미 전의가 상실되지 않는가? 하지만 드롭박스는 2017년에 1조 2,000억 원이 넘는 매출과 5억 명의 가입자를 달성하며 크게 성공한다.

드롭박스의 지분 24.8%를 보유하고 있던 세쿼이아캐피털(Sequoia Capital)을 비롯한 벤처캐피털은 드롭박스의 기업공개로 큰 수익을 낸 것으로 알려졌다. 드롭박스의 창업자 드류 휴스턴도 약 3조 3,000억 원의 자산을 보유한 억만장자가 되었으니, 성공적인 기업공개야말로 창업자나 투자자에게 가장 좋은 결과라고 할 수 있다.

"테니스공을 쫓아 달리는 강아지가 어떻게 달리는가?
눈이 뒤집히고 목줄이 끊어질 정도로, 앞에 뭐가 있든 달린다.
나의 오랜 친구들을 보면 열심히 일하고 월급도 잘 받으면서도,
억지로 일하는 사람처럼 불평만 늘어놓는다.
그러나 열심히 일하는 사람들은 열심히 일하려고 노력하지 않는다.
이미 그렇게 훈련이 되어 있고, 열심히 일하는 이유는
해결하고자 하는 일이 재미있기 때문이다.
자신을 너무 밀어붙이지 말고 자신의 진정한 테니스공을 쫓아 달려라.
그동안 조그마한 목소리에 귀를 기울이는 것도 잊지 마라."
- 드롭박스의 창업자 드류 휴스턴(Drew Houston) -

1-2. 마리화나 스타트업 크로노스 그룹(IPO)

마리화나를 소지하거나 재배하는 것은 우리나라에서는 엄연히 범죄에 해당한다. 그러나 투자업계에서 조사된, 2018년에 50대 스타트업에 이름을 올린 크로노스 그룹(Cronos Group)은 마리화나 관련 기업으로는 처음으로 미국 주요 거래소에 상장된 첫 번째 사례이다. 크로노스 그룹은 마리화나에 대한 인식을 변화시키고 소비자의 책임감 있는 행동을 유도하며 업계를 선도하고 있는 캐나다 기업이다.

크로노스 그룹은 합법적인 마리화나를 생산하여 캐나다의 의료시장에 판매한다. 2012년에 설립된 크로노스 그룹의 피스 내추럴(Peace

Naturals)과 오리지널 BC(Original BC)는 토론토에 본사를 두고 있으며, 의료용 마리화나와 마리화나 오일을 생산하고 있다. 크로노스 그룹은 지난 1년간 시가총액과 주가 상승치, 거래량의 가중치에 따라 선정된 2018년의 50대 스타트업 기업에 당당하게 선정되었다. 그 배경에는 2017년 전년도에 비해 무려 716%나 상승한 시가총액이 있다.

전 세계의 마리화나 시장은 규제가 심하고, 미국에서도 일부의 주에서만 판매가 허용된다. 연방정부 차원에서도 마리화나의 합법화에 대한 움직임은 보이지 않는다. 이러한 환경에서 어떻게 크로노스 그룹은 기업공개까지 성공하게 되었을까? 전 세계의 마리화나 시장 규모는 2019년 기준으로 약 8조 2,000억 원이다. 글로벌 조사기관에 따르면 2021년까지 약 33조 700억 원으로 확대되지만, 대부분의 판매가 미국과 캐나다에서 이루어질 것으로 전망하고 있다. 이 시장의 대부분이 의약용 마리화나를 재배하는 것으로, 크로노스 그룹은 이스라엘에서 제품을 생산할 계획을 세우고 있다고 한다.

월가는 크로노스 그룹의 상장을, 19세기에 미국인이 캘리포니아의 금맥을 찾아 나서던 골드러시(Gold Rush)에 비유했다. 크로노스 그룹의 행보를 그린러시(Green Rush)라고 표현하면서 마리화나 시장의 열풍은 탄력을 받기 시작했다. 이러한 열풍은 투자로 이어졌고, 실리콘밸리나 수많은 투자자가 마리화나 관련 스타트업에 투자를 시작하게 된 것이다.

의료용 마리화나의 합법화가 세계적인 흐름이지만, 어디까지나 의료용으로 한정되어있다. 마리화나 기업에 대한 투자와 시장 활성화가 마리화나에 대한 무조건적인 합법화로 이어진다고 볼 수는 없다. 그래서 이 열풍을 긍정적으로만 판단하기에는 아직 이르다고 할 수 있다.

어쨌든 크로노스 그룹은 뉴욕 나스닥 시장 상장절차를 거쳤고, 2018년 2월 27일에 첫 거래가 시작되었다. 크로노스의 상장은 마리화나 업계의 전반에 기념비적인 사건으로서, 마리화나 업계에 합법적으로 투자할 수 있다는 것 자체에 의미가 있는 것으로 평가받고 있다.

1-3. 마이크로소프트와 링크드인(M&A)

글로벌 기업의 양대 거인인 애플과 구글에 대한 대중의 광적인 관심에 질투가 났던 것일까? 마이크로소프트는 2010년부터 대규모 인수를 시작한다. 대표적으로 노키아의 하드웨어 부문 인수를 들 수 있다. 노키아의 하드웨어에 윈도우를 탑재한 스마트폰의 출시를 기대한 것이다. 그러나 결과적으로는 노키아를 인수하는 데 든 수 조 원에 달하는 금액뿐만 아니라 하드웨어 부문을 정리하는 데 엄청난 손실을 감당해야 했다.

그러나 2016년에 마이크로소프트는 더 큰 규모의 인수를 감행한다. 마이크로소프트는 그 당시부터 기업 시장에 집중하고 있었고, 링크드인은 전 세계에서 가장 큰 비즈니스 소셜 네트워크 기업이었다. 결국 마이크로소프트는 약 27조 7,400억 원 이상의 금액으로 링크드인을 인수하게 된다. 마이크로소프트는 자신들의 클라우드 역량에 링크드인의 네트워크를 접목한다는 목표가 있었다. 당시 여러 외신들은 마이크로소프트의 링크드인 인수가 여러 면에서 시너지 효과를 낼 것이라 예상했다. 일각에서는 마이크로소프트가 링크드인의 인수를 고려하던 세일즈포스[1]라는 경쟁자가 있었기 때문에 조금은 과한 조건을 제시했다는 의견도 있다. 게다가 세일즈포스가 지불 방식으로 현금과 주식을 제안한 반면에 마이크로소프트는 전액 현금이었다는 이야기도 전해지고 있다.

마이크로소프트가 링크드인을 인수한 목적은 링크드인의 네트워크와 정보를 활용하는 것이다. 그 외에도 많은 부가적인 서비스와 시너지 효과도 활용할 수 있을 것이다. 그러나 과거에 마이크로소프트는 노키아를 인수하면서 시장점유율을 높이지는 못했다. 이번에는 링크드인을 인수하면서 비즈니스 소셜 네트워크 시장점유율을 노리고 있다. 하지만 아직은 많은 시간이 지나지 않았기 때문에 마이크로소프트의 링크드인 인수가 어떻게 흘러갈지 알 수 없다.

그리고 링크드인이 마이크로소프트로부터 독립적인 운영을 보장받았다고는 하지만, 가장 어려운 것이 무엇인가? 서로 다른 가치와 시스템을 가지고 있는 기업이 융화되는 것이다. 한 치 앞도 내다볼 수 없는

---

1) 세일즈포스(Salesforce)는 고객관계관리(CRM) 분야에 특화된 기업이다. SaaS(Software as a Service) 전체 시장에서는 마이크로소프트보다 낫다고 할 수 없지만, CRM 분야에서만큼은 2017년 기준 약 20%의 점유율을 기록한 1위 기업이다.

것이 기업과 시장의 생리이지만, 이 엄청난 규모만으로도 마이크로소프트와 링크드인의 미래를 더욱 기대하게 만든다.

1-4. 아바고테크놀로지와 브로드컴(M&A)

미국의 100대 상장회사의 CEO 중에서 가장 많은 연봉을 받는 최고경영자가 누군지 아는가? 싱가포르 반도체 기업인 브로드컴의 혹 탄(Hock Tan)이다. 그는 스톡옵션을 포함해 약 1,100억 원을 연봉으로 받았다. 브로드컴은 캘리포니아에 본사가 있는 반도체 업체였으나, 2015년에 싱가포르 반도체 기업인 아바고테크놀로지에 인수되었다.

이 두 기업은 반도체 업계의 경쟁자였다. 아바고테크놀로지는 약 40조 원 이상의 가격에 경쟁자였던 브로드컴을 인수하였다. 사실 이런 공룡 사이의 인수합병은 이 책이 추구하는 스타트업과는 거리가 멀다. 그러나 아바고테크놀로지와 브로드컴의 인수는 동종업계의 공룡 사이에서 일어난 흔치 않은 인수합병 사례여서 살펴보고자 한다.

브로드컴은 무선통신 분야의 기업으로 반도체를 제조하는 공장은 없지만, 설계를 전문으로 하는 팹리스 반도체 기업이다. 아바고테크놀로지는 경쟁자였던 브로드컴을 인수하면서 취약했던 데이터센터의 네트워킹 부문을 강화하겠다고 발표하였다. 반도체 업계를 대표하는 두 기업 중 하나가 다른 경쟁업체를 인수한 것은 큰 화제가 되었다.

최근에는 아바고테크놀로지가 인수한 브로드컴이 퀄컴마저 인수한다는 기사도 접할 수 있다. 브로드컴이 퀄컴을 인수하기 위해서 약 11조 원을 제시한 것으로 알려졌지만, 미국의 트럼프 대통령이 이 인수 시도를 단호히 저지한다. 싱가포르를 본사로 하는 기업이 미국 기업을 인수하는 것이 국가 안보에 위협이 된다는 이유였다. 그 이유가 합당한지는 아바고테크놀로지와 브로드컴이 따져볼 이야기지만, 어쨌든 브로드컴의 퀄컴 인수는 실패로 돌아갔다.

　글로벌 반도체 시장에서 아바고테크놀리지와 브로드컴, 퀄컴 등 주요 플레이어의 인수합병 소식이 이어지는 이유는 무엇일까? 반도체에 대한 높은 수요와 이와 관련된 이슈가 많기 때문이다. 특히 최근에는 반도체 시장에서 D램이나 낸드플래시 등 메모리 반도체보다 높은 관심을 보이는 부문이 있다. 바로 비메모리 반도체 분야이다. 반도체 시장의 70%를 차지하는 비메모리 반도체 시장은 차량·산업·통신기기 제품의 확산에 따라 그 수요가 증가하고 있다.

　생산 없이 설계를 전문으로 하는 팹리스[2] 등의 비메모리 반도체 기업에 전 세계의 관심이 쏠리고 있다. 그렇다고 메모리 반도체 시장의 미래가 부정적이라는 이야기는 아니다. 전 세계적으로 메모리 반도체에 대한 소비는 줄어들 기미가 보이지 않기 때문이다.

---

[2] 팹리스 반도체 기업은 반도체 생산공장(Fabrication)없이 반도체의 설계와 판매를 전문으로 하는 기업을 말한다. 반도체 산업은 크게 종합 반도체 기업(Integrated Device Manufacturer, IDM), 팹리스 기업(Fabless), 파운드리 기업(반도체 위탁 제작 전문), 패키징 테스트 기업(원판 조립 등 후공정 전문 기업)으로 구분된다.

메모리 반도체 시장[3]의 또 다른 이슈는, 전 세계 수요의 대주주라고 할 수 있는 중국이다. 글로벌 반도체 시장의 최대 수요를 보이는 중국은 메모리 반도체 기술과 생산에 막대한 자금을 투입하고 있다. 사실 우리나라의 반도체 기업이 이룬 엄청난 성과와 점유율은 메모리 반도체 사업과 중국 수출에 기인한다. 아직은 소비의 왕인 중국의 수요가 공급을 웃돌고 있어서 문제는 없어 보인다. 그러나 중국이 어떤 나라인가? 중국이 메모리 반도체를 얼마나 싼 가격으로 생산하게 될지는 상상하기도 힘들다.

중국의 영향을 받지 않는 산업 분야는 극히 드물다. 내가 아바고테크놀로지와 브로드컴이 아닌 중국 이야기를 왜 이렇게 오래 했겠는가? 그만큼 반도체 산업에서 중국의 영향력이 강해지고 있기 때문이다. 그리고 아바고테크놀로지가 막대한 비용을 들여서 브로드컴을 인수한 배경에는 분명히 이러한 동향도 연관되어 있을 것이다. 진입장벽이 높은 반도체 시장에서 비메모리 반도체 시장 점유율 확보가 중요하다고 판단했을 수 있다. 두 공룡의 인수합병으로 인한 생산비용 절감 전략은, 중국이라는 변수뿐만 아니라 더 치열해질 글로벌 경쟁을 고려했을 것이다.

이처럼 예측할 수 없는 많은 변수가 두 공룡의 인수합병 사례를 만

---

[3] 메모리 반도체는 정보를 저장하는 용도로 사용되며, 대표적인 주요품목으로는 D램과 낸드플래시를 들 수 있다. 비메모리 반도체(시스템 반도체)는 주로 전자기기의 시스템을 작동하는 용도로 쓰이며, 주요품목으로는 마이크로 컴포넌트, 센서, 로직 IC, 개별 소자, 주문형 반도체를 들 수 있다.

들어냈다. 아바고테크놀로지의 브로드컴 인수와 브로드컴의 퀄컴 인수 시도는 반도체 업계에 한정하지 않아도 자주 눈에 띄는 현상이다. 더욱이 이러한 인수합병은 해당 기업들뿐만 아니라 개별 국가의 시장 점유율마저 급격하게 변동시킨다. 이 두 공룡의 인수합병 사례는 인수합병이 반드시 대기업이 스타트업을 대상으로 하지 않는다는 것과, 신사업 모색과 다른 전략을 펼칠 수 있다는 점에서 중요한 사례가 되고 있다.

1-5. So what? 회수 전략과 장기적 목표

사실 대부분의 창업자는 회수전략을 생각하지 못한다. 기업공개나 인수합병에 도달할 가능성은 희박하기 때문이다. 실제로 국내에서 기업공개나 인수합병에 성공한 창업자는 만 명 중 한 명의 확률, 0.01%라고 장담할 수 있다. 이러한 결과는 인수합병의 대상이 될 만한 스타트업의 공급이 충분하지 않기 때문이기도 하지만, 인수합병에 적극적으로 나서는 기업이 부족한 이유도 있다.

기업공개의 경우는 어떠한가? 기업공개를 준비하는 기간도 길지만, 기업공개 요건을 맞추기도 어렵다. 그리고 투자자가 인내심을 가지고 기다려줄지도 의문이다.

스타트업이 반드시 출구전략이라는 장기 목표(Long-term Goal)를 가지고 시작하는 것은 아니다. 스타트업의 비전은 주변, 더 나아가 세상을 변화시키고 싶다는 것이다. 하지만 어떤 일을 시작하든 그 일에는 끝이 있기 마련이다. 창업자라면 스타트업에서 보내는 마지막 순간은 언젠가 오게 되어 있다.

국내에도 혁신적인 스타트업들이 양적·질적 성장을 달성하여 기업공개와 인수합병 시장이 활성화되면 얼마나 좋겠는가? 창업자만 좋은 것이 아니다. 스타트업과 투자자, 정부가 모두 함박웃음을 지을 것이다. 그러나 현실은 만만하지 않다. 정부에서도 기업공개와 인수합병 시장을 활성화하기 위해서 수많은 정책을 쏟아내고 있지만, 현실은 쉽게 변하지 않는다. 이러한 노력에도 불구하고 출구전략의 의미 자체를 모르고 있는 창업자가 너무 많다.

창업자가 출구전략을 모른다고 해서 실패할 것이라고 함부로 판단할 수 없다. 스타트업의 출구전략이 반드시 기업공개와 인수합병으로 귀결되는 것도 아니다. 스타트업을 운영하던 그대로 유지하는 것도 또 다른 옵션이자 전략이다. 출구전략에 대해서 너무 어렵게 생각할 필요는 없다. 어차피 기회가 오면 알게 될 것이다. 우리의 스타트업을 사고 싶어 하는 사람이 나타난다면 말이다.

2. 2015년 이후 탄생한 뜨거운 스타트업

"돈이 돈을 낳는다. 처음 1프랑을 버는 것이
나중에 100프랑을 버는 것보다 훨씬 어렵다."
- 장 자크 루소(Jean Jacques Rousseau) -

과연 어떤 스타트업이 뜨거운 관심을 받고 있을까? "지금 막 오픈했습니다!"라고 외치는 스타트업에 대해서 알아보자. 지금부터 소개할 스타트업은 막대한 비용을 감당하지도 않았고 오랜 시간을 버티지도 않았지만, 2015년 이후에 탄생하여 이른 시간에 놀라운 성과를 냈다.

그런데 왜 2015년이라는 기준을 선택했을까? 스타트업으로 인정받는 명확한 기준은 없다. 나는 단지 설립된 지 3년 이내의 스타트업을 살펴보기 위해 2015년을 기준으로 정했고, 크린치베이스(Crunchbase)의 데이터를 활용하였다.

크런치베이스에 최상위 기업으로 올라와있는 기업들을 살펴보면 샤오미, 테슬라, 리프트, 스페이스액스, 넷플릭스, 링크드인 등 우리에게 익숙한 기업이 많이 있다. 그러나 나는 2015년 1월 1일 이후에 탄생한 따끈따끈한 스타트업에 관심을 두었다. 또한 이들 중에서 각종 언론에서 수많은 기사가 쏟아지고 있는 뜨거운 스타트업을 따로 분류하였다.

〈 2015년 이후로 탄생한 핫한 스타트업(2018. 03. 30. 기준)〉

기업순위 (CB BANK)	기업명	사업분야(국가)
82위	Revolut	결제시스템 (영국)
139위	AutoGravity	자동차 관련 플랫폼 (미국)
503위	HoloBuilder	가상현실, 인공지능 (미국)
891위	ACORN OakNorth	핀테크 (영국)
953위	LimeBike	자전거 공유 (미국)
1,037위	Unelma Platforms	인공지능 (네팔)
1,133위	Floship	국제배송 (홍콩)
1,243위	Shoptalk	콘퍼런스 (미국)
1,432위	Gamaya	농업 인공지능 (스위스)
1,708위	HQ Trivia	퀴즈 게임 (미국)

* 자료 출처: Crunchbase.com(2018)

사실 2015년 이후로 탄생한 3년 내외의 스타트업이, 기업 순위 상위 5% 이내에 있다는 것 자체가 말이 안 된다. 그러나 말이 안 되는 행보를 하는 스타트업이기 때문에 더욱 나와 독자들의 관심을 끄는 것이 아니겠는가? 그러나 상위 10위 안에 드는 기업 중에서는 자회사 개념의 기업들도 존재한다. 무늬만 스타트업인 기업은 굳이 알아볼 필요가 없지 않은가? 이런 이유에서 자회사로 의심되는 기업은 제외하였다.

결제시스템 핀테크 스타트업 레볼루트(Revolut), 자전거 공유 스타트업 라임바이크(LimeBike), 농업 인공지능 스타트업 가마야(Gamaya), 퀴즈 게임 스타트업 에이치큐트리비아(HQ Trivia)가 어떻게 투자를 받아서 어떻게 운영하고 있는지 살펴보자.

2-1. 결제시스템(핀테크) 스타트업 레볼루트(Revolut)

레볼루트는 2015년 7월에 블라디슬라브 야센코(Vladyslav Yatsenko)와 니콜라이 스토론스키(Nikolay Storonsky)가 영국에서 창업한 핀테크 스타트업이다. 이 두 창업자는 리먼 브러더스, 도이치뱅크, 유비에스(UBS) 등 화려한 금융 관련 기업에서 일한 경력을 가지고 있다. 그리고 창업을 하자마자 7월에 진행된 크라우드 펀딩에서는 하루 만에 58억 원을 유치한다.

레볼루트는 처음에 달러와 파운드, 유로화를 다루는 환전 전문 스타트업으로 시작했다. 그러나 지금은 20여 개국 이상의(일부 언론에서는 100여 개 이상의 통화 환전이 가능하다고 한다) 통화를 환전할 수 있게 확장되었다. 또한 레볼루트를 통해서 은행 계좌와 카드를 받을 수도 있다. 레볼루트의 앱이나 카드를 사용하면 20개국 이상의 통화를 자유롭게 사용할 수 있다는 것을 의미한다. 여행을 다닐 때마다 따로 환전하지 않아도 된다면 얼마나 편리한가? 레볼루트의 앱을 사용하면 자신의 계좌에 있는 돈을 통화별로 확인할 수 있다.

레볼루트는 인덱스 벤처스(Index Ventures)의 시리즈 비 투자를 포함해 982억 원의 투자를 받은 것으로 알려졌다. 최근에는 가상화폐에 대한 매매와 보유를 할 수 있도록 기존의 은행 업무와 가상화폐를 통합하려고 하고 있다. 이렇게 되면 레볼루트의 서비스를 통해 은행 계좌와 가상화폐 계좌를 자유롭게 사용할 수 있게 된다. 결국 가상화폐 거래에 숨겨진 기타수수료 없이, 1.5%의 거래 수수료만으로 거래가 가능해지는 것이다.

'은행 업무를 넘어서(Beyond Banking)'라는 슬로건으로 시작한 레볼루트는 현재 유럽에서 1,000만 명 이상의 고객을 보유하고 있으며 4,200만 건의 거래량을 달성했고, 레볼루트의 주장에 따르면 지금까지 약 1,900억 원의 외환 수수료를 절약했다고 한다. 이러한 수치는 레볼루트가 크런치베이스의 수많은 데카콘 스타트업과 유니콘 스타트업 사이에서 어떻게 82위를 차지했는지 설명해 주고 있다.

2-2. 자전거 공유 스타트업 라임바이크(LimeBike)

오투오(Online to Offline, 이하 O2O)는 온라인이 오프라인으로 옮겨온다는 의미이다. 유통 비용을 획기적으로 줄여주는 온라인과 실제 소비가 일어나는 오프라인의 장점을 접목하여 새로운 시장을 만드는 것이다.

자전거 O2O 서비스는 중국을 중심으로 전 세계로 뻗어 나가고 있다. 중국 자전거 O2O의 중심에는 중국의 오포(OFO)나 모바이크(Mobike)가 있다. 그러나 이들의 중국 자료가 충분하지 못해서 라임바이크를 대신 소개한다. 미국의 라임바이크는 중국의 오포나 모바이크의 사업 모델을 벤치마킹한 스타트업이다. 라임바이크가 새로운 기술을 발견하거나 사업화한 것은 아니지만, 라임바이크가 유치한 총투자금액은 2018년 2월 기준으로 약 1,500억 원을 넘는 수준이다.

라임바이크가 미국에서 자전거 O2O 서비스를 하는 유일한 스타트업은 아니다. 하지만 라임바이크의 앱을 통해서 자전거를 타는 많은 수의 사용자를 이미 확보한 상태이다. 그리고 전동킥보드 같은 유사 자전거도 서비스 형태로 추가하였다. 전동킥보드는 마니아층을 가지고 있어서, 자전거보다 대여하기 어렵다고 한다.

라임바이크가 투자자에게 긍정적인 반응을 얻을 수 있었던 이유는 기술과 부동산의 교차점 때문이다. 자전거 O2O 서비스가 어떻게 부동산과 관련이 있는지 의문을 가질 수 있다. 라임바이크는 자전거를 대여하는 허브인 전용 주차 공간을 마련해야 한다. 상가 건물이라면 해당 상가의 소유주와 파트너십을 맺게 되는데, 바로 이 부분이 투자자의 관심을 끌었다.

자전거 O2O는 단순히 자전거만 빌리고 반납하는 의미 이상으로 발전하고 있다. 기술과 부동산, 시민과 지자체에 깊은 연관성을 가지고 있으므로 파트너십은 더욱 중요해질 것으로 생각한다. 이러한 파트너십의 행보에 따라서 해당 도시의 시민에게 다양한 교통수단이 제공될 수도 있는 것이다.

자전거 O2O 시장은 이미 오래전부터 시작된 모델이다. 조사된 자료에 따르면 20세기 말경에 유럽에서 공공과 민간의 파트너십으로 등장하기 시작했다고 한다. 그리고 2015년 중국에서 QR 코드와 함께 새롭게 등장한 자전거 O2O 시장은 모바일 결제와 GPS, 효율적인 관리 시스템으로 사용자에게 더욱 가깝게 다가왔다. 라임바이크는 이러한 흐름에 잘 올라탄 스타트업이라고 할 수 있다. 그러나 자전거 O2O 시장을 선도하는 선구자(First Mover)는 명백하게 아니다. 오히려 후발주자(Fast Follower)로서 중국의 스타트업을 벤치마킹하여 미국에서 사업을 시작했다고 볼 수 있다.

지금은 953위를 차지하고 있는 스타트업이지만, 미국에는 모티베이트(Motivate), 버드(Bird), 스핀(Spin) 등의 자전거 O2O 기업이 존재한다. 게다가 최근에는 우버(Uber)가 자전거 O2O 스타트업 중 하나인 점프바이크(Jump Bikes)를 인수하며 지각변동을 일으킬 것으로 예상한다. 이미 성공 사례를 보여주었기 때문에, 또 기대가 큰 시장인 만큼 경쟁은 더욱 치열해질 것이다. 포춘(Fortune)은 앞으로 1~2년 내로 이러한 판도가 정리되어 몇 개의 기업만 살아남을 것으로 전망하고 있다. 그 기업 중에 라임바이크가 포함될지는 더 지켜봐야 하지 않을까?

2-3. 농업 인공지능 스타트업 가마야(Gamaya)

요즘은 인공지능에 대한 기사와 스타트업이 쏟아지고 있다. 스위스 서부에 본사가 있는 농업 인공지능 스타트업 가마야는 딥 러닝을 활용하여, 그래픽 카드로 유명한 엔비디아(NVIDIA)가 개최한 GTC(GPU Technology Conference)에서 최종 5개 인공지능 스타트업에 선정되었다. 무려 유럽의 700개 인공지능 스타트업과 경쟁하여 얻은 결과이다.

가마야는 초분광 기술을 적용한 영상을 활용하여 과학적인 농작물 관리가 가능하게 한다. 가마야가 활용하는 기술인 초분광 기술은 물질을 감지하는 파장을 세밀하게 분리하는 기술이다. 영상으로 농작물을 촬영해서 농작물에 반사된 빛의 세기로 농작물의 특성을 분류한다. 가마야의 서비스를 이용하는 농장의 관리자는 거름과 농작물의 상태, 잡초의 비율 등 모든 것을 모바일로 확인할 수 있다.

가마야는 2015년 1월에 창업했다. 그러나 3년이 조금 지나자마자 유럽 전역의 수많은 농업 단체들이 가마야에 도움을 요청했다. 더 눈길을 끄는 것은 가마야가 내수 시장에 그치지 않고, 글로벌 시장에 적극적으로 진출하고 있다는 사실이다. 이미 브라질의 사탕수수 농장에 가마야의 서비스가 도입되고 있다. 고작 20명 정도의 인력으로 움직이고 있는 가마야가, 사업 초기부터 적극적으로 해외에 진출하는 추진력에 박수를 보내고 싶다.

가야마는 단 두 번의 투자유치로 약 80억 원이 넘는 자금을 확보했다. 농업분야인 애그테크(AgTech)에서 인공지능과 빅데이터, 드론(로봇)까지 활용하는 가야마는 4차 산업혁명의 화두인 기술적 흐름을 즐기고 있는 듯하다. 그러나 농업 분야에 4차 산업혁명과 관련된 고급 기술이 얼마나 적용될 것인지는 의문으로 남아 있다. 기술적으로는 충분히 인정받고 있는 스타트업 가야마에게 남겨진 과제는, 고객과 시장이 가야마의 기술을 어떻게 활용하게 만들 수 있느냐 하는 것이다.

2-4. 퀴즈 게임 스타트업 에이치큐트리비아(HQ Trivia)

기술자가 4차 산업혁명에 빠져있다면 전 세계는 퀴즈쇼의 매력에 빠져있다. 2017년 8월에 출시한 에이치큐트리비아(HQ Trivia)는 모바일 퀴즈쇼의 선구자라고 할 수 있다. 에이치큐트리비아는 단지 1년이 조금 넘은 스타트업이다. 2017년 1월에 에이치큐트리비아를 창업한 공동창업자는 루스 유스포프(Rus Yusupov)와 콜린 크롤(Colin Kroll)이다. 이들은 바인(Vine)이라는 기업을 창업해서 트위터에 매각한 경력을 갖추고 있는 연쇄 창업자라고 할 수 있다.

모바일 퀴즈쇼는 지정된 시간에 문제를 풀고자 하는 사용자가 동시에 접속하여, 제시된 문제를 각자 풀어가는 방식이다. 그리고 최종 문제까지 맞힌 사용자는 상금을 나눠 가지게 된다. 해외에서 인기를 끌고 있는 모바일 퀴즈쇼로, 에이치큐트리비아는 약 160억 원의 투자 유치에 성공했다. 금액이 생각보다 적은 것은 두 명의 창업자와 관련된 성희롱 이슈가 작용하였기 때문이다. 이 때문에 투자를 꺼리는 투자자가 많아졌고, 현재까지는 단 한 곳의 투자처에서 단 한 번의 투자를 받았다.

어쨌든 에이치큐트리비아 때문에 전 세계의 수많은 기업이 모바일 퀴즈쇼 시장에 뛰어들었다. 에이치큐트리비아의 퀴즈쇼 출시가 2017년 8월이라는 점을 고려하면, 흐름이 너무 빠르다고 할 수 있다. 그래서 빠르게 식어버릴 가능성이 없다고는 할 수 없다.

모바일 퀴즈쇼 스타트업이 가지고 있는 문제점은 수익모델이다. 매일 상금을 지출해야 하고, 안정된 수익이 보장되지 않아서 회의적인 반응이 고개를 들고 있기도 하다. 사실 모바일 퀴즈쇼는 높은 동시집속률을 자랑하기 때문에, 수익모델로 가장 큰 가능성을 가지고 있는 것은 광고수익이다. 그러나 광고로 인해서 고객들은 서비스 이용에 피로를 느끼고 발길을 끊는 경우가 많다. 사용자가 방해를 받는다고 느낀다면, 다시는 퀴즈쇼에 참가하지 않을 수도 있다.

퀴즈쇼 시장을 이야기하기 위해서는 결국 스타트업의 생태계와 기업은 무엇이냐는 질문으로 돌아갈 수밖에 없다. 모바일 퀴즈쇼가 한 스타트업의 생계를 좌우하기 위해서는 수익이 중요하고, 특히 투자자금을 유치한 에이치큐트리비아는 투자자를 안심시킬 수 있는 수익모델을 제시해야 한다. 그러나 에이치큐트리비아의 두 창업자는 이미 트위터에 바인(Vine)이라는 기업을 팔면서 많은 돈을 챙겼기 때문에 마음이 급하지 않을지도 모른다. 이러한 맥락에서 어쩌면 에이치큐트리비아의 모바일 퀴즈쇼는 두 창업자의 재미를 위해서 시작한 엔터테인

먼트 앱일 수도 있는 것이다.

  사용자들이 모바일 퀴즈쇼에 열광한 지는 2년(2019년 현재)밖에 지나지 않았고, 에이치큐트리비아도 겨우 2년을 넘은 스타트업에 불과하다. 하지만 뜨거운 관심을 받고 있다는 사실은 변함이 없다. 앞으로 모바일 퀴즈쇼가 제시할 새로운 수익모델을 지켜볼 필요가 있겠다.

2-5. So what? 성공한 창업자와 실패한 창업자

  성공한 창업자가 많은 돈과 시간을 가지고 어떤 삶을 살아가든 개인의 선택이다. 다시 스타트업을 선택할 수도 있고, 스타트업을 도와주는 액셀러레이터나 투자회사를 설립할 수도 있다. 아니면 건물주가 되어서 임대료를 받으며 피부 관리에만 집중할 수도 있다. 하지만 그런 1%의 성공한 창업자를 신경 쓰지 말고 99%의 실패하는 창업자에 대해서 더 오래 고민해야 한다.

  2011년에 첫 번째 스타트업에 도전한 나는 2014년 3월에 폐업 신고를 한다. 물론 창업 대출금은 갚지 못했다. 대출금 상환일이 몇 개월 앞으로 다가왔지만, 돈이 부족했다. 결국에 당장 취업해서 돈을 벌어야 했기 때문에, 이력서를 쓰기 위해 PC방에 다녔다. 하루에 10~20개의 이력서를 넣었고, 남은 시간에는 스타크래프트 게임을 원 없이 하게 된다. 운이 좋게 일본 제조회사에 취업했고, 상환금을 마련할 수 있었다. 그리고 곧 전일제 학생으로 대학원에 진학하면서 회사를 퇴직한다. 대학원에 다니면서 이런 생각이 들었다. 나는 왜 스타트업에 도전하면서 바쁘다는 핑계로 학위라는 보험 하나 신경 쓰지 못했을까.

스타트업이 망한 후에는 새로운 길을 찾기가 쉽지 않다. 사회에서 살아남는 것은 생각보다 어렵다. 대형 회사 출신 인력이 판을 치는 마당에서, 초라한 스타트업 이력은 경쟁력이 되어주지 못했다. 나이라도 어리다면 처음부터 새롭게 시작할 수 있겠지만, 스타트업을 시작할 때 나이가 많다면 문제가 될 수도 있다.

나는 다행히 30대 초반에 첫 번째 스타트업이 망했기 때문에 취업할 수 있었다. 내가 30대 중반이나 40대였다면 일반 회사로 돌아가기 어려웠을 것이다. 그 회사도 입장이 곤란하겠지만, 우리 창업자들은 이미 대표자의 맛을 봤기 때문에 다시 조직의 신입사원이 되기는 어색하다.

최근에는 법인사업자의 경력을 인정해 주는 분위기가 생겨서 이전보다는 조금 나아진 것 같다. 그러나 스타트업에 모든 것을 쏟아부은 창업자는, 폐업 후에 자신의 초라한 모습을 보게 된다. 그 모습을 숨기기 위해서 재창업에 도전하기도 한다. 이 시기의 창업자는 기회를 발견하려는 것보다 초라해진 자신의 모습을 다시 멋지게 만들고 싶은 의지가 더 강하다. 목숨보다 중요한 자존심을 지키기 위해 스타트업에 재도전하면, 그 어떤 때보다 열심히 일할 수 있기에 다시 일어설 가능성은 커진다고 말할 수 있다. 그러나 다음 도전마저 별 볼 일 없이 실패한다면 그때는 자괴감뿐만 아니라 사회에서 나를 바라보는 부담스러운 시선까지 감당해야 할 것이다.

나는 시즌권 구매대행 스타트업으로 시작하여, 두 번째는 스타트업 팀원 구인 및 팀 빌딩 서비스, 세 번째는 상업용 부동산 에이전트 시스템, 네 번째는 유료 지식 플랫폼, 다섯 번째는 건강기능식품 유통업에 힘을 쏟았다. 모두 제대로 돌아가기도 전에 중단되었고, 일부 공동창업자와는 사이가 틀어져서 연락이 끊어졌다.

첫 번째 스타트업은 모든 것을 버리고 도전했지만, 두 번째부터는 대학원 석사, 대학원 박사, 벤처캐피털 심사역, 글로벌 회계법인에 적을 두고 스타트업을 운영했다. 실패한 이유가 올인하지 않았기 때문이라고 한다면 할 말이 없다. 수차례의 실패를 거듭하면서도 내가 발전하고 있다는 확신을 가질 수 있었던 건, 몸을 담고 있는 조직이 있었기 때문이다. 거듭된 실패에도 불구하고 아직까지 잘 살고 있는 이유이기도 하다.

스타트업에 실패한 창업자는 틀림없이 힘들다. 창업자는 실패할 가능성이 99%이기 때문에 99%의 확률로 다음 직장 혹은 다음 계획을 준비하고 있어야 한다. 지금까지 스타트업 창업자가 얼마나 바쁘고 몰입이 필요한지 이야기했는데, 사업 이후 다음 계획을 하라고 하면 의아할 수도 있겠다. 창업자로서 최선을 다하는 것과 개인으로서 최선을 다하는 것은 별개라는 것을 말하고 싶다. 당연한 이야기지만 모든 책임은 자신이 지는 것이다.

3. 스타트업은 왜 실패할까

"실패는 언제나 일어난다.
스타트업 과정의 정상적인 부분이다."
- 창업자이자 교수인 스티브 블랭크(Steve Blank) -

스타트업은 왜 성공하기 어려울까? 특히 아이디어를 기반으로 시작하는 창의형 스타트업은 더 어렵다. 아이디어만 가지고 시작한다면 제품을 개발하는 시간이 정확히 얼마나 걸릴지 알 수 없고, 제품을 개발했더라도 팔릴지는 시장에 나가봐야 알 수 있다. 온갖 고생을 하며 제품 프로토타입을 선보였는데 고객들의 부정적인 반응만 듣게 된다면 어떻겠는가?

그나마 기존 기업에서 이미 개발된 제품이나 솔루션을 가지고 나와서 시작하는 방식의 사내창업자(Intrapreneur)라면 위와 같은 걱정이 조금 덜할 것이다. 이러한 기업은 최소한의 팀과 고객이 정해진 상태에서 시작하는 경우가 많다. 그러나 사내창업자가 아이디어로 시작하는 기업보다 항상 나은 것은 아니다. 페이스북은 하버드 대학에서 장난스러운 프로그램을 시작해 엄청난 기업으로 성장했다.

스타트업을 시작하는 방식과 성공하는 길은 한 가지로 좁혀지지 않는다. 성공하는 법칙을 증명하는 것도 불가능에 가깝다. 그래서 창업자는 자신만의 방식으로 스타트업을 운영하고, 1%의 성공을 위해서 다양한 시행착오를 겪는다. 그리고 시행착오를 이겨내지 못한하면 폐업한다. 다음은 시비인사이츠(CB-insights)에서 조사한 101개의 파산한 스타트업으로, 어떤 이유로 실패했는지에 대해서 조사한 결과이다.

실패하는 사유	비율
아무도 필요하지 않아서	42%
돈이 떨어져서	29%
적절한 팀 구성에 실패해서	23%
경쟁에서 살아남지 못해서	19%
가격과 비용 이슈로 인해	18%
사용자와 비-친화적인 제품으로 인해	17%
비즈니스 모델 구축에 실패해서	17%
마케팅이 부족해서	14%
고객을 무시해서	14%
제품의 시기를 잘못 맞춰서	13%
초점을 잃어서	13%
투자자와의 불협화음으로	13%
구심점이 좋지 않아서	10%
열정이 부족해서	9%
확장에 실패해서	9%
자금조달(투자유치) 실패로	8%
법적인 이슈로 인해서	8%
네트워크를 활용하지 못해서	8%
번-아웃 때문에	8%

* 자료 출처: CB-insights(2018)

101개로 한정된 사례로 모수가 충분하지 않지만, 대표적인 실패 사유를 살펴보는 데는 무리가 없을 거 같다. 여기에서는 스타트업이 실패하는 이유 1~3위를 살펴볼 것이다.

3-1. 아무도 필요하지 않아서

"완성도가 낮은 서비스보다 더욱 좋지 않은 것은
아무도 원하지 않는 제품을 만들고 있는 것이다."
- 『린 스타트업』의 저자 에릭 리스(Eric Ries) -

스타트업이 실패하는 이유로 가장 높은 비율을 차지하는 것은 스타트업의 제품이나 서비스에 대한 시장의 수요가 기대에 못 미치는 것이다. 99.9%의 스타트업 창업자는 자신의 사업은 수요가 충분하다고 주장한다. 나는 자신의 사업에 시장의 수요가 없다고 이야기하는 창업자를 본 적이 없다. 그런데 아이러니하게도 시장의 수요가 없어서 실패하는 스타트업의 비율이 가장 높다. 무려 42%를 차지한다.

실제로 어떤 스타트업의 창업자는 자신의 사업에 고객이 없다는 것을 서비스를 낸 후에도 오랜 시간이 지나서 알게 되었다고 한다. 이 창업자는 병원 운영의 효율성을 높여 주고 환자에게 편의성을 제공하는 서비스를 만들었지만, 다음과 같은 말을 남겼다고 한다.

"의사는 그저 환자가 더 오기를 원하지, 효율적인 병원을 원하지 않았습니다."

결국은 스타트업이 훌륭한 기술과 데이터, 그 데이터에 대한 완벽한 분석과 엄청난 경험이 있더라도, 시장의 문제를 해결하는 단순한 솔루션으로는 안 된다. 그럼 뭘 어떻게 하라는 이야기인가? 그걸 내가 안다면 500억 가치의 스타트업을 만들 기회인데 나는 왜 실패했겠는가. 나도 나의 사업을 소개하면서 멘토에게서 페인 포인트[4]를 찾으라고 조언을 받은 적이 있다. 사업 소개를 하는 15분 중에서 앞의 5분 동안 페인 포인트를 설명했는데, 페인 포인트를 찾으라는 조언을 받은 것이다. 누구의 잘못인가?

명백하게 나의 잘못이다. 내 앞의 한 사람도 설득하지 못하는데 사업이 잘될 리가 있겠는가? 그렇지만 시장은 변하고, 2~3년 전에 실패했던 모델이 갑자기 대박이 나는 사례도 있다. 이건 어떻게 설명할 수 있을까? 자세히 살펴보면 같은 모델이지만 다르다. 스타트업을 할 때는 보이지 않지만, 제삼자로 지켜볼 때만 보이는 포인트가 쪽박과 대박의 차이를 만든다.

샤오미의 창업자 레이쥔은 에디슨이 이야기한 '성공은 99%의 노력과 1%의 운으로 이루어진다'는 말에 동의하면서도 1%의 운에 초점을 두고 말한다. 결국은 1%의 운이 없다면 99%의 노력에도 불구하고 창

---

[4] 페인 포인트(Pain point)는 사람들이 고통을 받는 지점을 말한다. 페인 포인트를 파악하여 이를 개선할 수 있는 제품이나 서비스를 내 놓으면, 시장에서 반응이 나타난다는 것이다. 아직 상품화 단계에 이르지 못한 스타트업에 투자하는 투자자들은 스타트업이 스스로 제시한 페인 포인트 검증에 더욱 까다롭게 다가갈 수밖에 없다.

업자가 아끼는 스타트업은 물거품이 될 가능성이 있다는 이야기이다. 이 말에 전적으로 동의하는 것은 아니지만, 시장을 100% 예측할 수 없으므로 1%의 운에 맡겨야 할지도 모르겠다. 4차 산업혁명이 정확히 무엇인지 알 수 없는 것처럼 말이다. 스타트업의 창업자도 마찬가지다. 시장의 정확한 수요를 찾기 어려운 것은 스타트업 역량 외에도 외부의 불확실성이 운으로 작용하기 때문인 것 같다.

3-2. 돈이 떨어져서

"이론이 아무리 훌륭하더라도
그것을 실행하기 전까지는 가치가 없다."
- 창업자 제임스 캐시 페니(James Cash Penney) -

돈이 떨어져서 폐업하는 스타트업이 무려 29%나 된다. 스타트업은 언제나 자금에 목마르다. 대출과 증자를 지속하는 것은 한계가 있다. 결국에 충분한 자금을 마련하려면 외부 투자에 의존할 수밖에 없다.

외부에서 투자를 유치하는 일이 쉬운가? 아니다. 경쟁자가 많아서일까? 단지 그 이유만이 아니다. 생전 처음 보는 투자자에게 거액을 투자해 달라고 하면서 원금을 반드시 돌려주지는 않겠다고 하는 게 투자 유치다. 투자자에게는 완전히 비합리적인 것이다. 하지만 스타트업에 투자하는 투자자는 하이 리스크-하이 리턴(High Risk-High Return)

을 감수하면서 투자하기 때문에 가능한 일이다. 짧은 시간 동안에 투자자를 설득하고, 설득한 상태에서도 일정 기간의 모니터링까지 받아야 투자를 끌어낼 수 있다. 투자자는 회사 전체를 보기 때문이다. 아이템이 좋다고 하더라도 무턱대고 돈을 주는 투자자는 없다.

일단 투자를 받으면 시장의 수요가 없더라도 당장 망하지는 않는다. 수익이 나지 않아도 스타트업을 운영할 수는 있지 않은가? 그러나 계속해서 제품과 서비스가 팔리지 않으면 후속 투자 유치에 성공할 수 없다.

스타트업은 초기 투자자금을 유치하면서 투자자에게 매출 계획을 선보였을 것이다. 물론 창업자가 말하는 매출 계획을 그대로 믿는 투자자는 없다. 오히려 증명된 과거의 매출을 확인해서 미래에 발생할 매출에 대한 계획이 타당한지 확인한다. 그러나 스타트업 중에서 투자자가 혹할만한 매출 기록을 가진 스타트업은 얼마나 될까?

어쨌든 대부분의 스타트업이 기록하는 매출은 기대만큼 발생하지 않고, 더디게 일어난다. 결국 약속한 매출과는 전혀 다른 매출을 기록하는 스타트업에 추가로 투자할 투자자는 없다. 투자를 받는다는 것이 성장이나 성공을 보장하는 것은 아니다.

미국의 창업자 엘리자베스 홈스는 자신의 바이오 스타트업 테라노스에 약 7,500억 원의 투자금을 유치했다. 그러나 10조 이상의 가치로 평가받던 테라노스는 파산하였고, 엘리자베스 홈스가 말하던 기술은 과장과 거짓말로 드러났다. 이런 사례를 제시하는 게 바람직하지 않지만, 기술을 개발할 수 있다는 사업 소개를 하고 결과적으로 아무런 제품도 만들지 못하는 경우가 종종 발생한다. 기술의 발전 속도는 너무나도 빨라지고 있고, 스타트업 생태계 특유의 성격으로 인해 만들어 본 적도 없는 기술이나 제품을 소개하는 경우가 많다. 스타트업 창업자는 자신의 아이디어나 제품이 완벽하지 않더라도 일단 시장에서 반응을 테스트해 보고 싶어 한다. 부족한 부분은 나중에 보완하더라도 시장을 선점하는 것이 우선이라고 생각하기 때문이다. 모든 창업자는 빠르게 성공하고 싶지만, 의욕이 너무 앞서다 보면 제2의 엘리자베스 홈스가 될지도 모른다. 앞서 이야기했듯이 무조건 투자를 많이 받는다고 해서 성공을 의미하는 것은 아니다. 자신을 속이지 않는 것이 중요하다. 그리고 창업자도 사업을 운영하다보면 사기꾼을 만날 수 있다. 결국 서로를 속이지 않는 파트너를 만나는 것도 운이 따라야 한다.

3-3. 적절한 팀 구성에 실패해서

"나는 전구를 만들기 위해 1,000번 실패하지 않았다.
전구를 만들지 못하는 1,000가지의 다른 방법을 찾아냈을 뿐이다."
- 토머스 에디슨(Thomas Alva Edison) -

대부분의 스타트업은 인맥에 의존할 수밖에 없다. 왜 그럴까? 스타트업이 가진 한정적인 자원(특히 자금)으로는 인력을 마음껏 활용할 수 없기 때문이다. 그래서 초기에는 어느 정도 사적인 관계가 섞인 인력을 관리해야 하고, 조직이 성장했을 때는 다양한 분야의 전문가가 잘 융화될 수 있는 환경을 조성해야 한다. 이런 과정에서 시행착오를 경험하게 되는데, 이를 이겨내지 못하면 실패할 수밖에 없다.

그리고 창업 초기에는 구현하고자 하는 제품이나 서비스를 만들지 못하기 때문에 스타트업이 설립되었다고 보기도 어렵다. 제품이나 서비스를 만들 인력을 운용할 자금이 있다면 문제가 없겠지만, 대부분의 스타트업이 그러한 자금을 가지고 시작하지 않는다. 그러므로 더욱 창업자 혹은 공동창업자의 개인적인 네트워크에 의존한다. 이러한 네트워크에 의존하더라도 구성원의 핵심 역량이 중복되지 않도록 팀을 구성하는 것이 중요하다. 각 팀원의 포지션이 겹치지 않도록 하여 인력을 최소화한다는 것은 지출을 최소화한다는 의미이다.

스타트업 생태계에서 유명한 빌 그로스(Bill Gross) 회장은 스타트업의 인적 구성에 창업가(Entrepreneur) 유형만 있으면 안 된다고 강조한다. 빌 그로스는 스타트업에 창업가 유형, 생산자(Producer) 유형, 행정가(Administrator) 유형, 통합자(Integrator) 유형의 총 네 가지 유형이 있어야 스타트업이 유연하게 굴러갈 수 있다고 말한다.

창업가 유형은 회사를 위해서 아이디어를 제시하는 역할을 한다. 그리고 스타트업의 전체를 바라보고 비전을 제시한다. 생산자 유형은 창업자가 제시한 아이디어를 구체화하여 생산하는 역할을 하고, 행정가 유형은 생산자의 일이 계획대로 진행될 수 있도록 통제하는 역할을 한다. 마지막으로 통합자 유형은 앞서 이야기한 모든 유형의 구성원이 잘 융화될 수 있도록 돕는다. 바로 이것이 빌 그로스가 강조하는, 스타트업이 최상의 의사결정을 내리기 위한 최소한의 구성이다.

하지만 모든 스타트업이 빌 그로스가 제시한 네 가지 유형의 전문가를 갖추고 시작하지는 않는다. 그러나 스타트업이 점차 성장하게 되면 이 네 가지 유형의 전문가에 대한 필요성이 커진다. 어느 한 유형만 중요한 것이 아니다. 좋은 아이디어와 사업모델이 있더라도, 최소한의 팀 구성과 의사결정 구조가 없다면 실패할 가능성은 커진다.

처음부터 이런 팀을 구성하기는 어렵다. 그래도 칼을 뽑았다면 무라도 썰어야 할 것 아닌가. 스타트업이라는 결단을 내린 창업자라면 자신이 생각한 아이디어를 어떤 방식으로든 구현할 수 있도록 최소한의 팀원을 구해야 하고, 이것은 결국 창업자의 몫이다. 창업자가 개발에 착수하기도 전에 왜 이렇게 넘어야 할 험난한 산들이 많은 것일까? 어쩔 수 없다. 스타트업을 하라고 시킨 사람은 아무도 없다.

지금까지 살펴본 3가지 이유 외에도 스타트업이 폐업하는 이유는 많다. 경쟁에서 도태되는 경우, 가격과 비용의 문제가 있는 경우, 제품 품질에 문제가 있는 경우, 사업 모델이 부적합한 경우, 마케팅이 부족한 경우, 고객 피드백이 부족한 경우, 집중력을 상실한 경우, 투자자와의 관계가 악화된 경우, 피봇팅 후에 실패한 경우, 열정이 부족한 경우, 법적인 위험이 존재하는 경우, 일과 삶의 불균형이 지속되는 경우 등 수많은 스타트업 실패 사유가 존재한다.

어쩌면 이러한 실패 이유야말로 창업자와 스타트업이 간과해서는 안 될 부분이라고 할 수 있다. 구글의 성공사례만 보면 뭐 하겠는가? 창업자는 자신의 스타트업이 실패할 가능성을 줄여야 하고, 자신은 실패하지 않을 거라는 근거를 쌓으며 자신감을 키워나가야 한다.

3-4. So what? 창업과 멘토

"실패는 하나의 옵션이다.
만약 당신이 실패하고 있지 않다면 혁신을 이루기에 부족하다."
- 일론 머스크(Elon Musk) -

    스타트업은 사용할 수 있는 자원이 한정적이기 때문에 기업 외부의 자원을 활용하고 객관적인 조언을 듣는 것이 필수적이다. 어떨 때는 흔하고 단순한 조언이 실패하는 횟수를 획기적으로 줄여주기도 한다.

    나는 스타트업을 운영하며 멘토를 만난 적이 있다. 솔직하게 말해서 가끔은 멘토라는 존재에 의심이 들기도 했다. 내가 가진 문제를 해결하기에 적합하지 않아 보이는 멘토를 만나는 경우도 많았기 때문이다. 그런데 세계적인 선수인 김연아 리오넬 메시도 더 좋은 결과를 위해서 끊임없이 코칭을 받는다. 세계 최고의 선수를 가르칠 수 있는 전문가가 세상에 몇 명이나 되겠는가? 그런데 이런 세계 최고의 선수의 멘토는 오직 최고의 경력을 가진 전문가만 될 수 있는 건 아니다.

    축구를 하는 것과 축구를 가르치는 것은 다르다는 말이다. 그러므로 나의 스타트업은 내가 가장 잘 안다는 오만을 버리고 멘토의 의견을 수용할 줄도 알아야 한다. 물론 조언을 무조건 겸손하게 받아들이는 것은 시간 낭비일 수도 있다. 창업자는 먼저 다양한 의견을 들을 수 있어야 하고, 그중에 자신에게 가장 적합한 조언을 선별해서 받아들이는 것이 중요하다.

김연아가 브라이언 오서 코치의 지도를 받으면서 올림픽 금메달을 준비했듯이, 창업가도 지속적인 외부의 자문이 필요하다. 조금 더 준비되면 확인을 받겠다는 말은 아직도 자신의 사업에 대한 정리가 안 된 상태이거나 보여주기 부끄러워서 대는 핑계일 뿐이다. 너무 오랫동안 우리 스타트업의 아이디어를 숨기려고 하거나, 창업자 혼자서 고민할 필요는 없다.

4. 실패한 스타트업 사례

"나는 언제나 실패가 두려웠다.
하지만 그것이 나를 더 열심히 일하게 하는,
훌륭한 동기부여가 되었다."
- 기업인 마크 큐번(Mark Cuban) -

　대중 앞에 서서 스타트업의 성공을 발표하는 창업자는 얼마나 될까? 1%도 안 될 것이다. 사실 0.1% 혹은 0.01%라고 하더라도 절대 과장이 아니다. 수능시험을 준비하면서 0.1% 혹은 0.01%의 최상위권에 들어본 경험이 있는가? 나는 그런 경험이 없고, 상상조차 할 수 없었다.
　수험생의 예를 계속 들어보자. 수험생은 시험 점수에 의해서 당락이 결정된다. 어떤 학과의 커트라인이 395점이다. 그런데 내 점수는 394점이다. 나보다 점수가 1점 더 높은 학생과 내가 크게 다를까? 아니다. 하지만 나는 탈락하고 그는 합격한다. 스타트업이나 기업 생태계도 마찬가지이다. 결국은 숫자가 결과를 말해준다. 내가 어떻게 해서든 책임질 수 있는 비용을 넘어가면 파산하는 것이다. 이렇게 전체 이익과 비용만 계산해 보더라도 스타트업을 계속할 것인지 말 것인지 따져볼 수 있다.

늘 상위권을 유지해서 아무 문제가 없을 것처럼 보였던 학생도 갑자기 사춘기를 겪으며 성적이 바닥으로 떨어지는 경우가 있듯, 스타트업 기업가치가 10조 원에 달하는 기업도 순식간에 없어지는 경우가 있다. 여러 가지 이유가 있을 수 있지만 어쩌면 처음부터 기업가치가 과대평가가 되었을 수도 있다. 기업가치를 정확히 산정할 수 있는 기준이 없는 상황에서 기업을 과대평가하는 일은 흔하게 발생하는 일이기도 하다.

지금부터는 유망한 스타트업으로 주목받아서 성공적인 투자 유치를 했지만, 2017년에 파산한 따끈따끈한 기업을 소개하려고 한다.

4-1. 중고차 거래 스타트업 비피(Beepi)

중고차를 거래해 보았는가? 나는 친구가 중고 BMW를 500만 원에 산 것을 본 적이 있다. 드디어 BMW의 차주가 된 친구는 기쁜 마음으로 나를 동승석에 태웠다. 그런데 저녁을 먹기 위해 식당 앞에 도착했을 때, 동승석에서 문을 열 수 없었다. 어떤 방법을 써도 문은 열리지 않았다. 나의 친구는 의도치 않게 매번 동승석의 문을 열어주는 매너 좋은 드라이버로 새로 태어난 것이다. 이 중고차를 데려온 지 1시간 만에 일어난 일이다.

중고차 거래 스타트업인 비피는, 이러한 중고차 시장에 경적을 울리고자 자동차 경적을 의미하는 단어인 '비프(Beep)'를 활용해 회사명을 지었다. 새로운 중고차 거래 문화를 만들기 위해 비피가 태어난 것이다. 비피의 중고차 중개는 독특했다. 중고차를 팔려고 하는 사람의 비싸게 팔고 싶어 하는 욕구와, 사려고 하는 사람의 싸게 사고 싶어 하는 희망을 서로 이어준 것이다.

비피는 중고차 딜러의 과도한 수수료를 없애기 위해서, 직접 딜러의 역할을 하되 최소의 수수료만 받기로 했다. 게다가 비피의 평가사는 정밀한 진단평가와 가격 산정, 투명한 거래, 간단한 절차를 통해 중고차 매매자에게 친근하게 접근했다. 이러한 비피의 이야기가 투자자들의 마음에 들었는지 2014년에 서비스를 시작한 비피에 약 1,600억 원이 투자된다.

그런데 문제가 발생했다. 시간이 지나자 비피의 투자자들은 경영을 문제 삼았고, 직원들 역시 공동창업자들이 너무나도 변덕스럽고 예측하기 어려워서 일을 하는 데 지장이 있다고 성토했다. 경영진 회의실에 들어선 고가의 소파나, 공동창업자 개인 물품을 사는 데 들어간 회사 자금은 방만한 운영과 도덕적 해이를 고발하는 증거들이었다.

너무 빨리 승승장구한 게 오히려 해가 되었는지도 모른다. 상상하지도 못했던 큰돈을 만지다 보니 주체할 수 없는 기분에 빠져 사람이 변했을 수도 있다.

아우디라는 자동차 회사를 아는가? 이런 질문이 우스울 만큼 아우디는 세계적인 회사다. 이 아우디의 브랜드 가치는 약 15조 원 정도다.

그런데 2015년에 비피의 기업가치가 무려 14조 원에 달했다. 기업의 가치를 단순 비교 하는 것이 적절하지는 않지만, 그래도 비피가 14조 원의 가치가 있다는 것을 납득하기란 쉽지 않다. 투자자들 역시 비피의 가치를 너무 높게 산정하는 실수를 저질렀을 가능성이 있다.

업계에서는 비피의 소스코드나 가격 알고리즘, 브랜드에 대한 인수 논의가 이루어지고 있다고 한다. 하지만 파산한 비피를 인수할 기업은 아직 나타나지 않고 있다.

4-2. 주스 메이커 스타트업 주세로(Juicero)

한동안 스마트한 주스 메이커 스타트업이 이슈인 시기가 있었다. 바로 주세로이다. 2013년에 창업한 주세로는 초기부터 대규모 투자를 받았고, 2017년까지 투자받은 금액이 약 1,500억 원에 달했다. 농장에서 매일 배달되는 신선한 유기농 주스 팩과 이 주스 팩을 짜먹기 위한 착즙기를 대여해 주는 사업 모델이었다.

전통적인 농업과 현대의 기술이 연결된 것처럼 보였고, 혁신적인 스타트업의 여러 면모도 보였기 때문에 주세로의 성공을 의심하는 이는 많지 않았다. 주세로의 창업자 덕 에반스(Doug Evans)는 자신을 스티브 잡스에 비교하며, 주스계의 잡스라고 말하기도 했다. NBA의 농구선수 코비 브라이언트도 이 회사에 투자했다.

그러나 블룸버그 기자의 실험으로 인해 모든 것이 흔들렸다. 기자가 주스 팩을 손으로 짠 양이나, 착즙기로 짠 양이 불과 15mL밖에 차이가 나지 않았던 것이다. 마치 어마어마한 압력으로 짜는 듯한 느낌을 주던 착즙기의 실체가 드러난 순간이었다. 도대체 1,500억 원을 투자하면서 주스 팩 하나 짜볼 생각조차 하지 않았다는 말인가? 게다가 주스 팩 역시 다른 브랜드와 큰 차이가 없었다. 이 사건으로 인해 사기 논란이 불거졌고, 투자자들은 예정했던 투자를 철회했고, 주세로는 파산에 이르렀다.

소비자가 직접 유기농 과일과 채소를 하나씩 씻고 자르는 과정이 얼마나 불편했겠는가? 이러한 페인 포인트를 개선하겠다고 나선 주세로에 많은 투자자금이 몰렸다. 그리고 파산하기 몇 개월 전만 해도 주세로의 창업자는 훌륭한 비전을 가진 것으로 칭송받고 있었다. 그러나 주세로는 창업 4년 만에 먼지처럼 사라졌다. 이 과정에서 주세로를 검증하는 역할을 한 건 투자자가 아닌 블룸버그라는 언론이었다. 블룸버그는 투자자들이 철저한 검증을 거치지 않았다고 꼬집는다.

나는 주세로가 투자자를 속일 의도는 없었을 것으로 생각한다. 단지 주스 팩을 착즙기로 짜나 손으로 짜나 거의 비슷하다는 것을 몰랐거나, 알아도 손으로 짜는 것보다 편하다고 생각했을 것이라고 믿고 싶다. 투자업계에서 이러한 일은 종종 발생한다. 그러나 창업자는 나쁜 의도가 없었더라도 잘못을 했다면, 결국은 윤리적·법적으로 책임을 져야 한다. 주세로의 창업자는 착즙기를 산 모든 고객에게 환불을 약속했지만, 모든 유형의 피해자에게 보상을 하기는 어렵지 않을까?

4-3. 뉴욕의 음식 배달 서비스 메이플(Maple)

최근에는 국내외를 가리지 않고 식품과 관련한 다양한 스타트업이 등장하고 있다. 음식과 관련된 스타트업의 모델을 분류하면, 먼저 식당의 음식을 해당 식당이 직접 배달해 주는 것, 음식 배달만 전문으로 하는 것, 음식의 재료를 배달해 주는 것, 장 보는 것을 대행해 주는 것으로 나눌 수 있다.

창업자 데이비드 창(David Chang)이 시작한 메이플이라는 스타트업은 뉴욕의 중심에 있는 고급 레스토랑의 음식을 대신 배달해 주는 서비스를 출시하였다. 음식을 배달시키면 고급스러운 설탕 쿠키가 무료로 제공되면서 큰 인기를 끌기도 했다. 2016년에는 단 하루 점심시간에 배달한 음식만 1,000개가 넘기도 했다. 메이플이 가진 데이터와 모바일 기술은 음식의 조리 시간과 배달 시간을 고려해서 주문을 감당했는데, 오직 메이플만이 이런 서비스를 유지할 수 있다고 평가받았다. 메이플은 기술개발을 통해 효율적인 배달 동선을 제공하기도 했다. 메이플은 조리와 배달의 효율화를 위해서 기술적인 부분에 많은 투자를 하였다. 기술 스타트업으로의 전환에 정석적인 코스를 밟으면서, 뉴욕에서 엄청난 성공을 이룰 것만 같았다.

그러나 이러한 인기가 창업자 데이비드 창의 마음을 바꾸기라도 한 것일까? 어느 날부터 무료로 제공하던 설탕 쿠키에 돈을 받기 시작했다. 여기에 고객들이 실망했기 때문인지 메이플의 인기는 순식간에 폭락하기 시작했고, 2017년 5월에 파산한다. 물론 메이플이 파산한 이유가 설탕 쿠키 때문만은 아닐 것이다. 약 1,100억 원의 기업가치로 평가받던 메이플은 높은 인건비와 식자재, 포장에 대한 비용문제를 해결하지 못했다. 결국에 메이플이 남긴 기술과 인력은 영국의 배달 스타트업인 딜리버루(Deliveroo)에 인수되었다.

다른 업계와 마찬가지로 음식이나 재료 배달 업계에서도 메이플과 같은 반짝스타의 사례가 빈번하게 발생한다. 그러므로 음식이나 재료 관련 기존의 스타트업이나 중소기업, 대기업은 새로운 먹거리를 계속해서 찾고 있다. 그만큼 실패한 스타트업이나 신사업이 계속해서 발생하고 있고, 꾸준한 성장을 이루는 스타트업도 등장하고 있다. 음식 배달 서비스의 경쟁이 하루 이틀 치열한 것은 아니지만, 이제는 대기업의 발걸음이 업계에 나타났다. 그 의미는 무엇이겠는가? 없어질 스타트업은 더 빠르게 없어질 것인가? 아니면 스타트업에게는 더 좋은 기회가 되어 협력이나 출구전략을 활용할 수 있을 것인가? 어떤 플레이어가 살아남을지는 알 수 없지만, 충분히 매력적인 시장인 거 같다. 그러나 점점 과열되는 음식 업계에서 주목받기란 쉽지 않을 것이다.

4-4. 발명 플랫폼 퀄키(Quirky)

한 번 파산했다가 재기한 스타트업의 사례도 있다. 바로 발명 플랫폼 스타트업인 퀄키이다. 사실 퀄키는 2015년에 파산했다. 그런데 왜 2017년도에 파산한 스타트업에 이름을 올렸을까? 사실 퀄키는 주인이 바뀐 채로 아직도 살아남아 있다.

퀄키는 2015년에 파산보호를 신청했었는데, 새로운 대표이사와 새로운 사업 모델로 돌아왔다. 큐-홀딩스가 퀄키를 인수하면서, 퀄키가 시도하려고 했던 사업 모델을 일부 수정 하여 진행하게 된 것이다. 이전의 퀄키와는 전혀 다른 스타트업이 되었다고 볼 수도 있다.

퀄키는 2013년 12월에 GE(General Electric Company)를 중심으로 한 투자자금 약 850억 원을 유치하며, 2013년까지 누적 투자자금 총액이 약 2,000억 원에 달했다. 이런 엄청난 투자자금에도 불구하고, GE와 협업한 에어컨 개발 외에는 제대로 팔리는 제품을 만들지 못했다. 일각에서는 너무 많은 투자자금으로 인해서 문어발식으로 다양한 제품을 개발한 것을 실패의 원인으로도 꼽는다. 특히 퀄키가 개발한 블루투스 스피커에 4억 3,000만 원의 개발비용이 들어갔지만, 고작 28대가 팔린 것은 아주 유명한 화젯거리가 되었다.

퀄키는 2015년 9월에 부도신청을 하고, 그나마 GE와 협업이 진행된 에어컨에 활용되는 윙크(Wink)라는 스마트 홈 서비스를 16억 원에 매각한다. 얼마나 초라한 결과인가? 2,000억 원을 유치해서 만든 서비스 중에 대표적인 서비스가 고작 16억 원에 팔리다니! 그러나 다른 시각에서 생각해 보면 무관심으로 버려질 수도 있는 것이 팔릴만한 가치라도 있다는 것이 얼마나 다행인가?

퀄키는 파산신청과 인수과정을 거쳤고, 새로운 스타 사업 모델인 특허 사용계약이라는 방식을 채택하게 된다. 그러나 특허 사용계약이 모든 것을 해결해 주는 것은 아니다. 특허 사용계약은 비용을 줄여줄 수도 있지만, 특허 사용계약으로 엄청난 매출을 기록한다는 것은 수요가 많은 제품의 핵심기술이 아니라면 쉽지 않다. 특허 사용계약이라는 사업 방식이 직접 판매보다 더 나은 선택이었다는 것을 증명하기 위해서는 시간이 필요할 것이다.

퀄키에서 교훈을 찾는다면 파산하지 않으려는 방안도 필요하다는 것이다. 제품과 서비스를 개발하는 데 들어간 비용과 자금, 노력에 미련을 버리지 못하고 무엇인가를 바꾸려고 하지 않는다면 더 큰 어려움이 찾아올지도 모른다. 때로는 포기하거나 판매 방식을 바꾸는 과감함이 필요하다.

4-5. So what? 창업과 폐업

> "창업자가 되는 것을 더는 미화하지 말았으면 한다.
> 창업자가 된다는 것은 매일매일 자신의 목숨과
> 회사의 생명을 지키기 위해서 발버둥 치는 것이다."
> - 카본메이드의 공동창업자 스펜서 프라이(Spencer Fry) -

지금까지 알아본 스타트업은 비록 파산은 했지만, 수백억 원에서 수천억 원에 이르기까지 투자유치에 성공했던 스타트업이다. 이들의 공통점은 비교적 짧은 기간에 파산했다는 것이다. 어떤 기업도 단 한 가지의 이유로 파산하지 않는다. 작년 한 해에 파산한 스타트업과 그 이유를 살펴보려면 아주 복잡한 프로젝트가 될 것 같다. 또한 폐업하는 스타트업은 우리가 이 책을 읽고 있는 순간에도 계속해서 생겨나고 있다.

폐업 컨설팅이라는 말을 들어보았는가? 폐업을 돕는 전문 업체가 생길 정도로 폐업하는 스타트업은 엄청나게 많다. 스타트업이 내세우고 있는 기술과 혁신이 고객에게는 그리 필요하지 않을 가능성이 크다. 그러므로 스타트업은 폐업하는 것이다.

한 가지 예로 스마트폰으로 TV 채널을 조정할 수 있다고 하자. 그런데 요즘의 티비 리모컨처럼 복잡한 기능을 모두 수행하지는 못할 것이다. 그러면 무슨 소용인가? 아주 사소한 기능이라도 결국 리모컨이 없으면 안 되지 않는가? 최근에 나오는 여러 가지 혁신적인 기술 중 대부분은, 기존의 것을 대체할 명분이 부족하다.

사실 나는 기술에 대한 예측력이 좋지 않다. 일례로 호환이 자유롭지 않은 애플의 노트북에 대해서 의심했지만, 지금은 PC와 노트북, 휴대전화까지 모두 애플 제품을 쓰고 있다. 나를 포함해서 그 누구도 미래를 정확하게 예측할 수 없다. 계속해서 성공할 거 같던 스타트업이 내일 당장 망할 수 있는 것처럼 말이다. 미래를 예측한다고 주장하는 사람은 99% 사기꾼이라고 할 수 있다. 미래를 예측한다는 사람의 말을 전적으로 신뢰하는 것은 위험하다는 이야기를 하기 위해서, 조금은 지나치게 표현했다. 그러나 가끔은 말도 안 되는 일이 일어나기도 한다는 사실을 강조하기 위해 한 말이다.

어쩌면 이미 대단한 기술이 우리 옆에 있지만, 아직 아무도 알아보지 못하고 있는지도 모른다. 이 말은 기존의 것을 대체할 만큼 사람들에게 아직은 필요하지 않다는 의미이며, 필요한 순간이 오면 절대적인 위치에 올라설 수도 있다는 뜻이다. 최초의 개인용 컴퓨터는 누가 만들었을까? 복사기 회사로 알려져 있는 제록스다. 하지만 제록스는 자신들이 만든 물건이 이룩할 역사를 알지 못했다. 세상을 바꾼 물건을 만들고도 그 가치를 몰랐던 것이다. 대신 이 물건을 들고 인류 역사의 한 페이지에 등장한 사람은 스티브 잡스와 빌 게이츠다.

　스티브 잡스와 빌 게이츠는 기술의 재창조 과정을 거쳐서 엄청난 성공을 거두었다. 이 두 명의 사례에서 도출되는 것은 기술사업화라는 단어이다. 스티브 잡스와 빌 게이츠는 이미 나와 있는 기술인 제록스의 그래픽 사용자 환경(GUI)을 통해 개인용 컴퓨터 상업화에 성공한다. 기업은 기술을 개발하면 끝나는 것이 아니라, 그 기술을 사용하기 위해서 지갑을 열 고객을 위한 제품이나 서비스를 만들어야 한다. 고객이 아직 만들어지지도 않은 제품과 서비스를 위해서 미리 돈을 내겠는가? 아니다. 그래서 상업화에 드는 비용도 미리 고려해야 한다.

　스타트업은 한정된 시간과 자원에 쫓길 수밖에 없는 숙명을 타고났다. 그래서 더 빠르고 쉽게 판단하는 동안, 수많은 시행착오를 거친다. 창업자의 안테나는 늘 곤두서 있어야 한다. 자신이 생각한 제품과 서비스가 세상에 증명될 때까지 폐업을 최대한 늦춰야 하기 때문이다.

5. 스타트업, 1%의 불편한 성공

"당신의 꿈을 항상 유지하십시오.
그것이 언젠가 현실이 될지도 모릅니다."
- 알리바바 창업주 마윈(Ma Yun) -

창업자는 스타트업에 도전하기 위해 어떤 준비를 하면 성공할 수 있을까? 나는 성공할 가능성을 1% 정도라고 생각한다. 1%의 성공한 창업자를 질투하거나 불편한 감정을 느끼는 건 아니다. 다만 1%의 성공을 기다리며 관심조차 받지 못하는 99%의 창업자를 응원하고 싶고, 그것이 현실일 수밖에 없는 스타트업 생태계에 대한 안타까움을 느끼고 있다.

창업도 다른 세상살이와 같다. 일단 시작하는 것도 중요하지만, 창업 후의 계획 또는 폐업을 미리 준비하는 것이 중요하다. 투자자와 스타트업을 지원하는 기관은 창업자가 온전히 자신의 사업에 몰입해 주기를 바란다. 그들에게도 트랙 레코드(Track Record)가 있어서 창업자의 성공이 중요하지만, 창업자만큼 절박하지는 않다. 우리는 투자자가 관리하는 10명 중의 하나이거나 100명 중의 하나일 수도 있다. 그리고 내가 실패했다고 해서 그들의 인생이 휘청거릴 만한 타격을 받지는 않는다.

창업자를 돌봐줄 사람은 자신뿐이다. 아무도 대신 챙겨주지 않는다. 만약 사업에 모든 것을 '올-인'했는데도 실패한다면, 창업자는 창업 전에 가지고 있던 많은 것을 잃게 된다. 내가 '올-인'에 대해서 부정적인 의견을 제시하는 이유가 여기에 있다. 100명이 창업에 도전하면 99명이 실패하고, 이 실패로 인해 불행해지기 전에 무엇이든 해야 하지 않을까? 물론 한국도 점점 창업하기 좋은 환경이 조성되고 있다는 것에는 동의한다. 창업자의 사업을 지원하는 새로운 형태의 기관이 계속 나타날 것이고, 창업 환경도 나아질 것으로 전망한다. 그리고 지금까지 스타트업을 지원해 오던 기존의 기관들은, 더욱 입지가 견고해져서 더 많은 정책을 쏟아낼 것이다.

그렇다면 스타트업 창업자는 이러한 훈훈한 분위기를 믿고 모든 것을 걸어도 될 것인가? 굳이 모든 위험을 떠안고 창업에 '올-인'하지 않아도 기회를 찾을 수 있다. 예를 들면 최근에 급격하게 증가하고 있는 기업 내 사내벤처와 같은 제도이다. 물론 사내벤처에도 한계점이 지적되고 있지만, 좋은 제도 중 하나임은 확실하다. 정부에서도 이러한 흐름에 따라 사내벤처에 대한 정부 지원 프로그램을 제시하기 시작했다. 사내벤처가 모든 것을 해결한다는 것은 아니다. 그러나 창업자 관점에서 사업이라는 무(모)한 도전을 하기 전에, 몇 차례의 '시험-확인-확신'의 과정을 거치는 것이 좋다. 그다음에 창업에 뛰어든다면 성공할 확률은 더 커진다.

　내가 진정으로 하고 싶은 말은 창업을 시도하기 위해서 기존의 것을 포기하지 말고, 기존의 것을 포기하기 전에 어느 정도 눈으로 확인할 수 있는 사전 실험 결과물을 준비하라는 것이다. 그 실험 결과물을 가지기 위해서 계속해서 시험하고 확인해야 한다. 이런 과정 자체가 이미 우리의 삶을 채워주는 가치가 아닌가? 사업에 뛰어드는 창업자 당신의 시간과 미래는 너무 소중하다.

　한국의 스타트업 생태계에는 우리의 생각보다 더 많은 전문가가 있다. 그러한 전문가들은 평범한 사람이 제대로 된 준비 없이 사업에 뛰어드는 것을 말리고 있다. 하지만 창업자는 자신만의 굳은 결심에 사로잡혀 이들의 말을 귀담아듣지 않는다. 그럴 때 해 줄 수 있는 말은 하나밖에 없다. 성공한 창업자를 찾아가 만나 보라는 것이다. 이들을 찾아가 조언을 듣고 깊게 생각하다 보면 보이지 않던 길이 서서히 눈앞에 떠오를 수도 있다. 그게 바로 전문가가 하는 일이다.

　마지막으로 다시 말하면, 주변에서 외치는 "올-인하라"는 말에 흔들리지 않았으면 좋겠다. 그리고 스타트업 생태계의 전문가와 성공한 선배 창업자의 말에 귀를 기울일 필요가 있다. 그리고 스스로 확신에 가까운 준비가 되었을 때가 오면, 그때 스타트업을 시작하자.

에필로그

새로움과 도전을 꿈꾸는 것은 자유다

새로움과 도전의 아름다움을 꿈꾸는 것은 자유다

나는 프롤로그에서 성공할 확률을 1%라고 말했다. 좀 더 엄밀하게 현실을 말하자면 0.1%에 가깝다고 해야 할지도 모른다. 하지만 이 책을 끝까지 읽은 독자라면 더 이상 두려워하지 않을 것이다. 실패하는 창업자가 저지르는 실수를 알고 있기 때문이다.

우리가 성공에 가까워지는 방법은 '더 준비하는 것'뿐이다. 그래서 나는 스타트업에 관심을 가지고 있는 (예비)창업자에게 창업하기 전에 경력과 실력을 더 쌓으라고 말한다. 스타트업으로 성공할 확률은 낮고, 실패하게 되면 당신이 가지고 있는 잠재력을 인정받지 못한다는 사실이 너무 안타깝다. 어쨌든 스타트업에 대한 사회적 관심은 말로 표현할 수 없을 만큼 커지고 있고, 수많은 창업자가 도전하고 있다. 레드오션이 되어버린 유튜버의 길처럼, 스타트업도 레드오션으로 가는 중이다. 경쟁은 갈수록 치열해지고, 예전처럼 단순한 모바일 어플리케이션으로 성공할 가능성은 더 낮아졌다.

그럼에도 불구하고 우리는 왜 스타트업을 하려고 하는가? 성공을 위해서 나의 모든 것을 스타트업에 바친다는 것만으로 아름다워 보일 때가 있다.

자신의 스타트업이 유니콘 기업으로 성장한다면, 우리가 전혀 상상할 수 없는 화려한 삶이 기다리고 있을지도 모른다. 그 성공으로 가는 가장 빠르고 확실한 길은 '더 준비하는 것'이다. 이 책을 통해 알게 된 여러 가지 준비사항을 꼼꼼하게 체크해 보기를 바란다. 다시 한번 말하지만 일정 수준을 넘어서는 확실한 준비가 되었을 때 스타트업을 시작하자. 나도 여전히 준비 중이다. 성공할 확률이 낮다는 걸 누구보다 잘 알지만 스타트업에 대한 꿈을 버리지 못했다.

새로움과 도전의 아름다움을 꿈꾸는 것은 자유다. 이 자유를 스타트업과 창업자에 대한 정의로 표현하고 싶다. 자유를 따라오되 그 책임을 감당할 수 있을 때, 스타트업 생태계로 들어가기를 바란다.

2019년 겨울
김 건 우

스타트업 백서

초판 1쇄 발행일 2019년 12월 28일

지은이   김건우
발행인   문상건
펴낸곳   슬기북스

출판등록   2019년 2월 11일 제307-2019-59호
주소   (02781) 서울특별시 성북구 화랑로40길 22-40, 201호
전화   02-6212-2841
팩스   02-6455-2841
이메일   sg-book@naver.com

ISBN 979-11-966370-3-3 (03320)

- 슬기북스는 작가의 삶을 응원합니다.
- 슬기북스는 독자의 시간이 아깝지 않은 책을 만듭니다.

- 본서의 내용을 무단 복제하는 것은 저작권법에 의해 금지되어 있습니다.
- 잘못된 책은 구입처에서 교환해 드립니다.
- 책값은 뒤표지에 있습니다.

이 도서의 국립중앙도서관 출판예정도서목록(CIP)은 서지정보유통지원시스템 홈페이지(http://seoji.nl.go.kr)와 국가자료종합목록 구축시스템(http://kolis-net.nl.go.kr)에서 이용하실 수 있습니다. (CIP제어번호 : CIP2019049828)